城市，让生活更美好
Better City, Better Life

上海手册

2022年度报告

21世纪城市可持续发展指南

A Guide for Sustainable Urban Development in the 21st Century

联合国人居署　国际展览局　上海市人民政府　主编
中华人民共和国住房和城乡建设部　支持

Shanghai Manual

2022 Annual Report

UN-HABITAT
FOR A BETTER URBAN FUTURE

上海科学技术出版社

序一

《上海手册——21 世纪城市可持续发展指南》（简称“《上海手册》”）是联合国人类住区规划署（简称“人居署”）、国际展览局和上海市人民政府共同努力、长期合作的成果。今年，为了推进可持续发展目标的本地化进程，在 2022 年世界城市日“行动，从地方走向全球”的主题下，《上海手册——21 世纪可持续发展指南 · 2022 年度报告》（简称“2022 版《上海手册》”）向公众推介在地方层面落实可持续发展目标的案例研究。这些遴选自全球的案例展现了世界各地的城市在社会、经济、环境等领域的可持续发展经验。今年的手册还特设了专篇，用于阐释可持续发展目标本地化的全球项目、进程和网络，为城市领导者与城市建设者提供更为实用的信息。2022 年 10 月 31 日，2022 版《上海手册》经由世界城市日全球主场活动正式发布，旨在成为全球城市领域的专家推进可持续城市化进程的重要参考。

城市具备推动可持续发展的内在潜力，正在充分利用这种潜力，以勇敢、创新、富有战略性的行动，引领可持续发展目标本地化的进程，创造面向所有人的城市未来。然而，在这一过程中，城市建设者们仍然面临着许多问题。城市如何重新分配机会，打造公平、包容的城市社区，确保所有城市居民共享繁荣？城市如何实现向可持续经济发展模式的转变并扩大其规模？城市如何促进人与自然和谐相处、保护环境，并为弱势社区制定应对气候变化的策略？城市如何明确并充分发挥文化在可持续城市化进程中的作用？城市如何向更具有参与性和透明度的治理模式转型，以促进共同发展？城市如何利用可持续发展目标本地化的全球网络和举措来加快实现可持续发展目标？本报告探讨了这些问题，并分析了各城市采取的鼓舞人心的行动，展示了应对不同领域关键挑战的创新性解决方案。

在五个主题章节中，2022 版《上海手册》介绍了来自 15 个国家的 21 个案例。每个案例的研究均围绕三项核心内容展开，即案例背景、实践过程及经验借鉴。此外，手册提出了近二十项政策建议，为市长、地方治理者、城市规划者，以及城市发展中其他关键利益相关方提供重要参考。这些建议有助于制定新的解决方案，推进可持续城市化的进程。

我对 2022 版《上海手册》的出版表示最热烈的祝贺，并向所有合作伙伴推荐此书。我相信，这份报告将为城市领导者和城市建设者提供切实可行的指导与启示，有助于释放城市在实现可持续发展目标方面的潜力，加速建设包容、安全、有抵御灾害能力及可持续的城市和人类住区。

麦慕娜 · 莫哈德 · 谢里夫

联合国副秘书长、人居署执行主任

序二

促进可持续、包容和创新的城市发展是2010年上海世博会的根本目标。该届世博会以“城市，让生活更美好”为主题，为国际社会提供了一个独一无二的机会。全球数百个国家齐聚，展现了改善城市生活的创新解决方案，展示了倡导可持续的城市生活的创新成果和最佳实践并提出了建议。

上海世博会闭幕之际，《上海宣言》诞生，直接促成了每年10月31日“世界城市日”的设立及《上海手册》的修编。《上海手册》以世博会期间分享的理念为基础，不断寻求城市可持续发展的最新经验教训和最佳实践。

在中华人民共和国住房和城乡建设部的支持下，《上海手册》由国际展览局、联合国人居署和上海市人民政府共同主编。自2011年首次发布以来，《上海手册》重点介绍了应对现实世界变化的有效政策、技术和框架。《上海手册》秉承2010年上海世博会的创新精神，关注各城市发展状况，不断进行内容更新，为城市规划和管理人士寻求创新发展模式，为建设更绿色、更公平的人居环境提供了案例形式的指南。

自2020年联合国可持续发展目标“行动十年”计划启动以来，国际社会推动大胆的城市变革，更可持续的城市发展变得愈发重要。2022版《上海手册》以“可持续发展目标的本地化”为主题，阐述了如何通过使人类住区更绿色、更包容、更宜居来实现这些目标的本地化。

在实现可持续发展目标的过程中，必须通过增强积极主动性来引导社区行动、社会动员和绿色增长来应对环境污染、不平等、社会排斥等常见的城市问题。同样，必须利用城市地区提供的机遇，包括创新能力、文化活力和地方组织，使城市变得更智慧、更包容和更有活力。

2022版《上海手册》借鉴吸收了世界各地久经考验、富有启发性的政策和实践，展示了城市积极发展的潜力和应用。通过提供地方层面的政策、治理建议和可行方法，分享了可持续城市化的宝贵经验，实现了世博遗产传承。这些经验教训如果转化得当，可以帮助各国城市克服一些如《2030年可持续发展议程》中所述的重大全球性挑战，促进可持续发展目标的实现。

迪米特里·科肯切斯
国际展览局秘书长
2022年10月

致谢

本年度报告的编撰得益于社会多界人士的贡献。

联合国人居署执行主任麦慕娜・莫哈德・谢里夫女士积极促成《上海手册》及年度报告作为践行联合国《2030年可持续发展议程》和《新城市议程》的重要组成部分继续更新发布。同时，我们对联合国人居署的下列专家表示感谢（按姓氏首字母排序）：埃尔凡・阿里、安吉拉・姆瓦伊、戴菲德・奥布里、乔尔・巴拉吉兹、彼得・切塞特、罗伊・奇蒂、布鲁诺・德康、艾哈迈德・埃拉特拉什、沙希拉・艾尔博卡里、伦纳特・弗莱克、克劳迪娅・加西亚、拉赫马・盖里尼、萨姆・吉拉特、斯蒂芬妮・格林伯格、阿兰・格里马德、纳达・哈桑、阿夫申・卡兰塔里、马雪赛、弗朗辛・梅尔奇奥雷托、马蒂诺・米拉利亚、埃尔金・贝拉斯克斯・蒙萨尔维、克劳德・恩戈姆西、马蒂亚斯・范・奥斯特伦、阿宁德亚・潘达、斯里尼瓦萨・波普里、普拉格亚・普拉丹、克劳迪娅・谢夫勒、雷米・塞奇平、奥马尔・西拉、阿姆贾德・塔维尔、王宵晴、伊莎贝尔・希林・恩约纳姆・韦策尔、杨榕。

感谢国际展览局迪米特里・科肯切斯秘书长、安托万・布迪克斯先生及其团队对《上海手册》和年度报告的修编工作给予的一贯支持与帮助，使“城市，让生活更美好”的上海世博会精神借由《上海手册》及年度报告的发布持续发扬。

感谢中华人民共和国住房和城乡建设部领导与同仁在本年度报告的编写与评审中给予支持并提供建议。

我们感谢时任上海市委书记李强、上海市人民政府龚正市长、彭沉雷副市长、王为人副秘书长对本年度报告撰写工作的大力支持和关怀。同时，向上海市建设交通工作党委胡广杰书记，上海市住房和城乡建设管理委员会姚凯主任、金晨副主任、刘千伟总工程师、综合规划处彭波女士、高宏宇先生，上海世界城市日事务协调中心成键主任、王婵雅女士、荣煜女士、毛颖娟女士等参与人员在本年度报告编写与协调工作中付出的艰苦努力深表谢意。

上海世界城市日事务协调中心组织了多个专家团队参与本年度报告各章节的编写工作。各团队的领衔专家分别是（排名按照章节顺序）：复旦大学社会发展与公共政策学院于海教授、上海财经大学孙哲博士，华东师范大学城市发展研究院院长曾刚教授、朱贻文博士，同济大学经济与管理学院诸大建教授、陈海云博士，上海图书馆（上海科学技术情报研究所）杨荣斌主任、施雯副研究员，同济大学党委副书记彭震伟教授、建筑与城市规划学院黄怡教授、陈晨副教授、李凌月副教授、唐伟成助理教授，上海国际问题研究院于宏源所长、朱云杰博士、同济大学环境科学与工程学院李光明教授等。其中杨荣斌主任、施雯副研究员作为首席专家负责本报告的主题演绎和框架设计。同时我们希望借此机会向提供案例支持的华东政法大学党委书记郭为禄、校长叶青、副校长周立志及长宁校区规划提升工作团队，以及参与各章节撰写的团队成员所做出的杰出贡献，表达最衷心的感谢与诚挚的敬意。

特此感谢上海市人民政府发展研究中心周国平副主任、史晓琛女士、彭颖女士、柴慧女士，上海市人民政府研究室李杰先生，上海社会科学院城市与人口发展研究所屠启宇副所长等领导和专家学者为此书的编审做出的重要贡献。

最后，感谢本书的出版单位上海科学技术出版社和翻译单位语言桥（上海）信息技术有限公司为本书文稿所做的严格细致的工作！

目录

第一章 | 总论

引言[1]

全球城市化程度日益加深，使得实现可持续发展目标（Sustainable Development Goals，简称“SDGs”）的重要性上升至前所未有的高度。但今天的城市面临着新的挑战和问题，威胁着城市系统与社区。不平等问题、气候变化、污染加剧而生物多样性减少、自然灾害、冲突与暴力、排斥与移民等问题日益严重，加上新冠肺炎疫情仍然在全球蔓延，这些挑战与问题促使城市重新思考其基本系统和运维模式。城市与可持续发展目标之间存在着内在的联系，这是各地实现《2030 年可持续发展议程》的关键，而智慧、创新、大胆的城市行动，对充分发挥城市作为可持续发展推动者的潜力来说尤为重要。根据 2022 年世界城市日主题，2022 版《上海手册》围绕“可持续发展目标的本地化（Localizing the Sustainable Development Goals）”，总结了全球城市当前面临的挑战和机遇，以及在过去五年里在可持续城市化进程中积累的经验。据此，我们从社会、经济、环境等领域遴选了 21 个来自世界各地的具有创新性的城市可持续发展案例展开研究，并为全球城市建设者提供了 19 条可资借鉴的政策建议，帮助城市释放可持续发展目标所能创造的价值。

背景与意义

毫无疑问，全球城市的共同发展令全世界收获了可贵的成就，但这些进步也对人类和地球造成了惊人的损害。显然，在全球化和现代化的进程中，由于全球财富的分配不均，自然产生了“赢家”和“输家”，而前所未有的环境变化已经威胁到了人类后代的生活。考虑到全球重大发展赤字仍然存在，最贫困国家与其他国家的差距仍然极为悬殊，全球的治理者们必须携手创建一条可持续和公平发展的道路，确保人人享有繁荣的未来。而城市和城市化作为变革的核心推动者，正处于阵地的最前沿：需以社区为导向，共同为推动城市变革议程而努力。

《2030 年可持续发展议程》

2015 年 9 月 25 日至 27 日，联合国可持续发展峰会在纽约举办。全球领导人在会上正式通过了《2030 年可持续发展议程》（简称“2030 议程”）这一具有里程碑意义的协议。作为可持续发展的全球框架，该议程为世界各国在人类发展、地球环境、繁荣、和平、伙伴关系等方面制定了普遍适用的行动计划，重点在于消除一切形式的贫困，保护地球，确保所有人都能享受繁荣的未来，构建和平而包容的社会，并动员全球伙伴共同促进可持续发展。因此，该议程呼吁所有国家和利益相关方并肩前行，努力实现既定的可持续发展目标。

17 个可持续发展目标包括 169 个具体目标和 231 个相关指标。17 个可持续发展目标的内容如下：

1 本章由联合国人居署撰稿。

目标 1：在全世界消除一切形式的贫困

目标 2：消除饥饿，实现粮食安全，改善营养状况和促进可持续农业

目标 3：确保健康的生活方式，促进各年龄段人群的福祉

目标 4：确保包容和公平的优质教育，让全民终身享有学习机会

目标 5：实现性别平等，增强所有妇女和女童的权能

目标 6：为所有人提供水和环境卫生并对其进行可持续管理

目标 7：确保人人获得负担得起、可靠和可持续的现代能源

目标 8：促进持久、包容和可持续经济增长，促进充分的生产性就业和人人获得体面工作

目标 9：建造具备抵御灾害能力的基础设施，促进具有包容性的可持续工业化，推动创新

目标 10：减少国家内部和国家之间的不平等

目标 11：建设包容、安全、有抵御灾害能力和可持续的城市和人类住区

目标 12：采用可持续的消费和生产模式

目标 13：采取紧急行动应对气候变化及其影响

目标 14：保护和可持续利用海洋和海洋资源以促进可持续发展

目标 15：保护、恢复和促进可持续利用陆地生态系统，可持续管理森林，防治荒漠化，制止和扭转土地退化，遏制生物多样性的丧失

目标 16：创建和平、包容的社会以促进可持续发展，让所有人都能诉诸司法，在各级建立有效、负责和包容的机构

目标 17：加强执行手段，重振可持续发展全球伙伴关系

因此，我们呼吁所有利益相关方共同为实现可持续发展目标而努力，为这个时代应对最紧迫的全球性挑战寻求可持续的解决方案。自 2015 年以来，尽管我们在减少贫困、改善孕产妇和儿童健康、增加电力供应、促进性别平等等可持续发展目标方面取得了重大进展，但仍然存在相当大的不足，且新冠肺炎疫情的发生令可持续发展目标进一步偏离了轨道。值得注意的是，疫情发生后，全球极端贫困率出现了二十多年来的首次上升，仅 2020 年就有 9 300 万人重新陷入极端贫困[2]。这场疫情更进一步加深和扩大了城市与城市之间，以及更广泛的城市与农村之间存在的差距与不平等[3]。然而，虽然疫情的发生导致可持续发展目标的推进遭遇重大挫折，但也必须看到，在疫情之前，目标的偏离已然发生。联合国经济和社会事务部发布的《2022 年可持续发展目标报告》指出，疫情抹去了四年多来在消除贫困方面取得的进展，但加剧的气候变化与盘根错节的全球冲突将 2030 年议程置于严重的危机之中。这敦促我们立即采取行动挽救可持续发展目标推进不利的局面，在 2030 年以前为人类和地球带来意义深远的变革。

面对这些严峻的现实，世界各地的城市必须努力将可持续发展目标纳入各自的发展议程中，应对发展中长期存在的实际挑战，夯实机构与社区的能

2 联合国经济和社会事务部 . The Sustainable Development Goal Report 2022. (2021) [2022-08-08] https://unstats.un.org/sdgs/report/2022/The-Sustainable-Development-Goals-Report-2022.pdf。

3 联合国 . Progress in the implantation of the New Urban Agenda: Report to the Secretary General. A/76/639 (2022)。

力，并促进 2030 议程的国际合作。作为一项为期 15 年的计划，时间至关重要。由于我们正处于“行动十年（2020—2030）”期，尤其需要采取大胆而具有变革性的行动，这是通过可持续、包容、绿色路径走向未来的关键。值得注意的是，在发起“行动十年”计划时，联合国秘书长安东尼奥·古特雷斯认识到地方行动是在 2030 年前实现可持续发展目标的一大关键。因此，呼吁所有利益相关者共同推动实现可持续发展目标，为我们这个时代所面临的最紧迫的全球性挑战提供可持续的解决方案。

可持续发展目标的本地化

可持续发展目标的本地化是指在地方层面实现可持续发展目标的过程，与国家框架和社区优先级保持一致。这意味着将领土和社区置于可持续发展的中心，也意味着本地发展与国家和全球之间的双向交互。尽管可持续发展目标中，仅目标 11 明确承认了城市化所具有的变革性力量，但城市和人类住区却能够对所有 17 个相互关联的可持续发展目标产生影响。因此，城市行动实际上对可持续发展目标框架的贡献比想象得更为全面。需要注意的是，如果没有地方政府的参与，169 个可持续发展具体目标中约有 65% 将无法实现[4]。在执行《2030 年可持续发展议程》时，可持续发展目标的本地化过程考虑了地方背景，包括地方和区域政府如何根据可持续发展目标构建地方发展政策框架，如何通过自下而上的行动支持实现可持续发展目标。可持续发展目标的本地化是一个复杂的过程，在不同的城市可能产生不同的结果。但有一点是一致的，即可持续发展目标的本地化有助于利益相关者在地方层面获得推进 2030 年议程的主动性。作为一个复杂的过程，可持续发展目标可能在不同的城市情境中产生不同的结果，所以本地化是实现可持续发展目标的关键。城市若能立足本地实情，才更有可能找到实现可持续发展具体目标的切实解决方案。

目标 11 致力于推进可持续的城市化发展。这是一个牵涉多方面因素的复杂过程，与其他可持续发展目标密切相关。目标 11 中所提及的要素，如减贫、获得基本服务、得到住房资源、出行便捷、获得健康保障和教育资源、性别平等、具备抵御灾害能力的基础设施、气候变化、移民、可持续工业化和可持续的消费和生产模式、融资、食品安全、良好治理、建立合作伙伴关系等，都和 17 个可持续发展目标的推进高度相关（图 1.1）。因此，如果可持续发展目标和具体目标之间建立起了适当的联系，则必须相应调整政策，进一步巩固这种联系。另外，如果这些联系引发了不同目标之间的“此消彼长”，则应尽力通过政策减轻不利影响。城市和地方政府必须谨慎地平衡政策与策略，了解发展区域间的复杂情况和内在关系；并将可持续发展目标理解为一个整体性的框架，在此框架下，城市采取的具体行动会对所有目标产生广泛的影响。

积极的一面是，自 2030 年议程制定以来的七年里，各国政府、多边机构、国际组织、私营部门、非政府组织、学术机构、民间团体、慈善组织和其他重要利益相关方都积累了丰富的专业知识，致力于更好地实现这一雄心勃勃的全球性框架。随着人

4 OECD. Achieving the SDGs in cities and regions. https://www.oecd.org/about/impact/achieving-sdgs-in-cities-and-regions.htm［2022-06-09］。

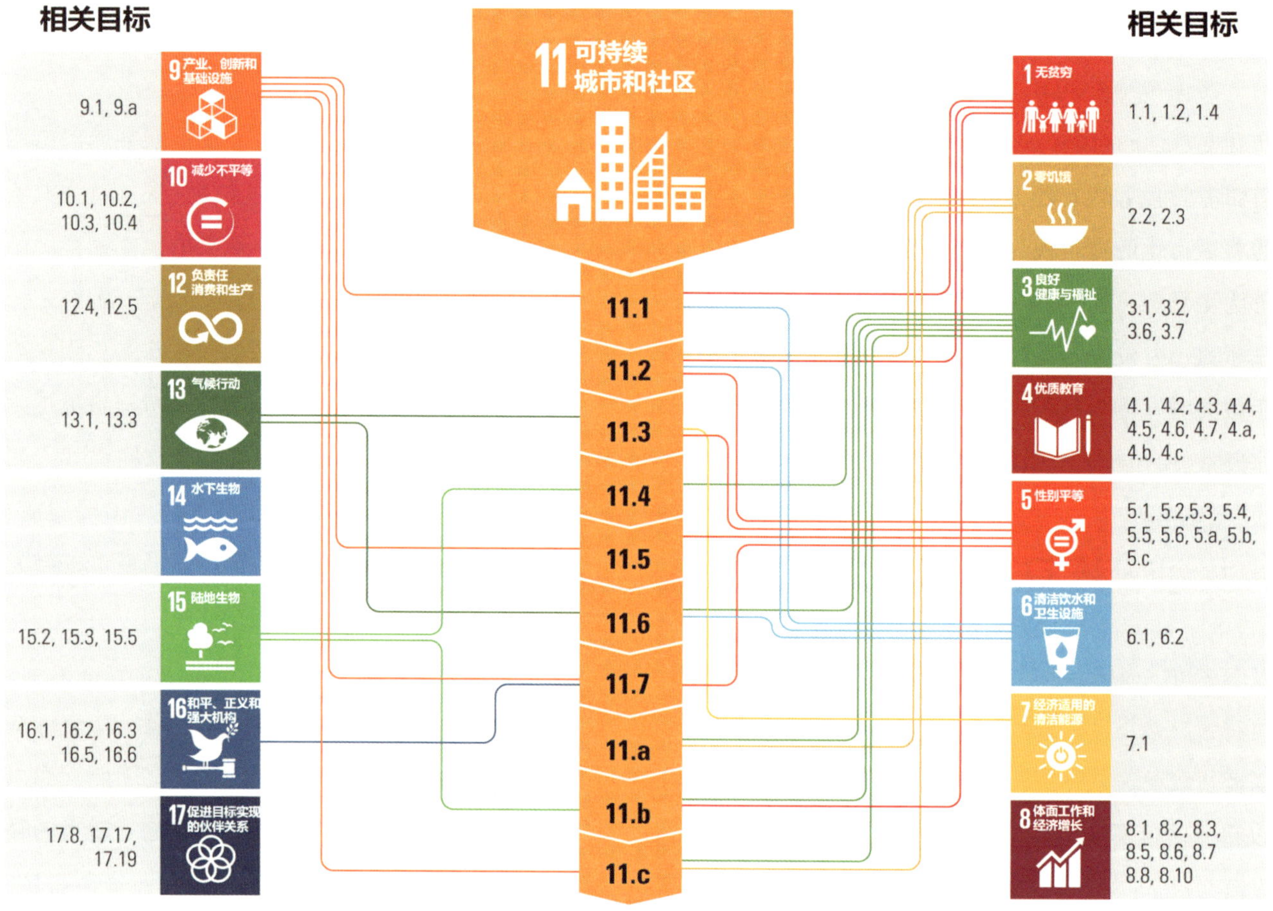

图 1.1 可持续发展目标 11 与其他可持续发展目标之间的关系[5]

们认识到城市正发挥着越来越重要的领导作用，运用鼓舞人心的城市倡议实现可持续发展目标方面的研究迎来了新的突破。但城市在如何借助发展、优化和加速实现可持续发展目标方面，仍然面临着巨大的挑战。城市及其领导者必须找到以下问题的答案：第一，如何创造更加包容和公平的城市与社区？第二，如何向可持续的创新驱动的城市经济转型？第三，如何创造生态敏感型城市与社区？第四，如何利用文化和创造力推动可持续的城市化过程？第五，如何将可持续发展目标纳入治理模式并使其成为重心？第六，如何让不同的利益相关方参与可持续发展目标的本地化进程？

5 Voluntary Local Review Framework to monitor and evaluate the progress towards achieving Sustainable Development Goals at a city level: Buraidah City, KSA and SDGs 11 as a case study-scientific figure on ResearchGate. [2022-06-03] https://www.researchgate.net/figure/Interlinkages-between-SDG11-and-other-SDGs-Source-10_fig2_354118959。

《新城市议程》

2016年10月20日，第三届联合国住房和城市可持续发展大会（简称“人居三”）在厄瓜多尔首都基多闭幕。会上通过了《新城市议程》。该议程将城市化的力量视为可持续发展的一项工具，能够为更具有可持续性的未来构筑共同的愿景。它提出了城市发展的范式转变，即通过采用相对有限的手段来推动目标11的实现，并在此基础上形成一张路线图，让人们重新思考如何在城市中规划、建设、管理和生活，且提出了为所有人创造更繁荣的城市住区所需要的核心步骤与行动。

《新城市议程》为实现一系列可持续发展目标及其具体目标制定了空间框架，因而与《2030年可持续发展议程》密切相关，并将后者理解为一套需要更具体方法支撑的总体目标。换言之，我们可以将《新城市议程》理解为在城市住区实施可持续发展目标的交付载体（Delivery Vehicle）。至关重要的是，在《新城市议程》中，全球的领导人承诺将确保城市为所有人提供基本生活服务；提供平等获取机会的渠道；消除一切形式的歧视，包容边缘化群体；尊重移民、难民、流离失所者的权利；减少污染和温室气体排放，出台抵御灾害的措施；整合安全、优质、绿色的公共空间；改善出行与连通性；建立促进城市可持续发展的伙伴关系。

《新城市议程》取得了一定的进展，但仍有很长的路要走。联合国2022年发布的关于《新城市议程实施进展》的四年期报告[6]特别强调新冠肺炎疫情导致减贫、妇女就业和安全等方面的发展出现了倒退。报告还指出，全球预计有70%的家庭的住房保有权不稳定，且自2018年以来，居住在非正式住区内的城市人口占比不降反升，从23%增至23.5%。此外，大流行期间，全球范围内仍存在人员安置、土地与住房问题，加上不断增加的移民率凸显了城市采取包容性应对措施的必要性。积极的一面是，许多城市推动了贫民窟的升级改造和弱势群体的住房计划，而联合国大会第三委员会批准了一项关于解决无家可归问题和促进可负担住房的包容性政策的决议草案。报告进一步分析指出，许多国家仍然面临着如何平衡城市经济生产力和为所有人创造就业机会的挑战，即使在发展中经济体内，社会不平等也在加剧。此外，新冠肺炎疫情导致失业率急剧上升，而女性的失业率又明显高于男性[7]。

报告也提到了环境的可持续性和韧性问题，认为空气、废弃物和其他形式的污染仍然将城市及其居民的健康置于风险之中，露天的垃圾倾倒和私家车的使用，都是造成这种风险的主要原因。但全球正有许多城市在整合可再生能源系统和更具有可持续性的交通系统，有一万多个城市在全球气候与能源市长联盟的支持下承诺到2030年减少240亿吨的二氧化碳排放量。最后，灾害事件的发生频率和严重性日益增加，迫切需要基于自然的解决方案（Nature-based Solutions，简称“NbS”），并对减少灾害风险（Disaster Risk Reduction，简称“DRR”）措施的相关知识与最佳实践加以传播，因为目前只有30%的国家制定了自己的减少灾害风险战略。

---

6 联合国．General Assembly Economic and Social Council. Progress in the implementation of the New Urban Agenda. Report of the Secretary-General (2022)。

7 联合国劳工组织．Policy brief: building forward fairer: women's rights to work and at work at the core of the COVID-19 Recovery (2021)。

城市化现状

全球范围内，城市人口规模继续发生重大转变，但不同地区呈现出明显不同的趋势。虽然人口迁移的方向主要是从农村到城市，但城市的增长主要还是通过自然人口增长实现的。预计到 2050 年，城市将容纳全球约 55% 的人口，另 25% 的人口居住在城镇，20% 居住于农村地区[8]。然而，必须承认城市增长速度正在放缓。新冠肺炎疫情在一定程度上遏制了许多主要城市的增长速度，令部分人离开较大的城市中心地带、前往外围郊区居住，削弱了城市的相对吸引力。由于灵活的工作和生活方式的出现，导致一部分人从市中心外迁，令城市面临需要重新评估的局面并需要适应新运作模式的挑战。未来，许多城市将面临日趋严重的人口老龄化，尤其是在中高等收入国家。低收入国家的城市反将迎来最快的城市增速，预计到 2070 年增长接近 2.5 倍，总人口预计将超过 7 亿人[8]。到 2030 年，全球将拥有 43 座特大型城市（人口超过 1 000 万人的城市），但增速最高的是人口少于 100 万的城市[9]，中小型城市将为各地区贡献大部分的城市人口增长，从而加强了它们在实现可持续发展目标中的关键作用。这些不断变化的人口构成作为一个转折点，为城市功能创造了新的、动态的地方情境，与经济、社会和政治的发展趋势紧密相连。

城市蔓延是一种全球现象，已经席卷了世界所有地区，包括横向扩张、分散城市化和半城市化。如今，城市的扩张速度已经超过了人口的增长速度。长期预测表明，全球将持续城市化发展，从 2021 年的 56% 发展到 2050 年的 68%[10]。伴随着人口的增长和对自然资源需求的激增，城市、城镇和大都市地区正在以前所未有的速度消耗新的土地，导致自然生态系统持续恶化、土地供应减少、温室气体排放增加。此外，90% 的城市扩张将发生在发展中国家[11]。城市化在未来几十年可能会引发更大规模的无序扩张，加剧贫困和社区边缘化问题。城市现在很难通过有效的土地利用政策来平衡人口增长与土地供应减少之间的关系。唯有审慎地管理城市布局、形态和建筑密度，才能防止不可持续的无序扩张和过度拥挤。

8 联合国人居署 . World Cities Report 2022. Envisaging the future of cities. (2022)［2022-08-03］https://unhabitat.org/sites/default/files/2022/06/wcr_2022.pdf。

9 联合国经济和社会事务部 . https://www.un.org/development/desa/en/news/population/2018-revision-of-world-urbanization-prospects.html (Accessed: 14/06/2022)。

10 UN-Habitat. World Cities Report 2022. Envisaging the future of cities. (2022)［2022-08-03］https://unhabitat.org/sites/default/files/2022/06/wcr_2022.pdf。

11 联合国开发计划署 . Goal 11: Sustainable cities and communities.［2022-06-14］https://www1.undp.org/content/singapore-global-centre/en/home/sustainable-development-goals/goal-11-sustainable-cities-and-communities.html?utm_source=EN&utm_medium=GSR&utm_content=US_UNDP_PaidSearch_Brand_English&utm_campaign=CENTRAL&c_src=CENTRAL&c_src2=GSR&gclid=Cj0KCQjwwJuVBhCAARIsAOPwGASA3bRzzo6yY50KYEhfmReANX_mNwTMOh-e3jWJMaDeKiNX5UVROCQaAn2ZEALw_wcB。

挑战与机遇

管理良好的城市化是释放可持续发展目标价值的关键，但城市化也面临着一系列全球性的挑战。因此，城市、城市治理者、大都市地区等都同时面临难解之题，但也都拥有大量推动可持续发展的机会。

公平发展能够弥合差距、共创城市繁荣

不平等现象在城市中日益严重，贫富差距不断扩大，出现社会排斥及弱势群体被疏远和边缘化等问题，社区凝聚力不断下降，人们无法平等地获得工作、服务和技术机会。不幸的是，历史上遭到社会排斥的群体，如妇女和女孩、老人、儿童和青年、残疾人、移民、流离失所者和难民，如今仍然面临同样的问题。他们获得的机会最少，却面临更多的风险与歧视。此外，全球的住房可负担危机正在令非正式居住区和不合规住房成为大量低收入家庭的唯一选择。公平发展对于减少城市中的社会经济不平等和社会两极分化现象至关重要，它可以促进空间公平，让所有人都能够公平地获得适当住房、基本服务、公共空间、就业和机会、教育、医疗保健，以及安全保障等。显然，城市社会的不平等会破坏公民社会，降低许多人参与正规经济和利用城市所提供的机会的能力。通过培养有凝聚力和包容性的环境、提供更加广泛的机会，城市将增强被忽视社区的韧性，改善其民生、促进其繁荣。因此，应重点帮助这些人融入城市当中，同时确保他们身心健康，防止他们个人的社会与文化认同感遭到稀释。相应地，城市必须努力保护最脆弱的群体，出台有针对性的社会政策，使地方政府有能力建设空间公平的城市，让所有公民享受同等的权利，平等享用城市服务和基础设施，以改善社会经济条件。

包容治理能够充分释放共享经济价值

城市是贸易和商业的聚集地，世界经济活动的 70% 都发生在城市之中[12]。因此，城市拥有解决可持续经济增长，以及推动创新、投资和就业的强大力量。然而，城市的经济发展也对地球的环境健康造成了不利影响。伴随着经济的快速增长，资源被密集使用，相关废弃物产生。相应地，增加以绿色经济为中心的就业比例将成为城市追求更具有可持续性的经济的关键。此外，城市经济模式仍然过度偏向富裕阶层，而城市贫民在很大程度上无法享受经济公平，包括无法公平地享受正规就业和更高创收的机会。新冠肺炎疫情加剧了这一问题，暴露了现行城市经济结构的敏感性。城市中，大量企业倒闭、财富差距扩大、失业率上升。其中，最边缘化的群体受到的影响最大。另一方面，资金不足、难以获得教育和就业培训，以及能够绕开劳动法的“巨型雇主”的崛起，也仍然是主要的挑战。不过，通过后疫情时

12 ICLEI briefing sheet - urban issues, No.02. Cities and the Sustainable Development Goals.［2022-07-15］https://www.local2030.org/library/232/ICLEI-Briefing-Sheets-02-Cities-and-the-Sustainable-Development-Goals.pdf。

代的恢复，城市现在拥有了向可持续经济转型的独特机会，这将有利于引导经济创新、培育公平和具有竞争力的经济生态系统，并扩大循环经济的规模。当城市将经济升级到以公平为核心的模式，就会优先考虑地方增长和可持续发展，为城市提供提高社会经济韧性的机会，更好地应对日益频繁的冲击与破坏。

可持续应对气候变化、迈向绿色未来

由于不可持续的建筑与交通方式的存在，城市仍然是影响气候变化的最大因素，其碳排放占全球能源使用所产生的总排放量的71%～76%[13]。随着不可持续的城市化步伐的加快，经济活动、建筑、交通和工业的强度不断增加，从而加剧了污染并进一步扩大了对自然资源的需求，导致生态环境的恶化和重要生态系统的退化。现在，城市必须采取行动遏制污染和保护自然系统，从而逐渐过渡到对环境敏感的低碳发展模式。此外，城市拥有密集的基础设施、金融和人力资本，是最容易受到气候变化影响的地区。自然灾害频率和强度不断增加，带来了巨大的挑战，尤其是对那些90%处于沿海地带的城市[13]。因此，在气候变化的影响日益频繁且严重的地方，很有可能会经历基础设施和住房被破坏、城市经济和供应链被干扰、基本和关键服务的获得机会相应减少，这些情况甚至危及城市居民的生计。最贫穷和最边缘化的群体受到的打击最为严重。迄今为止，城市却在这方面表现得反应迟缓，且没有出台恰当的气候政策。而针对基于自然的解决方案、可再生能源、生态保护和修复、可持续资源管理和降险减灾措施的相关行动可以帮助建立绿色、韧性和环境公平的城市，实现城市与自然的和谐共存。通过对城市发展的反思和基于生态系统的方法，城市有能力成为应对气候变化的前沿阵地。

文化创意能够增强社区活力、提高韧性

文化是城市结构的动态组成部分，有可能推动或阻碍可持续城市化的发展。作为推动力，文化可以塑造思想、行为和实践，通过适当的整合，文化遗产、创造力与多样性都可以在打造更具包容性的社会方面发挥重要的作用。然而，作为长期发展的关键因素，文化往往并未在地方政府的政策和计划中得到充分的认可。此外，战争和冲突、气候变化以及自然灾害事件等问题对物质文化遗产构成了巨大的威胁。而随着社会的现代化发展，世代相传的传统知识和技能等非物质文化遗产正在被持续淡化。文化遗产是将人们联结成一个社区的黏合剂，它与当地社区的韧性有着直接的关系。文化和创意有助于形成有创造性的网络，并为经常在社会和经济上受到排斥的城市群体提供机会。因此，城市有机会运用文化的推动力去创造价值，并且可以将文化作为转型工具，培育更具有韧性的社会，促进地方经济发展。相应地，通过构建有利的环境，地方政府可以保护并促进文化发展，在确保文化多样性的同时，让所有人都能获得文化资源和文化权利。

13 联合国人居署．Climate change.［2022-06-08］https://unhabitat.org/topic/climate-change。

可持续发展目标能促进公平创新治理

有效的城市治理模式对于可持续发展目标本地化仍然至关重要，但许多城市的管理依然十分薄弱，传统的孤立方法和过时的系统抑制了可持续城市化的进展。因此，治理不善会进一步加剧不平等和贫困、经济停滞、易受灾害风险影响的脆弱性、文化退化和城市规划不善，进而阻碍城市的繁荣。如今，城市正面临无数挑战，故而地方政府的去中心化、地方财政资助，以及透明性就变得十分必要。在实现可持续发展目标的过程中，必须采用多层次、包容和具有适应性的治理机制，助力城市和地区加速转型、推动城市可持续发展。值得注意的是，随着电子政务的不断发展，数字化和智慧城市技术的兴起为地方政府提供了促进更具包容性城市发展的最佳机会。利用信息通信技术可以提高市政服务的效率，并转变政府与公众之间的互动模式。考虑到全球范围内市民参与治理的空间正在减少，这就显得更为重要了。公众更多地参与到城市发展中有利于促进更广泛的民主，从而促进合理决策。此外，促进交叉合作、扩大伙伴关系及网络有助于培养实现可持续城市化的能力。通过可持续城市化，地方政府、私营部门、非政府组织和其他主要城市利益相关方可以利用和引导城市的变革潜力。因此，建立具有更强责任感、参与性和合作性的治理模式将有助于引导公平、包容和透明的城市发展。

城市解决方案

为了应对当今城市地区所面临的新挑战，全球的城市正在采取鼓舞人心的举措，以克服社会、经济、环境、文化发展和城市治理等领域所面临的关键性问题。其中尤其强调2030议程所提及的公平、包容、可持续和韧性原则都应融入发展进程，突出了它们在可持续发展目标本地化进程中及帮助发展城市与社区方面的关键性作用。城市参与者和决策者可以从贯穿本手册的案例研究中得到一些重要的政策措施与建议，从而获得启发。

首先，为了培育更具包容性和参与性的城市，政策必须强调人作为城市社会参与者的作用，保护社会活力、支持弱势的社会群体、通过支持性的制度空间补充社会活力。地方社区参与城市治理可以被视作促进社会团体与社区之间形成更多样化且稳固的伙伴关系的关键。其中，促进地方社区和社会治理可以使利益相关者成为城市发展变革的推动者。在制度层面建立相应的机制，为各社会阶层的城市居民赋权。相应地，稳健的城市政策应该鼓励灵活的治理，平衡自上而下和自下而上的城市社会发展方法，承认所有人都是城市行动者，团结当地社区并增加各方对城市发展进程的参与度。

作为经济增长的引擎，城市必须发展可持续的经济模式，确保其长期处于健康发展并取得成功。增强城市的长期经济繁荣与活力，需要发展有利的城市商业环境，鼓励新的企业和资本流动。创新城市计划突出了利用大学和其他创新教育园区等基于知识的设施的好处，更好地将它们与当地的工业空间联系起来，以弥合社区和工业。此类行动有助于释放这些城市环境的未开发潜力，吸引研发投资、企业家投资和当地工业创新。此外，在知识创新是区域产业发展的驱动力的情况下，城市应该结合其基础产业、文化底蕴和技术知识库，打造具有独特背景的繁荣产业集群，带动区域产业发展。在此基础上，开展跨区域创新合作，将更好地促进知识资源和知识网络向城市渗透，促进经济的可持续发展。

城市建设者一直在讨论城市绿化的价值，而城市绿化整合的明确需求依然存在。城市健康和环境可持续性现已成为城市化的核心，优先发展绿色城市（如设置袖珍公园和社区花园），可以为城市带来丰富的收益，提高生活品质，并在市民与自然之间建立更为紧密的关系。城市绿化在加强难民社区方面也发挥着不可或缺的作用，特别是在居住环境恶化导致社区失去生计机会的情况下。城市还必须推进整合减少灾害风险相关的举措，例如早期预警系统和缓解行动，让当地社区参与制定韧性战略。尤其是在全球南方国家，灾害风险的增加和公共知识的匮乏，使贫困、边缘化的社区处于极度脆弱状态。作为向以环境为导向的城市发展过渡的基础，这种发展应该得到强有力的城市政策和法律法规的支持。

不可否认，城市具有很强的文化价值。为了利用这一点，应该策划和实施与当地文化遗产产生共鸣的文化敏感型城市发展计划，以当地习俗、价值观和传统为基础，保护当地的知识与资产。在这方面，城市可以利用文化作为推动可持续发展的工具。此外，可以利用文化遗产提供的就业机会来帮助增加社区繁荣、改善生计。值得注意的是，采用特定的举措，创造文化驱动的就业机会，有可能为城市带来巨大的价值，也可以通过文化遗产的推广来促进当地经济。此外，城市应该将市民定位为文化遗产保护工作的参与者和受益者，明确社区和当地人民在文化遗产中的关键作用。在这里，文化可以用来将社区联系在一起，建立伙伴关系，激发社会凝聚力并促进不同社区群体之间的对话。

城市治理最终决定了城市的管理与发展方向。因此，城市必须确保其治理机制在决策过程中表现出参与性和透明度，以促进地方政府的信任和问责制。将数字技术融入城市治理系统（电子政务）有助于消弭市民与地方政府之间的隔阂，实现更具包容性和协作性的决策，并赋予公民权利。同样重要的是，城市决策者寻求本地化解决方案来应对城市和社区挑战，通过符合可持续发展目标的重点社区计划来应对这些挑战。促进跨区域协调的综合区域治理将加强城市治理机制和地方发展，而促进公私合作伙伴关系和加强市财政可以帮助地方政府加强公共政策、促进创新、更好地解决公共利益问题。向智慧城市治理的转变为地方政府和城市行为者提供了巨大的机会，可以通过公平、包容和可持续的原则来治理城市。

案例选取原则

本手册推介的案例从不同方面展示了城市的可持续发展现状，每个案例都直接促进了不同的可持续发展目标在当地的落实。换言之，这些案例向城市管理者展示了有助于推动可持续发展目标本地化进程的切实举措。高品质的案例选取主要基于六个核心原则。

权威性：选定的案例应得到国际社会的广泛认可，并由此获得权威机构颁发的奖项或提名，或是得到官方网站的推荐，或是被收录于权威的国际出版物之中。由此可以证明这些案例实践对城市可持续发展做出了突出的贡献。

创新性：为实现可持续发展目标，城市的发展需要全新和具有开创性的模式，尤其是在一些地方，可持续发展目标在落地过程中仍显得较为抽象。因此，选定的案例应在实践的不同方面显示出创新性，例如在城市规划和设计过程中、在科学技术的运用中、在政策制定与治理过程中、在伙伴关系的建立过程中等。

可复制： 案例选取应考虑这些案例是否能够在不同城市情境中加以复制，具体指在不同物理规模、人口数量、地理环境、文化特征和治理能力的城市中采用并充分发挥这类实践的能力。因此，案例选取需要考虑其规模化能力及其对不同城市情境的适用性。

包容性： 案例应该能够基于社会包容的视角，关注处于脆弱境遇的群体，展示其对建设更具包容性的城市和社区所做出的贡献。因此，选定的案例展示了公平驱动的城市实践，有助于促进在社会和经济方面处于弱势的妇女与女孩、儿童与青年、老人、残疾人和其他弱势群体更好地融入城市生活。

可持续： 可持续是选取案例的基本原则。案例最终是要通过可持续的方法，解决核心发展领域上所产生的城市化问题的。因此，每个选定的案例都应该有助于建立一个能推动实现城市可持续发展的全球典型城市实践知识库。

时新性： 为了反映当前全球城市的发展现况，选定的案例应能展现其在过去五年内所带来的影响，确保这些案例的推广与运用能够切实解决对我们这个时代存在重大意义的问题。

手册结构

随着城市在推动可持续发展、实现可持续发展目标方面的作用越来越突出，2022 版《上海手册》在以往版本的基础上，引入了一系列与可持续城市化问题相关的最新案例，反映新的城市状况。2022 版《上海手册》旨在展示城市引领实施《2030 年可持续发展议程》的潜力，以及城市在实现可持续发展目标方面的促进作用。通过对这些具有开创性的案例展开研究，2022 版《上海手册》提出了应对当前城市发展主要挑战的创新性解决方案，为全球采取行动提供了切实的指导与借鉴。手册展示了不同城市的最佳实践，对全球地方政府和城市利益相关方如何克服障碍以推动符合可持续发展目标的可持续城市化方法进行了深入评估。

2022 版《上海手册》第二至第六章介绍了可持续城市化和可持续发展目标有关的核心概念和研究案例，后者反映了相关理念下，可持续城市发展的最佳实践范例。每个案例研究由三部分组成：案例背景，介绍背景信息并分析问题；实践过程，概述完整的实施过程；经验借鉴，为城市建设者提供可参考的经验教训，是关键且具有实际借鉴意义的知识组成部分。每个主题章节还根据从各案例研究中汲取的经验教训，将其整合后提出了一套具体的政策建议。最后一章专篇聚焦于与可持续发展目标本地化相关的国际平台及相关方面，包括本地化过程中涉及的全球进程，以及在城市和地方政府合作推进可持续发展目标实施过程中发挥关键作用的平台与网络。

社会：孕育繁盛包容的城市社区

作为城市不可或缺的组成部分，社区在构建抵御灾害能力和可持续性方面发挥着重要作用，并直接参与可持续发展目标的推进。改善社区生活需要社会参与和动员，尤其需要关注社会包容和公平、权利平等、提供基本服务、医疗保健、体面工作机会和优质教育等，以确保社区居民人人享有活力与健康。因此，社会篇介绍了促进社会发展、社区繁荣的优秀城市举措。首先，成都市爱有戏社区发展中心的实践展示了志愿者协会在形成社会连接方面富有潜力，有助于促进基层社区的自治与发展，同时提升弱势群体的韧性。北京百湾家园公租房项目则展示了如何通过自治与社会管理为居民赋能，让居民享受负担得起的优质生活。来自越南的案例将目光聚焦于公共卫生领域，研究了城市通过“代际自助俱乐部”的形式展开基于社区进行的健康照护，这一模式正在改善当地全年龄段人群的福祉。奥里萨邦采用的城市工资就业倡议表明利用劳动密集型公共工程有助于为低收入城市居民提供创收机会，且能促进城市基础设施的发展以改善民生。布宜诺斯艾利斯 Barrio Mugica 街区通过扶贫政策和规划改善了边缘化社区中存在的社会排斥问题，证明空间公平发展对于修复这类问题的价值。本章强调，地方政府应致力于推行以平等、包容、赋能为中心的城市政策，为所有人建设更强大、更繁荣的社区。

经济：重塑创新驱动的城市经济

城市是经济活动的引擎，在推动可持续经济增长方面作用巨大。经济篇详细讨论了城市如何根据可持续发展目标，发展可持续经济；如何通过技术和创新、多样化的创意、遗产产业，以及创业精神来提高生产力。值得注意的是，皮尼昂谷的创新生态系统作为巴西库里蒂巴经济发展的开创性举措，将城市行动与可持续发展目标相结合，推动形成了充满活力的创业文化，并使之成为创意经济模式的一部分。墨西哥东北部城市蒙特雷则推动大学等知识型机构与周边的产业空间和社区共生，刺激当地经济，吸引研发投资和高科技创新企业入驻。海德堡案例展现了产业多样化对当地经济复苏的价值，其实践的重点在于引进了新的创意产业和科技机构，形成了新兴的产业集群。最后一例来自上海黄浦区，通过振兴传统品牌和传统商业刺激本地发展，在保护文化遗产的同时推动了经济的繁荣。这四个案例均突出了创意产业和创业精神在创造就业机会、推动城市再生方面发挥的作用。由此表明，以知识为基础、以文化为引领的经济转型有助于为地方经济发展注入活力，推动可持续的城市化发展。

环境：构建绿色韧性的城市生境

城市化对部分地区的自然环境造成了巨大的压力，让某些社区面临更大的环境灾难风险。因此，采取绿色、生态敏感和空间公平的城市环境管理方法至关重要。环境篇分析了城市和人类住区如何采用可持续城市模式建立具备灾害抵御能力的城市，并利用基于自然的解决方案促进所有人生态意识的提高，确保自然系统及其完整性得到保护，同时改善城市居民的生活状态。本章的四个案例强调了维护自然生态系统、确保城市健康和活力、推广低碳城市模式等举措的内在价值，同时也突出了减少灾害风险措施和能力建设对创建具备灾害抵御能力的城市社区的重要性。首先，中国威海以生态为导向对城市进行开发，聚焦对自然生态环境的保护与加强，将城市绿化、海绵城市的构建和海岸线修复嵌入其中，得到了一个环境可持续发展城市的模型。喀麦隆北部的米纳瓦奥难民社区对自然资源和生态保护给予了极大的重视，确保越来越庞大的难民人群也能享有可持续的生活。日本横滨的蓝碳项目充分运用了海洋资源的固碳效益来进行碳中和实验，并且在碳信用和碳补偿方面做出了创新性尝试，从而创造可持续而低碳的城市。最后，坦桑尼亚达累斯萨拉姆案例展现了由社区推动的洪水测绘方法，提高了该市风险最大的非正式住区对洪水的应对能力。

文化：营造活力绽放的城市氛围

作为集人类活动、传统、就业和产业、建筑和设计、美食、艺术和音乐为一体的综合枢纽，城市是文化交流和多样性的生动展示平台。文化篇强调了保护城市文化遗产、促进文化创意产业发展的重要性，旨在提高人们对文化作为城市可持续发展催化剂的重要性的认识。本章介绍了四个案例。“创意地平线”项目展示了文化在城市更新中的价值，这一发生在巴西贝洛奥里藏特Centro-Lagoinha社区内的项目通过创意经济活动推动了城市转型。上海的案例展示了该市对“建筑可阅读”项目的推广。该项目让市民能够以文化主导的方式更好地欣赏历史遗产。该章还介绍了两个以城市文化遗产的修复为重点的案例。首先是由联合国教科文组织牵头在也门的四座历史名城亚丁、萨那、希巴姆和扎比德实行的“以工代赈”项目，展示了城市文化遗产具有维护和改善民生的潜力。遗产保护还为边缘化的城市青年提供了就业机会。另一实践是东耶路撒冷Dar Al-Consul建筑群的修复，有效促进了当地的文化认同、市民交流，并增强了社区凝聚力。这一章列举了独特的、以解决方案为导向的做法，展现了文化遗产对增强社区韧性的促进作用，包括提升边缘人群的能力、增进社会联系、创造就业机会，以及催化新的创新和创意经济。

治理：推进智慧包容的城市管理

良好的治理模式是可持续发展目标本地化的首要条件，它将最终决定城市在实现可持续城市化道路上的走向。治理篇重点介绍了可持续和包容性城市及社区治理的四项创新实践。温哥华大观林地作为当地最古老的定居者社区之一，通过地方政府与原住民的合作，展现出协同治理是城市中实现公平发展的关键。该案例也表明通过促进经济适用房的住房供应、可持续交通计划、绿色建筑发展和地方经济政策，可以培育新的多样化市场。长三角生态绿色一体化发展示范区展示了跨区域协调发展是如何运用共建、共担、合作共赢的治理理念，提升当地产业经济、生态文化和人居质量的。“智慧德黑兰”计划展示了智慧城市功能在重新规划城市管理方面的潜力，即利用电子化治理和数字应用增加市政服务、提高公民的决策参与度、弥合市民与政府官员之间常见的对话鸿沟。最后，洛杉矶对开放数据工具的使用凸显了可持续发展目标数据驱动平台的价值，使得城市和地方政府能够直接将其城市战略与可持续发展目标进行对接。本章借鉴了近年来城市可持续治理的开创性案例，阐述了如何利用数字化和开放数据实现城市行动与可持续发展目标的对接、提高城市管理效率，并使市民更密切地参与城市发展进程。此外，本章还论述了加强政府与地方社区关系的价值，以及地方和区域合作治理的好处。

专篇：可持续发展目标本地化的全球项目、进程和网络

《2030年可持续发展议程》和可持续发展目标本地化的成功，取决于所有相关行动者之间的有效合作。在国际范围内充分共享知识、技能、资源和伙伴关系，就能帮助城市提高能力、加强知识、交换经验、促成合作、筹措资金并实现有关可持续发

展目标的承诺。本章从更高的战略角度阐明了城市的作用，列出了可持续发展目标本地化过程中涉及的核心要素，以及可用于支持城市利益相关方的可持续发展目标相关的全球性重大项目、网络和平台。重要的是，本章指明了对可持续发展目标进行宣传和提高相关意识的重要性，强调为可持续发展目标行动制定能与本地环境相适配的各种灵活性战略的重要性，同时突出了自愿性地方审查报告（Voluntary Local Reviews）作为监测工具在评估可持续发展目标进展和影响城市政策方面的关键作用。本章也梳理了有关可持续发展目标的国际性举措，包括建立“地方2030”联盟、制定可持续发展目标城市计划、成立世界城市和地方政府联合组织的可持续发展目标本地化学习论坛和全球工作组、设立世界城市日和发布《上海宣言》，以及举办相关的联合国层面的活动。本章还介绍了相关工具包。作为与可持续发展目标相关的多样化落地举措，它们为利益相关方提供了最佳做法和经验，以及实用、灵活的工具，有助于从制定、实施到监测、审查的整个生命周期内推动符合当地情境的可持续发展目标行动发展。

第二章 | 社会篇

引言 [1]

“可持续发展目标的本地化”，可以理解为通过本真的（Authentic）、参与的（Participatory）和可扩展的（Scalable）路径，将可持续发展目标落实到具体的社会场景。这意味着城市中各个社会群体的特点是可持续发展的基础，市民以主人翁的姿态参与目标实现的过程，而每个地方实践经验都可以通过与公共政策的对接具备可拓展性。在风险层出不穷的城市社会，本地化的可持续发展能够让城市居民从日常生活中掌握工具和方法。可持续发展不是空泛的目标，而是本地化过程中人人可参与的实践。由此，城市才能在风险社会的时代具备韧性，市民才能在危机应对中实现社会参与。

在社会语境中，在地的首先是本真的，也就是城市社群的时空延续性被充分挖掘与尊重。城市由多样的社群组成，社群的空间属性是社区，社群的时间属性就是社区的传统。在空间维度上，本真性即保护社区既有的建筑风貌，即使在城市更新的过程中依然能够留存已有的空间符号。在时间维度上，本真性即尊重社区传统的有机延续。尊重传统并不意味着不能改变，而是这种改变是具有连续性的，不是断裂的或者破坏式的。

在本真性的基础上，可持续发展目标的实现需要市民成为参与的主体。本地化的可持续发展需要避免政府施政而市民旁观的景象。自上而下的政策不具备可持续性，而其目标的落实也与市民生活存有距离。“参与”的视角，意味着市民群体应该承担起主人翁责任，将城市的发展与个人的生活相结合。市民的社区参与，意味着多元社会群体的自我动员和磨合。这种自发的社会机制有助于产生创新的解决方案，同时其实施是可持续的。

在地的发展经验并非是例外的，通过与公共政策对接能够实现其可拓展性，为全球其他社区提供参考。在地社区的发展经验具有个性和多样性，而公共政策则具有系统性和可操作性。通过挖掘社区案例与公共政策的连接，可以实现在地化目标实现的可拓展性。

基于“本真性”“参与性”及“拓展性”的标准，社会篇选取了以下五个案例：

案例“驾着‘社会连接－社区自治’双轮马车的成都爱有戏”，基于社区工作的本地化综合实践，以及成都素有市民参与社会公共生活的文化传统，实现了“无贫穷”“良好健康与福祉”“减少不平等”“可持续城市和社区”，以及“促进目标实现的伙伴关系”等一系列可持续发展目标。

案例“百湾家园公租房——基于尊严居住的社会包容”，通过政府、企业和社会相结合的方式，以开放街区、立体社区、阳光权等理念在大都市中心建设大规模高质量的公租房，使得大城市的无力购房者通过租房实现尊严居住，实践了大城市从“居住排斥”到“居住吸纳”的社会可持续发展。

---

1 本章由复旦大学社会发展与公共政策学院于海团队撰写，作者为孙哲（上海财经大学）、刘昭吟（集美大学）、杨玲（成都市爱有戏社区发展中心）、诸昳（上海映绿公益发展基金会）、刘真（联合国教科文组织亚太地区世界遗产培训与研究中心）、斯竹（上海四叶草堂青少年自然体验服务中心）、邹华华（上海健康医学院）。成都市爱有戏社区发展中心刘飞参与案例的全程研讨和创作过程，特致谢忱。

案例“代际自助俱乐部”，来源于越南清化、宁平等城市的经验，是一种基于社区的健康照护模式，通过代际、多功能和自我造血的方法改善老年人和社区的福祉，并特别关注来自较弱势群体的居民，回应了越南快速老龄化和女性赋能的社会问题。

案例“城市工资就业倡议”，其背景为印度有数十万人因为疫情失业，许多失业工人被迫返乡。由于缺乏社会保障体系，最弱势群体陷入更加贫困的境地。2020 年 4 月至 9 月，城市工资就业倡议正式实施，通过劳动密集型公共工程，为城市贫困人口提供直接就业机会。该倡议还旨在促进社区机构能力建设，提高奥里萨邦在应对季风气候灾害方面的生态恢复能力，并加强公共福利计划的可持续性。

案例“Barrio Mugica 街区的社会与城市融合”主要发生在布宜诺斯艾利斯的贫民区之一 Barrio Mugica 街区内。该项计划以促进 Barrio Mugica 街区与布宜诺斯艾利斯其他城市区域的融合为目的，从全局性谋划的角度，统筹解决享受公共服务难、居住环境条件差和工作不正规、教育水平低、看病难等社会与经济方面的问题，通过基础设施（如污水处理、饮用水和电气连接、街道照明）改善、公共空间改造、住宅建设和改造、学校建设、健康中心建设等一系列举措，促进社会和经济发展。

参考案例

中国成都：驾着“社会连接–社区自治”双轮马车的成都爱有戏[2]

案例背景

成都市爱有戏社区发展中心（简称“爱有戏”）不仅是中国的全国百强社工机构，其义仓项目也已名列“联合国志愿者计划之志愿者主义知识门户”（UNV Knowledge Portal on Volunteerism）数据库之可持续发展目标的“目标 1 无贫穷”项下。作为一个发端于 2009 年的社工机构，爱有戏现有员工近 300 人，所培育的志愿服务组织 739 个、核心志愿者 15 748 人、社区居民骨干 2 719 名、孵化社群超过 300 个[3]，实践范畴涵盖社会救助、社区互助、社区连接、社区文化、社区安全等，比一般同等规模的社工机构更具有跨领域性，更活跃，也更具有影响力。

爱有戏体现了两个具体的可持续发展目标的本地化进程：一是“目标 1 在全世界消除一切形式的贫穷”的次目标“1.5 到 2030 年，增强穷人和弱势群体的抵御灾害能力，降低其遭受极端天气事件和其他经济、社会、环境冲击和灾害的概率和易受影响程度”，即弱势群体的社会韧性培育；二是“目标 11 建设包容、安全、有抵御灾害能力和可持续的城市和人类住区”的次目标“11.3 到 2030 年，在所有国家加强包容和可持续的城市建设，加强参

2 本案例作者为刘昭吟，集美大学美术与设计学院外聘台籍教师；杨玲，爱有戏文化项目总监。

3 爱有戏官方数据，2018 年。

与性、综合性、可持续的人类住区规划和管理能力”，即推进参与性的社区自治。

实践过程

1. 从爱有戏公益戏剧社转型为爱有戏社区发展中心

成都市爱有戏社区发展中心由爱有戏公益戏剧社逐步转型而来。其创始人刘飞有多年志愿者经历，在参与无偿献血宣传队时，即展现出组织志愿者的能力与才华：召集志愿者 300 多人，组织从剧本到演员，从拍摄、剪辑到制作全流程由志愿者负责的公益短片（图 2.1）。

资料来源：爱有戏

图 2.1 拍摄无偿献血公益剧《小话西游之寻血记》的志愿者们

这一时期（2009 年）的组织为爱有戏公益戏剧社，取“有爱才有戏，有爱才有希望”之意；又以谐音起英文名“I-YOU-SHE”，取“你－我－她（他），共同参与”之意。主要工作是通过影像短片宣传志愿者精神，呼吁关爱留守儿童和盲童。

在拍摄留守儿童公益影像、与盲童共同制作广播剧的过程中，爱有戏公益戏剧社的工作人员感到陪伴成长的真实性比影像更有意义，萌生转型为实务型机构的念头，为后来转型为社工机构埋下伏笔。但志愿者精神融入了爱有戏的血脉，志愿者精神的思维方式与行为方式被带入社会工作中，成就了爱有戏公益戏剧社的独特性。

2. 直面问题的社会工作

受惠于成都市锦江区培育社会组织的政策，爱有戏公益戏剧社于 2011 年 2 月转型为成都市锦江区爱有戏社区文化发展中心。

与科班出身的社工机构相比，爱有戏难免有“半路出家”的味道。但正是因为“非专业”，爱有戏可以无畏、无包袱地直面社区现实。爱有戏在水井坊街道的社区需求调研中发现，城市最繁华地段背后的隐性社会问题最复杂棘手：对于困难家庭而言，除了政府和亲戚提供的有限救助外，社会援助渠道较少；城市更新的剩余老旧院落无人管理；居民老龄化，缺少互助意识；社区缺少互助平台，即使有互助需求，也有能力不足问题；城市更新造成新旧院落贫富悬殊，空间隔离等于社会隔离；老旧院落成为房租洼地，原有熟人关系瓦解，住户之间关系冷淡甚至相互提防；中青年对公共事务态度冷漠；老住户的社区参与停留在配合政府的层面。

为了帮助社区的困难群体，爱有戏的最初举措是发起捐赠，但随即意识到老旧院落的社会问题不是个案的，是系统性的。暂时性的捐赠或个案性的帮扶并不能解决深层的结构性问题。同时，捐赠的单向“施－受”关系，也是爱有戏比较警惕的；爱有戏希望建立的是“平等互助”关系，施者也是受者，受者也是施者。这便导出一个结论方案：联结社区内资源，将社区内的问题置于社区内解决。

3. 义仓，扶危济困的社会连接

爱有戏将井冈山大学青原色人文记录中心的“义仓·一勺米”行动引入水井坊街道，进行在地化处理。义仓的构成有四个要素：①义仓仓库。由爱有戏成立和管理，每一份物资都有独立的编码，可随时在 PC 端或移动互联网端查询物资的动态和受助家庭情况。②捐赠人，或称为爱心家庭。初期通过爱有戏动员社区意见领袖进行捐赠。③受助人。多为社区困难家庭。④邻里互助中心。为爱有戏培育的社区社会组织，由其志愿者将物资送到受助人手中；其最初成员来自社区意见领袖，他们后来成为核心志愿者，并在构建志愿者团队时发挥了“滚雪球”作用。

为强调居民参与和社区责任感，从义仓开始，社区衍生了一系列加强社区社会网络的子计划。譬如：

- “一勺米”：邀请社区的儿童及家长以“你好，邻居”公益挑战赛形式，敲开陌生邻居家的门募集一勺米，这一勺米将被煮成百家粥分享，并且与节气习俗相结合（图 2.2）。
- “一个观众的剧场”：动员社区志愿者，以文艺服务和支持陪伴的方式，缓解社区空巢、独居、高龄、残障老人的孤独寂寞，促进老人与社会的连接。
- “义仓小站”：接收非现金的小额捐赠，包括旧物资、食品、洗化品、时间四类，接受物资的受助家庭可以通过时间捐赠成为志愿者。
- “义集”：为了解决旧物资捐赠与食品、洗化品需求间的不平衡问题，开办市集，居民在义集上售卖旧物，所得善款捐赠义仓，再由义仓统一购买困难家庭所需的生活物资。义集还设有义诊、义演、NGO 展示，这些都是极受居民欢迎的社区活动场域和集体生活方式，这也为社区志愿者组织的发

资料来源：爱有戏

图 2.2　左：一勺米 · 募米；右：一勺米 · 百家粥

资料来源：爱有戏

图 2.3 义坊合作社讨论会议

展提供了平台和机会。

- “义坊”：义仓和义集对于部分困难家庭来说，虽能缓解困难，尚无法彻底解决谋生问题。以提供营生为目标的义坊合作社应运而生（图 2.3）。利用临街公共场地建设格子铺，由爱心企业、爱心个人作为爱心股东，为困难家庭提供 1 000 元启动资金，并提供经营项目和技术的支持。困难家庭通过免费格子铺开展营生事业，或自主经营，或加入义坊合作社。

爱有戏于 2013 年开始在全国范围推广现代义仓，到 2022 年，覆盖 32 个省（直辖市）、98 个城市、2 600 个社区，受益家庭 30 万个，社区自组织 3 000 个，超过 500 万人参与义仓活动。通过正式与非正式志愿服务的混合模式，施与受的水平连结，脆弱的、边缘的社区成员被鼓励成为义仓志愿者，降低社会孤立，为更有韧性的集体反应创造机会。这也证明了参与能激发信心，参与就是赋能。

4. 解决共同问题的社区自治

义仓项目得到了政府的欣赏和信任，水井坊街道办事处进一步将协力居民自治的工作交给爱有戏，探索适合成都的社区自治路径。

理论上的社区自治是：居民有常态的、具有代表性的议事组织，通过协商达成公共事务共识的自我管理。爱有戏探索的机制是：居委会提供基础性的公共服务，其他无暇顾及或无能提供的服务，由多元主体的社会组织来共同实现，包括把居民组织起来自我服务。

但老旧院落的现实却让探索更为艰难。长期依赖政府的院落已依赖成性，居民没有自治动力，也没有自治能力。爱有戏最初归因于社区缺乏授权，以赋权成立“三驾马车”——党小组、院落管理委员会、居民议事会——为工作目标，但无功而返。

显然徒有顶层设计是空中楼阁，问题的根源在于底层：社会基础缺失，人和人之间不相识，自然没有共同解决问题的愿望。于是爱有戏将工作策略转向“社会连接 + 解决共同问题”：从生活和扶危济困出发，把居民组织起来，形成社会连接；以此社会连接用于解决共同问题，为此便需练习公共协商；协商常态化时，表征自治的公约、管理和制度便水到渠成。

爱有戏召开市民论坛，使共同问题显化、公开化，并针对性采取行动。例如：居民反映环境脏乱差，爱有戏引导一群关注环境保护、乐于垃圾减量的居民，在院落犄角旮旯建立农耕园（图 2.4），带动厨余堆肥和垃圾减量。居民担心私搭乱建造成公共安全隐患，爱有戏协助申请社区安全理事会为院落做安全排查，依据排查结果引导居民共议院落拆违，动员居民争取政府的老旧院落维修基金，进行院落整体改造。居民抱怨公共设施欠缺，爱有戏认为抱怨者便是潜在行动者，协助该居民募集资金和人力实现公共愿望，并将其培养为核心志愿者。如此的行动，建立了居民的集体自治信心：不必“等靠要”，居民自己也能解决问题，而且没有想象中的困难，困难主要源于孤立。

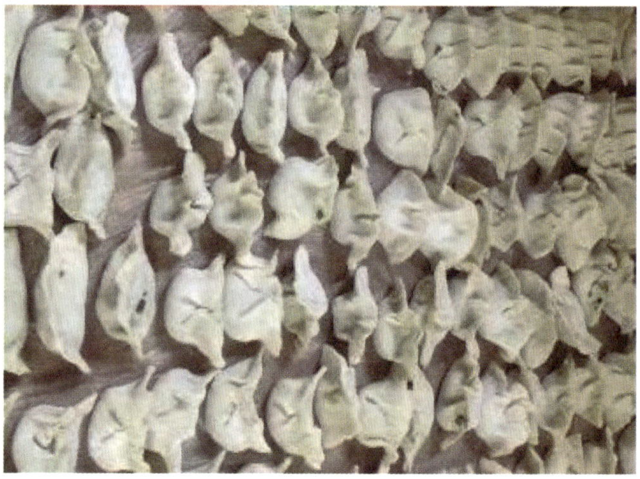

资料来源：爱有戏

图 2.4　共同种植、共同制作食物和分享院落农耕园

但共同问题未必利益一致，往往充满矛盾、张力、冲突；要解决共同问题，便必须练习自治的核心——共议协商，达成共识，但共识是博弈的结果，不是道德的结晶。爱有戏不空喊口号呼吁共识，而是提供协商的方法、规则与平台，不介入利益本身。随着博弈达到利益平衡，特定事项的公约便逐步建立起来。一次次的经验使得居民的参与，从共同解决单一问题进展到治理，“三驾马车”终得落实。

5. 更深、更微妙、更多元的社会团结

从社区自治获得的经验是：有了社会连接、基于博弈的协商共识，还需要某种更柔和、更微妙、更深刻的力量，使自治成为内在动力。这力量即是地方认同。为此，爱有戏开展行动研究，通过口述历史、社区影像（图 2.5）、社区戏剧、食物文化[4]等，与居民一起建构知识体系，构建社区文化，并以艺术介入的方式，通过“艺术与社会创新实验室”、“坊间 · 社区公共艺术节”（图 2.6）、“社

4　以食农话题为切入点，结合地方文化，与社区多元人群合作，探索可持续的、共同协作的生活方式。

区微型美术馆”、“社区策展人培育”、“恋爱博物馆”等项目，使对话性艺术家在社会现场与居民共同创作公共艺术作品。艺术参与润物无声地推动了地方认同的形成。

其次，激发多元的社区社群，并进行连接的再连接、组织的再组织。而这有三个重点：一，社区层面所要培育的并不是高尚的志愿者，而是邻里互助的行动者及其组群，其核心是利己且利他，即以利己为核心，因利他而利己，夜跑团、亲子共读家长会、病友会等都是很好的案例，这些社群自然地形成交叉重叠网络，增强了社会韧性；二，通过“友邻学社”的社区教育和小额资助，培育行动者

资料来源：爱有戏

图 2.5　社区影像 · 志愿者与社工一起拍摄纪录片《迁》

资料来源：爱有戏

图 2.6　坊间 · 社区公共艺术节

的能力，使行动者因为干事干得多、干得好而拥有社会名望和影响力，而成为组织者；三，组织的再组织，例如在院落层面广泛培育某主题社群达数十若干个，自下而上将其组织为较大范围（社区或街道层级）的专门委员会，使得院落社群在此进行资源配置的协商。各主题专委会则可进一步组织为社区自治组织联合会，如此即使社区两委的行政结构仍是“上面千条线，下面一根针”，这根针已不再单一孤立，而是根拥有共治伙伴、具有根系的针。

为了更深耕于社区，并让方案更具自主性，自2019年起，爱有戏将社区发展业务从项目导向转向地区导向。项目导向的业务，政府购买服务的价值取向、支持力度、政策环境，对项目质量影响很大。地区导向的发展，政府提供社区空间，以资源换服务。爱有戏扎根5至10年，进行社区商业与社区营造有机结合的发展性社会工作，并由此积累经验，以协助解决社区资产问题。例如建立社区基金，通过社区企业，盘活闲置资产，使之成为社区公益服务、公共服务的资源提供方，帮助社区建立可持续健康发展的路径。

经验借鉴

1. 发展性社会工作 vs 专业主义

如同一般社工机构，爱有戏也有大量的个案帮扶的社会救助工作，但爱有戏的社会救助并非孤立个案的服务派遣，而是织补一张社会连接网，使受助者、施助者、社工、志愿者、组织者、参与者都在马斯洛需求金字塔中得到发展，称为“发展性社会工作”。其特征如下：

（1）以志愿者精神，用社区内部的资源解决社区内部的问题，而非来自外部的服务派遣。

（2）不以科班的社会工作守则——避免涉入个人关系为信条，爱有戏强调以关系、认同为驱动。在服务派遣上，在进行个案帮扶时加入人生故事分享环节，增强共情理解，以强化社群黏度。在公共治理上，通过参与式行动研究，与居民共建地方感，强化社区文化认同。

（3）使利他而利己的互助者组织化为多种社群，这些社群在社区里编织成一个组织网，个人因交叉参加不同社群而成为节点，通过组织网和其他人连接，即组织化缔造具有互利、公益、商业合作社等多元性质的共同体。

2. 组织化社会连接的社区自治 vs 行政推动

当发展性社会工作扩展为助力社区自治时，组织化的社会连接依然是促进社会团结的基础。这种组织化并非自上而下的、命令式的行政推动，后者往往快速成军，通过选举组成依法授权的自治机构，但因缺乏社会基础而迅速瘫痪。对于没有自治习惯和自治能力的社区，分步建设社区自治的路径是：

（1）建立日常的社区社群，无论是基于兴趣爱好、价值取向、扶危济困或利他利己的互助，都能显现社区能人、热心人、行动者，他们是核心志愿者的潜在人群。

（2）通过市民论坛的畅所欲言总结公共议题，无论是问题、抱怨、担忧、建议或愿望，都具有发展为部分或全部人群共同解决问题的潜力。

（3）采用参与、协商、资源支持等方法，寻求共同问题的解决方案，使居民有共谋、共建、共管的实践经验，并积累为习惯。

（4）共同问题被切实解决后，方可召集下一次市民论坛，以取信于民。

（5）在以上基础上三步走：通过表彰、培训，积累居民志愿者的能力、名气、号召力；编织社群网，夯实社会韧性；建立具有居民代表性的自治机制，即居民议事会和院落管理委员会。

3. 利他利己的互助者 vs 高尚道德的志愿者

公共治理易因吃力不讨好难觅志愿者。公益项目（尤其是扶危济困）发起初期总能获得志愿者的热烈响应，但纯粹的情怀易有行动续航力不足问题。爱有戏既倡导志愿者精神，也接纳人的本性：越是日常琐碎事务，越要现实主义地培育利他利己的互助者社群，不过分强调高尚道德。

为此，无论项目性质是公益还是自治，都要建构公正、公开、可追溯的信息渠道，以提高其公信力。尤其城市社区作为非熟人社会，没有天生的信任纽带，在生人社会和提防戒备的集体心态上要建构共同体感，需要一定的制度规范。以义仓为例，物资入库有明确的物资管理办法、库管员职责、捐赠人信息；物资出库有物资派送计划表、物资领取公示、物资入户记录、受助人信息、物资派送实时信息；义仓的管理与监督有定期盘点、实时动态、数据统计分析；物资管理有义仓管理软件，每件物资有单独的条码可供追溯，以更好地回馈捐赠人的响应。此外建有关于志愿者、爱心家庭、受助家庭、爱心企业、媒体的五个数据库，使一切所发生的行动都能有依有据地透明公开。

透明公开制度所建立起的公信力，以行胜于言的潜移默化方式，影响利他利己的互助者产生质变：从内在的利己行为，转向公益的、公共的志愿者行动。

4. 何以成都

爱有戏具有“社会连接－社区治理”的双重性，这源于成都一直致力于推动社区共治与居民自治。

- 社区协商议会制度：2003 年，成都市开始统筹城乡改革试验，以“村民议事会民主协商”为重点，2008 年建立了城市社区居民协商议事会制度。
- 社区公共财政制度：2009 年建立村级公共财政制度[5]，2012 年城市社区公共财政制度也全面建立[6]，落实了院落自治制度的“三有一公开”：有院落自治组织、有院落自治规约、有院落自治活动、院落的事务财务全公开。
- 还权、赋能、归位：2010 年起明确“还权、赋能、归位”[7]的社区工作目标。还权，保障社区居民的自治能力和自主行为的发挥；赋能，保障社区自治组织的资源和行动能力；归位，基层政府职能和社区职能的回归。
- 三社联动：2014 年成都市开展“三社联动”试点，即社区发现需求、社会组织开发项目、社工提供专业服务、政府予以财力保障。
- 社区营造：2016 年起将社区营造[8]纳入社区发展治理五大行动，提出居民自治的七大原则：居民主体、协商民主、自下而上、共同参与、权责一致、过程导向、可持续。
- 信义治理：2018 年启动、2021 年 3 月全面推广的“党建引领住宅小区信义治理”，要求推广“信托制”物业服务模式。

与此同时，社区两委的办公空间也进行亲民化改造，最大程度弱化“行政化”的形式与氛围，很多“社区党群服务中心”看起来像是咖啡厅、茶馆。

5 《成都市公共服务和社会管理村级专项资金管理办法》，首次明确要求市县两级财政每年向全市范围内建制村、涉农社区提供一定的（不少于 20 万元）公共服务专项资金，建立村级公共财政制度。

6 《成都市城市社区公共服务和社会管理专项资金管理办法》。

7 2010 年《完善城市社区居民自治机制试点方案》，2011 年《成都市城乡社区治理机制建设实施纲要》。

8 2016 年 5 月，成都市民政局印发《开展城乡社区可持续总体营造行动的通知》，2018 年《关于进一步深入开展城乡社区可持续总体营造行动的实施意见》（成民发〔2018〕8 号印发）。

茶馆，代表着成都的公共领域基因：平民化、社会阶层混合、自发组织化、舆论监督、公共秩序。当代，成都的社区治理政策的包容性、社会组织的灵活性、志愿服务的活跃度，何尝不是这座城市的“茶馆基因”？爱有戏的成长轨迹及内部体系，看似复杂多变，却与成都这座城市的文化息息相关。

中国北京：百湾家园公租房——基于尊严居住的社会包容

案例背景

北京百湾家园公租房（图 2.7）是在市中心实践的社会住房项目，以促进低收入群体通过尊严居住实现社会整合。本项目通过政府、企业和社会相结合的方式，以开放街区、立体社区、阳光权等理念在大都市中心建设大规模高质量的公租房，使得大城市的无力购房者通过租房实现尊严居住，在社区整合基础上实现了城市社会的可持续发展。百湾家园的主要设计师马岩松在设计时突出对“人”的关注。他在重视效率和功能性的同时，兼顾建筑整体美观，规划公共活动空间，建立社区与城市的连结。

百湾家园公租房项目由北京市政府 2011 年成立的独资国有企业北京市保障性住房建设投资中心管理，是北京市百余个已入住公租房项目中有代表性和示范性的一个项目。不同于许多公租房选址偏僻、交通不畅，百湾家园位于北京东四环外，紧邻地铁站。项目占地 9.39 万平方米，总建筑面积 47.33 万平方米，一共可容纳 4 000 户租户。2014 年，北京市住房保障中心邀请 MAD 建筑事务所承担百湾

资料来源：i-mad.com

图 2.7　百湾家园俯视图

家园的设计工作。2019年底，百湾家园建成，2020年下半年首次启动配租，到2021年底，入住率达到7成。约有3 000户租户入住百湾家园。

城市连结方面，MAD在设计时将百湾家园社区打开，六个街区之间有道路穿过，与城市道路连通。这样一来，城市中的车流可以从社区中间穿过，社区内外的人可以交流融合。社区营建方面，MAD将百湾家园的设计立体化。在地面之上架空了二层，增加绿化，并提供属于社区内部的活动空间。租户可以在二层跑步、遛狗、打球、跟邻居聊天。建筑外观方面，百湾家园由12栋住宅楼围合成的六个小街区组成。每栋单体建筑都采用“Y”形结构，层高6到27层不等，优先保证每一间住房都能有日照。

实践过程

1. 问题导向

社会住宅是二战后全球范围内的社会福利实践。巴黎和伦敦虽然建造了最早一批的社会住宅，但也产生了未预料到的副作用。北京最新的公租房实践基于对已有教训的反思，试图解决核心难题，为全球社会住宅的创新发展提供经验。

选址偏远是社会住宅的顽疾，容易造成所在区域贫民窟化的问题。法国在20世纪第二次国有化大潮中建设的大量社会住宅就是典型的例子。1958年，伴随着法国战后婴儿潮和移民涌入引发的短期住房需求激增，法国政府急需在居民与城市空间中制造平衡、缓解城市中心交通，以及人口拥挤所造成的压力。于是大批公共住宅在城市边缘被建造起来。当时的设想是，这些城市边缘的住宅会被不断涌入的人口填满，整个住区也将很好地融合进城市经济体系。但今天距离最后大量建设社会住宅的20世纪80年代已经过去四十余年，巴黎市中心的居民对城市边缘的这些密集建筑已经不甚了解。大量社会住宅因得不到政府关注年久失修。整个社会住宅区域外表萧条凋敝，内部更成为滋生各种社会问题的“敏感社区”（Sensible Communities）。

居住隔离容易产生社会隔离，这往往与社会住宅的运营有关。社会住宅从设计到运营都没能有效地促进不同人群交流融合，致使这一社会福利政策一定程度上变成社会撕裂的加速器。法国20世纪大批量建设的社会住宅中，勒·柯布西耶设计的马赛公寓是具有纲领性质的一例。设计师希望利用现代建筑技术，在为更多工薪阶层提供住宅的基础上，还能提供多元公共空间。然而位置偏远的住区不能成为人们接入都市经济系统的理想居所，最终逐渐衰落。庞大建筑群中的多处阴暗角落和市郊紧张的警力为犯罪提供了有利条件。整体社区环境变得混乱、危险后，留守的居民也不愿意再使用公共空间。逐渐地，住区内居民的交流、住区与城市的交流都趋于停滞，社会住宅区演变为城市边缘被隔离起来的一片区域。

质量较差也是社会住宅问题中反馈较多的。2017年6月，位于西伦敦的24层公寓楼“格伦费尔塔”（Grenfell Tower）发生的大火即为警钟。这座公寓原是建于1970年代的社会住宅。近年来越来越多原来的社会住宅房源通过“购买权”计划（Right to Buy Scheme）被放进私有产权房市场出售。零碎的产权转换使得负责维护的非营利组织没有动力保持建筑内部的整洁和安全，只愿意做些外部的表面修缮功夫，好让建筑看起来稍微体面一些，以吸引潜在买家。格伦费尔公寓就在出事前不久重新装修了外墙，用了疑似可燃的保温材料，最终导致起火并演变成一场大灾难。社会住宅的商品化、公共服务的难以维系，是社会住宅在当今面临的困境。

2. 解决方案

为解决以上问题，百湾家园公租房项目从项目选址、住宅设计、社区规划、运营管理等方面着手做出尝试。

首先，百湾家园公租房项目在市区而非郊区建设公租房。在北京市首批公共租赁住房已入住项目地图上可以非常明显地看出，百湾家园项目位于北京中心城区东面，是同方向所有公租房项目中距离中心城区最近的项目。

百湾家园租户真正面向多样化的住房困难群体（图 2.8），而市中心的位置实现了社会整合的功能。百湾家园的租户居民中有来京务工人员、年老无房的本地市民等住房困难群体。租户中的务工人员多从事基础服务性工作，更靠近市中心的居住区位对他们来说意味着更少的通勤成本和更多的工作机会。老年本地市民虽然大多已经退休，没有通勤需求，但他们中的许多人此前的生活圈和人际交往圈都在更靠近市中心的位置，如果搬得太远难以维系过往的社会关系。一个固定的、正式的居所能在一定程度上帮助弱势群体更好地融入社会。这些人群更需要一个与城市联系密切的居住区位来维系与社会系统的联系。百湾家园的选址在回应这一需求上较之前的社会住宅项目有突破。

其次，邀请先锋建筑师设计社会住宅，提高建设标准。项目方表示邀请马岩松进行公租房设计，为的不只是设计一个项目，而是确立公租房的标杆。马岩松为国际知名建筑师，其建筑风格以大胆创新为主。在住宅设计方面，马岩松并不是单纯从空间关系出发，而试图通过建筑设计回应社会问题（图 2.9）。百湾家园公租房项目一开始就将高房价产生的居住排斥问题作为目标。马岩松的团队 2014 年开启了一个关于“社会住宅的社会性”的研究课题，调研各国社会住宅的发展历史和设计理念。研究采用了大量的田野调查和社会对话的方式，通过实证调研的方式对居民的需求和向往进行探索。在百湾家园的设计过程中，设计师想要突破传统公租房在大众心目中“住得将就”的印象。马

资料来源：i-mad.com

图 2.8　百湾家园的居民群体

资料来源：南方人物周刊

图 2.9　百湾家园建筑师马岩松在社会对话现场

岩松认为，人的生活幸福感和价值来自社区，来自社区的开放程度、与城市的融合，以及留给人与人交流的空间（图 2.10）。

强调“阳光权”等尊严居住原则，实现体面居住的经验推广。百湾家园公租房项目里边全是小户型，房间有朝北、朝东、朝西、朝南各种朝向，很难做到采光匀称，但设计团队希望大家都能够有南向的阳光。设计师马岩松认为阳光权对公租房里的小户型居住者来说特别重要（图 2.11），因为阳光可能是所有人都能感受到生活美好的地方，这个是自然赐予的、脱离于社会阶层的、最基本朴素的公正。

从空间权利到社会赋权，百湾家园通过预留公共空间促进了租户自治与权利自觉。为了促进社区与更广范围的城市社会产生更多联系和融合，百湾家园社区被设计成开放式，但这就与提供更多社区内公共空间目标相冲突。于是设计团队将社区立体化，将社区的公园与景观空间放在了第二层，用桥连接架空层，将那些由开放式街道分隔的社区内单元重新连在一起。这样就解决了开放街区和内部公共空间之间的矛盾。

百湾家园在设计中预留的公共空间促成了不同群体的社区活动。下沉广场（图 2.12）为儿童、年轻人和老年人等不同群体在各个时间段内提供了活动的空间（图 2.13）。同时，居民们在生活过程中也开拓了非正式的公共空间。社区中的女性群体将闲置的汽车道路开辟成广场舞空间（图 2.14）。这种空间使用并不在已有的规范内，但是一种主动的女性群体的社区参与。

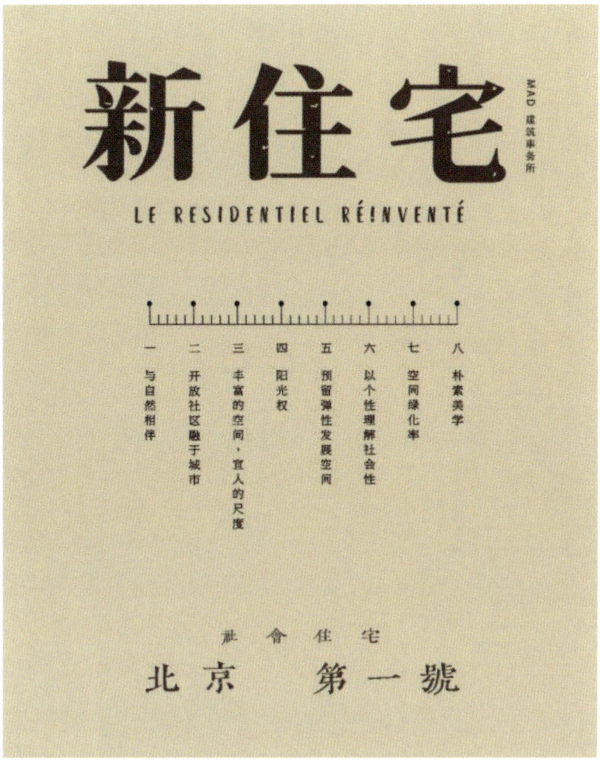

资料来源：i-mad.com

图 2.10　MAD 提出社会住宅倡导

资料来源：archdaily.com

图 2.11　阳光权的空间实践

资料来源：CreatAR Images

图 2.12　社区内的下沉剧场

资料来源：archdaily.com

图 2.13　下沉剧场的活动

资料来源：《百湾家园》纪录片摄制组

图 2.14　社区阿姨将闲置车道开辟为广场舞空间

经验借鉴

百湾家园项目是一次突破性的社会住宅实践，能够为之后的社会住宅政策提供几点启示：

1. 社会住宅要具有社会性，回应居民的需求

社会住宅属于集体消费，是社会福利系统的一部分。长久以来，城市的空间生产遵循的是级差地租的商业属性，市中心都被昂贵楼盘所占据。只有在社会属性的维度上，社会住宅才能够选址在市中心。居民的需求不只是低的居住成本，同时还应有高质量的居住条件和便利的交通环境。百湾家园公租房在选址、成本和居住环境等多维度的人民需求面前实现了平衡，实践了社会住宅的社会性。

2. 社会住宅项目应当追求建设从“从社区到社会”兼容过渡的住区

百湾家园的设计师马岩松谈到开放社区时，曾提到中国的封闭社区形成的城市“黑洞”。出于对安全、隐私的重视和对私有公共空间的主张，中国的大多数住宅社区都是封闭或半封闭的。这样一来，当一个人在城市中活动时，很少能有机会跟这些封闭的空间产生联系。那么，一个个封闭的社区对于社区外的城市居民来说就是不存在空间，就像一个个“黑洞”。再加上人们在选择居住社区的时候有明显的人群差异，于是社区的围墙就在人群之间拉起了隔离带，为社会隔离的产生打下了第一层基础。因此，拆掉社区的围墙，促进不同人群之间交流、融合，建成从社区到社会兼容过渡的住区有助于防止社会隔离和撕裂的产生、维护社会稳定。

3. 动员租户的自组织能力，发掘社区自治和相互支持的潜力，实现可持续发展

租户的自组织成立动因可以是多种多样的，最基本的是因为有共同的居住空间而形成的地缘群体自组织。此外，还可能有因为各种共同兴趣形成的趣缘群体自组织，以及出于相互支持的目的形成的志愿组织等。不管自组织成立的动因是什么，都可以增强社区成员之间的连结和信任，成为社区中的个人的社会支持网络的重要组成部分。同时，各种自组织在日常运营中形成的一套成熟的“动员－行动”模式，也可以使得各种自组织在面对外部冲击时快速响应。因此，租户的自组织能够增强租户社区应对危机的韧性和稳定性。

越南河内：代际自助俱乐部

案例背景

世界银行 2021 年 9 月 24 日出具的报告《越南：适应老龄化社会》[9] 指出，越南从 2015 年开始进入老龄化社会（Aging Society），预计至 2035 年将成为高龄社会（Aged Society），当前正处于快速老龄化的关键阶段。同时越南人的人均收入仅为全球平均水平的四成，这意味着越南将面临未富先老的巨大挑战。报告认为越南需要扩大社会福利制度，尤其需要发展一个充满活力的长期护理体系。

越南国家统计总局在联合国人口基金的协助下于 2019 年开展了第五次全国人口和住房普查，其发布的报告《越南人口老龄化和老年人》[10] 提供了目前越南 60 岁以上老年人口的主要特征，其中包括：目前越南的老年人口中女性约占六成；全国近七成老年人口居住在农村，尤其大部分分布在越南北部。报告建议，政府在规划和提供养老服务方面应该优先考虑为农村地区的老年人，尤其为高龄和女性老人提供长期护理。

越南助老会是越南唯一专注于老龄化和老年人援助的国际组织，由总部位于伦敦的国际非营利组织国际助老会（Help Age International）发起成立，1997 年开始与越南妇女联合会合作在越南开展工作，并于 2011 年在越南登记注册。老年协会（Older People Association，OPA）这一传统模式是越南助老会最初的探索方向，即针对每一个特定的社会需求分别成立相应的以项目为基础的老年协会来回应，例如老年人权益保护、健康照护、生计、社会保障、赋能等。但这种模式很快遇到了发展瓶颈，包括每个项目的社会功能单一、地方合作伙伴的主动性不高、项目成本居高不下、对外部资金的依赖性大，需要长期的支持等。

2005 年底，越南助老会与越南老年人协会和越南妇女联合会合作，启动了一项创新的试点项目——代际自助俱乐部（Intergenerational Self Help

9 世界银行．越南：适应老龄化社会．[2021-09-24] https://www.worldbank.org/en/country/vietnam/publication/vietnam-adapting-to-an-aging-society#:~:text=In%202015%2C%20Vietnam%20became%20an,getting%20old%20before%20getting%20rich。

10 越南国家统计总局．越南人口老龄化和老年人．https://vietnam.unfpa.org/sites/default/files/pub-pdf/ageing_report_from_census_2019_eng_final27082021.pdf。

Club，ISHC），以社区为基础来实现积极老龄化和包容性发展，并促进家庭护理服务的普及。代际自助俱乐部这一模式在实践中已被证明是十分有效的，因此两次获得越南国家总理签名批准正式在越南全国复制推广，也被联合国认为是有助于实现 9 项可持续发展目标的优秀实践案例[11]。2020 年，日本国际交流中心、东盟与东亚经济研究所为该项目联合向越南助老会颁发了健康老龄化亚洲创新奖（Healthy Aging Prize for Asia Innovation，HAPI）。根据越南助老会官网[12]的披露，至 2021 年底代际自助俱乐部已经建 3 842 家，分布在越南全国 63 个省市中的 61 个，拥有超过 21 万名俱乐部成员和超过 1.2 万名家庭护理志愿者，直接受益者超过 400 万人。

实践过程

河内市是越南的首都，也是越南拥有 60 岁以上老年人数量和比例最高的城市。2017 年，越南助老会在韩国国际合作署、韩国助老会的资助下启动了代号为 VIE70 的项目，旨在通过复制代际自助俱乐部的模式来支持河内等地方的社区老年群体。至 2020 年该项目结项，河内已经建立了 94 个俱乐部，几乎完成了 6 倍的项目预定目标（因为其中 78 个是超额完成），成为复制俱乐部模式最成功的区域。这些俱乐部在三年里募集了约 4.2 亿越南盾（约 12 万人民币）来维持运作，项目计划内的 16 家俱乐部共拥有 868 名积极成员，其中 390 人申请过俱乐部的小额贷款并且全部偿还。此外，俱乐部还帮助 97 人获得居家护理，为 125 人争取政策福利待遇，成为当地俱乐部中的典范。

即使项目结项就遭遇了疫情，这些俱乐部也组织起来，帮助社区和卫生部门开展疫情防控宣传、疫情检测和社区医疗援助等。Dao Thi Hoa 女士是一位退休的公务员，67 岁时加入河内 Khuong Din 区代际自助俱乐部并担任主席。她发现不少家庭在 2020 年新冠肺炎疫情期间面临无法工作、没有收入的困境，便召集 60 名俱乐部成员共同募集了 1 000 磅大米、85 箱面条和一些现金分配给 30 名最有需要的成员，来帮助他们短期内渡过难关（图 2.15）。她认为这体现了互相帮助的越南精神，而她自己也为能继续发挥余热而自豪。

资料来源：《老年人难以应对新冠肺炎疫情？代际自助俱乐部来帮忙》疫情特别报道，2020 年 9 月 23 日，https://www.npr.org/sections/goatsandsoda/2020/09/23/904604257/older-people-got-a-pandemic-problem-a-club-to-help-you-figure-it-out-yourself，美国独立媒体 NPR

图 2.15　河内 Khuong Din 区代际自助俱乐部主席跟成员一起查阅俱乐部账目

11　具体涉及的可持续发展目标包括第 1 无贫穷、第 2 零饥饿、第 3 良好健康与福祉、第 4 优质教育、第 5 性别平等、第 8 体面工作和经济增长、第 10 减少不平等、第 11 可持续城市和社区和第 13 气候行动。

12　越南助老会官网．https://helpagevietnam.org/。

代际自助俱乐部是为尝试解决越南快速老龄化的社会挑战而设计的一种成本可控、可复制、多功能和包容性的项目，其中包含了五个前提假设：

第一，社会发展的过程、资源分配，以及决策需要在地的政府与成员共同参与。

第二，老人是社区的重要资产和合作伙伴。

第三，社区居民拥有对自己的生活进行改善的最佳尺度。

第四，当人们互相信任就会更有动力来创造积极的改变。

第五，通过社区来回应本地需求，是更有包容性和成本可控的方式。

根据越南助老会官网上分享的最新资料，代际自助俱乐部的发展模式包括以下方面的要素。

1. 合适的会员

代际自助俱乐部是一种会员制社区自组织，单个俱乐部拥有 50 至 70 名不同年龄和背景的会员，其中大多数是老年人、妇女、有社会或经济困难的居民。

其实任何符合以下条件的本地居民都可以加入俱乐部：

- 有意愿养活自己和他人。
- 可以参与俱乐部活动。
- 自愿且热心。
- 同意遵守俱乐部的规定。
- 同意按时缴纳会费（每月 2 000 ~ 5 000 越南盾，约人民币 0.6 ~ 1.4 元）。
- 可以接受其他成员。

本着互相帮助、提高生活质量的精神，俱乐部在会员的总体构成上还需要遵循三个 70% 的基本原则：第一，70% 为 60 岁以上老人；第二，70% 为女性；第三，70% 为处境困难的人，比如独居者、残障者、经济困难者、自己生病或需长期照顾病人、家暴幸存者等。但每个俱乐部可以根据本地情况在上下 5% 的范围内灵活调整。多数俱乐部在成立的第一年往往只有 50 ~ 55 位会员，会员人数会随着俱乐部发展逐渐增加。

2. 围绕核心开展的多元活动

俱乐部的宗旨是为改善老年人和他们的家庭生活以及社区的生活质量做出贡献，尤其是困难长者。作为兼顾健康照护和促进老年人社会参与的综合性发展模式，俱乐部主要通过收入保障、医疗保健、终身学习、社会关怀、社区支持、家庭护理、资源动员和权利权益八个核心方面展开活动来满足社区居民，尤其高龄长者和困难人士的不同需求（图 2.16、表 2.1）。

俱乐部发展遵循自愿、自治、民主、平等、团结和合作的原则，所有会员均可自愿加入或退出俱乐部。俱乐部的活动均由会员自行规划、实施和监督。俱乐部采取积极寻求的集体决策和必要的投票表决。所有成员都有权参与并为俱乐部的活动和决策提供意见。俱乐部会员始终团结友爱，乐于分享生活中的喜怒哀乐并互相帮助。

3. 有效的理事会

每个俱乐部需要从会员中选出 5 名适合的志愿者[13]来组成两年一届的理事会，并且在总体上也需

13 理事会志愿者的筛选标准包括：思想开放、善于倾听，乐于学习和吸收新的内容；热情、负责、有活力；在社会上有信任和威望，愿意帮助他人；身体健康，能理性思考，有时间，可以在没有报酬的情况下领导俱乐部至少两年；不酗酒，没有药物上瘾，不滥用暴力；能调动集体的力量，有管理技能；有社区活动经验者优先；会使用智能手机者和有交通工具的人优先（尤其在新冠肺炎疫情的背景下）等。

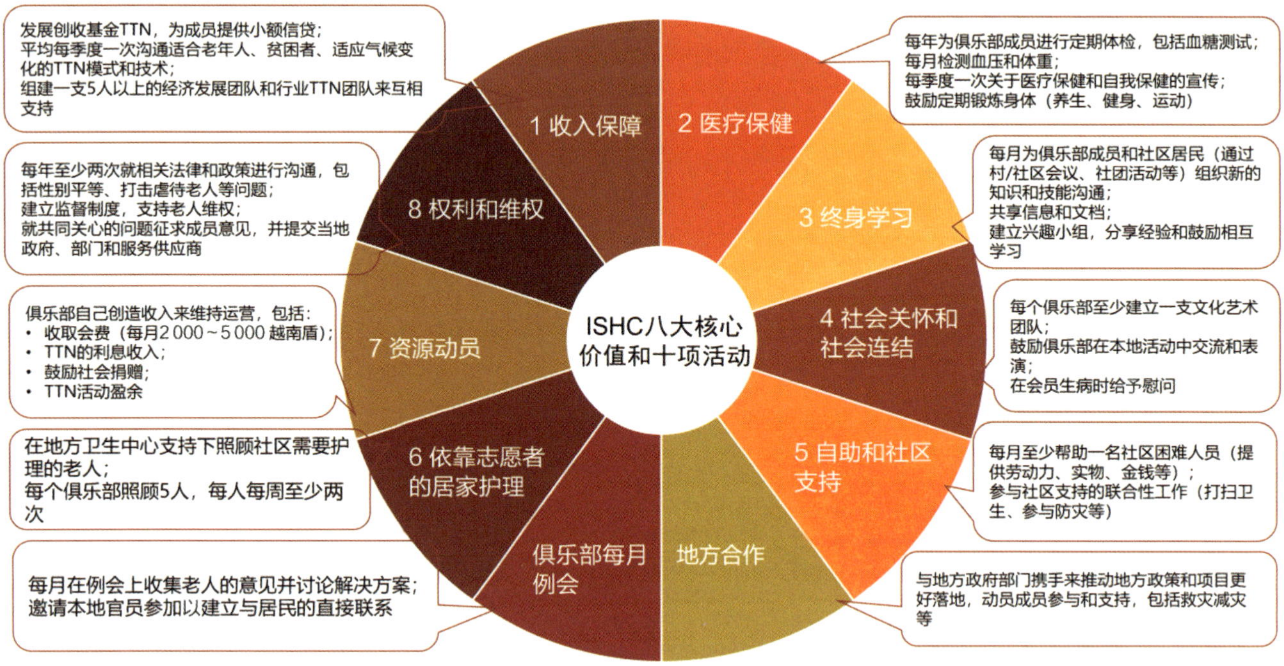

资料来源：《关于代际自助俱乐部模式》，2022 年 3 月 https://helpagevietnam.org/tai-lieu/2022/gioi-thieu-ve-mo-hinh-cau-lac-bo-lien-the-he-tu-giup-nhau/

图 2.16　俱乐部的核心价值和活动

表 2.1　代际自助俱乐部的核心活动具体内容

核心功能和活动	具体内容
食物和收入保障	发展创收基金，为成员提供小额信贷（每人最高 500 万盾，约人民币 1 440 元）； 平均每季度一次沟通适合老年人、贫困者、适应气候变化的创收模式和技术； 组建一支 5 人以上的经济发展团队和行业团队来互相支持
医疗保健	每年为俱乐部成员进行定期体检，包括血糖测试； 每月检测血压和体重； 每季度一次关于医疗保健和自我保健的宣传； 鼓励定期锻炼身体（养生、健身、运动）； 为成员和社区弱势群体购买健康保险
终身学习	每月为俱乐部成员和社区居民（通过村 / 社区会议、社团活动等）组织新的知识和技能沟通； 共享信息和文档； 建立兴趣小组，分享经验和鼓励相互学习； 鼓励通过社区的广播站或其他扩音设备进行宣传
社会关怀和连结	每个俱乐部至少建立一支文化艺术团队； 鼓励俱乐部在本地活动中交流和表演； 在会员生病时给予家访和慰问
自助和社会支持	每月至少帮助一名社区困难人员（提供劳动力、实物、金钱等）； 参与社区支持的联合性工作（打扫卫生、参与防灾等）

（续表）

核心功能和活动	具体内容
依靠志愿者的居家护理	在地方卫生中心支持下照顾社区需要护理的老人； 每个俱乐部照顾 5 人，每人每周至少两次
资源动员	俱乐部自己创造收入来维持运营，包括： • 收取会费； • 创收基金的利息收入； • 鼓励社会捐赠； • 创收基金活动盈余
权利和维权	每年至少两次就相关法律和政策进行沟通，包括性别平等、打击虐待老人等问题； 建立监督制度，支持老人维权； 就共同关心的问题征求成员意见，并提交当地政府、部门和服务供应商
俱乐部每月例会	每月在例会上收集老人的意见并讨论解决方案； 邀请本地官员参加以建立与居民的直接联系； 一次会议通常 2 小时左右，包含热身、欢迎新会员、上月活动报告、财务情况、答疑、小游戏、下月计划等全部内容
地方合作	与地方政府部门携手来推动地方政策和项目更好落地，动员成员参与和支持，包括救灾减灾、疫情防控等

要体现多元的结构（表 2.2、图 2.17）：

- 年龄上，保持 2 ~ 3 人为 60 岁及以上，其余则为 60 岁以下；
- 性别上，需要保持至少 2 人为女性；
- 社会地位上，至少需要 1 位是自身处于困境的群体代表；
- 理事中最多 3 人可以兼任社区里的其他职务。

因为俱乐部的活动很多，需要有时间来管理和实施，如果理事的兼职职务很多，在俱乐部投入的时间就会受限。

4. 持续活跃的队伍和小组

为了减轻理事会的管理压力，同时增强管理的角色和能力，俱乐部通常还会根据不同情况因地制宜地建立以下 5 个方向的队伍，通常每个队伍

表 2.2 俱乐部理事会的角色和具体职责

理事会角色	职　责
主席	综合管理、规划、报告； 人员管理； 筹资和资源动员活动； 合作关系； 接收反馈和处理投诉
副主席	在主席缺席时代为履行主席职务； 收入保障活动； 权利和权益的活动
第一理事	医疗保健和社会关怀的活动
第二理事	会计； 自助和社区支持的活动
第三理事	保管俱乐部的资金； 文秘与归档； 居家护理的活动

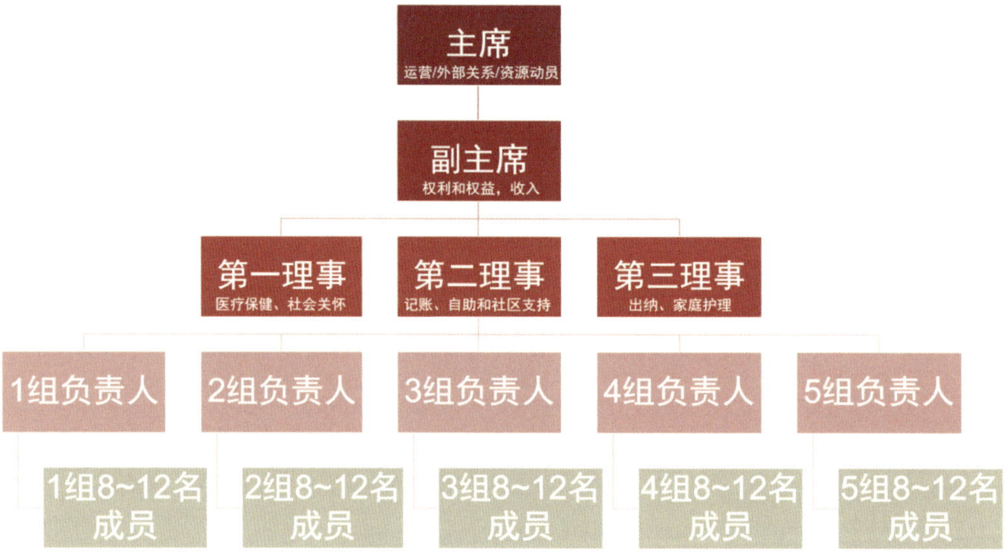

资料来源：https://helpagevietnam.org/hoat-dong/cau-lac-bo-lien-the-he-tu-giup-nhau/

图 2.17　俱乐部理事会治理结构示意

8～12 人，选举队长和副队长，担当理事会的左膀右臂，帮助实施和管理在相关区域内的活动，包括召集成员开会、捕捉成员和地方社区的想法和愿望并向理事会反馈、提醒成员支付小额贷款的本金和利息、监督贷款的使用、引导小组成员的会议讨论等（表 2.3）。

5. 可追责的档案管理系统

由于涉及经济、文化等多种活动，俱乐部需要做好财务账簿和日常活动情况档案的管理，包括但不限于：

- 每次保健活动记录的体重、血压、血糖和健康保险情况；
- 收入情况，贷款统计表、申请表和使用计划，以及贷款合同；
- 家庭护理的每月活动日志和信息；
- 社区互助的具体情况和照片；
- 人事管理和每月报告；
- 年度预算和所有财务报表；
- 社会捐赠统计表；
- 俱乐部章程等。

为了控制风险，每个俱乐部的月报告需要在月底前送到社区所属的老年协会进行审计。

6. 循序渐进的发展和能力建设

作为一个新的社区自组织，俱乐部遵循自己的生命发展周期（图 2.18），需要循序渐进。比如俱乐部成立后的 1 ～ 3 个月是俱乐部的生存关键期，还不稳定，通常在第 7 个月后，才会逐渐稳定发展。

考虑到俱乐部的运营资金能力在实践中存在差异，越南助老会建议地方政府考虑为每个俱乐部提供 5 000 万盾（约 1.44 万人民币）的启动资金。另外，越南助老会和老年协会一起为俱乐部量身定制了与上述周期相应的五次能力建设培训，从关于俱乐部筹备的 5 天初步培训开始，之后每到一个发展阶段则会提供相应的 2 ～ 5 天的能力建设，帮助俱乐部顺利进入下一个发展阶段。而在两年之后，俱乐部在财务上可以完全实现自收自支的持续发展，不再需要其他机构的协助。

表 2.3 俱乐部的队伍和小组发展

功能队伍	发展方向和建议
文化队	选择有天赋和有兴趣的成员加入； 文化艺术团队负责组织文化活动或者参与其他俱乐部的文化交流； 要鼓励所有成员发展适合自己的娱乐，而不是只关注文化队； 理事会可以协助小队选出自己的队长和副队长； 至少有 1 队
运动队	选举有运动才能的人加入； 运动队负责组织体育运动，参加体育运动的交流和比赛等； 理事会可以协助小队选出自己的队长和副队长； 至少有 1 队
保健队	负责组织保健和营养的活动，包括定期锻炼和养生； 理事会可以协助小队选出自己的队长和副队长； 至少有 1 队
志愿者队	每个俱乐部需要发展 3 种志愿者小组： • 居家护理志愿者小组，至少 10 人，可再分工作单元来配备健康监护设备； • 保健志愿者小组，每个小组指定 1 人担任，协助理事会来保持所有成员的身体健康； • 经济发展志愿者小组，至少 5 人，协助理事会增加会员和俱乐部的收入。 每个志愿者小组都需要选出自己组的组长和副组长，协助队长们组织和管理俱乐部的活动
创收队	为了提供效率，可根据生产经营情况建立专项小组，如养鸡小组、种豆芽小组、堆肥小组等，鼓励在上述行业工作的人加入； 需要定期组织业务示范和参观学习、组织原材料采购和产品销售等活动

图 2.18 俱乐部发展的生命周期

经验借鉴

越南助老会从局部地区试点开始，经过多年实践探索出一个有效的模式来解决快速老龄化所面临的长者医疗保健和居家护理的需求与实际供应的落差，成效显著。代际自助俱乐部通过多元的活动来系统干预长者的各方面生活质量。重视并为弱势和女性长者持续社区参与提供了舞台。依托社区公共空间，建立了多层次的社区纽带，提高社区老年群体的韧性。切实改善了长者的物质和精神生活。

1. **重视长者的主体性**

长者，尤其处于社会弱势地位的长者在很多社会发展项目中常常只被作为项目的客体、被动接收他人帮助的对象、没有被作为有能力改善自己生活的主体。而在代际自助俱乐部中，他们从源头就是自我发展、自我赋能、自我改善的主体性存在。

2. **有效的治理结构**

越南助老会为项目开展的多次评估证明，一个有效的包括理事会在内的治理结构是代际自助俱乐部保持活跃并得以持续发展壮大的重要原因。而俱乐部模式中关于年龄、性别和社会基础等多元结构的模式为社区成员创造了连结和共识的基础。

3. **自身可持续性**

俱乐部的资金池运营既有助于成员个人的生计改善，也有益于维持组织本身的活动开展。多元收入的设计结构和社区资源动员的活动让资金池具有更多的延展性和可持续性，从而充分发挥政府资源的杠杆作用和社会资源的有效性。

4. **重视政社合作的伙伴关系网络**

快速老龄化是复杂和巨大的社会问题，无法靠一家机构单枪匹马解决。越南助老会从试点就与在地的老年协会、妇联等社会团体开展合作，在区域的规模化复制中也充分重视与地方政府的合作网络，在核心活动模式中也体现了与地方官员的沟通、与社区管理机构合作的重视度。这都为最终实现覆盖全越南的国家政策倡导奠定了基础。

5. **可评估的改变**

越南助老会为每一个阶段的代际自助俱乐部项目建立了监测评估系统，在项目实施的同时通过定期的数据和调研来让俱乐部带来的改变可视化，包括俱乐部经济收入的增加状况、俱乐部成员的情绪和精神面貌、日常活动的频次和成效等。这也促进了项目的复制和规模化。

印度奥里萨邦：城市工资就业倡议

案例背景

印度城市普遍存在贫困，持续的城市化扩大了贫富差距，加剧了社会空间不平等。加之人口快速增长，这导致失业危机愈演愈烈。2017—2018 年全国城镇失业率达到 6.1%，标志着过去 45 年来的最高水平。此外，随着大量农村移民涌入城市以寻求更好的谋生机会，83% 的城市劳动力在非正规部门工作，加剧了贫困和社会经济脆弱性问题。随着 2020 年新冠肺炎疫情的爆发，健康危机很快失控，印度的城市经济下滑，加剧了空间不平等并导致社会经济危机。全国范围的封锁带来的经济动荡，导致数十万人失业，许多城市失业工人为摆脱困境而选择返回农村家乡。由于没有社会安全网，印度最弱势群体进一步陷入贫困，这促使创建就业和社会保护倡议的愿景被置于国家政府工作的最前沿。

印度的国家旗舰项目传统上侧重于大城市，这种方法导致许多较小的城市和农村地区被忽视。2011 年人口普查确定了 7 500 多个中小型城镇，其中许多不在国家城市计划的范围内。日益以城市为中心的疫情，加剧了许多城市地方机构因城市化带来的对基础设施与服务供给的高需求而负担过重的问题，以至于没有足够的财力和人力资源来保障基本的城市功能。

制定一个可解决这些问题的城市计划的愿景是一直以来的诉求，它利用城市居民（特别是城市非正规劳动力）的技能来换取就业，从而使公民和市政当局互惠互利。最重要的是，这样的计划将有助于减少失业、疏通公共投资、促进地方经济、提高城市基础设施和服务质量、恢复城市公共空间、提升非熟练和半熟练工人的能力，从而让许多人得以摆脱极端贫困。

2020 年 4 月 18 日，奥里萨邦政府住房和城市发展部以政府命令形式宣布了奥里萨邦城市工资就业倡议（简称“UWEI”）。UWEI 建立在现有的福利计划与立法之上，并与之融合，以快速且有组织地应对危机情况，确保城市贫民的生计，特别是在新冠肺炎疫情期间面临严重经济脆弱性的移民劳工、妇女、跨性别和残疾人等弱势群体，并在城市地区建立当地和社区的韧性。

根据 UWEI，各个城市地方机构（Urban Local Bodies，简称“ULBs”）负责确定工程活动，为城市贫民提供临时就业机会，同时社区组织作为“第四层治理”[14] 的重要组成部分，负责工人的招募、工程的执行和监督。疫情期间，第四层治理发挥了重要作用，也得到了加强，成为各城市地方机构应对季风灾害、疫情危机和公共资产创建与维护的重要合作伙伴。

UWEI 试图实现几个关键城市发展领域的融合，即有薪就业、赋权边缘化妇女、环境保护、社区资产创建，并与社区组织立伙伴关系等。因此，尽管 UWEI 的主要目标是实现可持续生计，但同时它也致力于通过加强地方领导力与社区建立紧密合作伙伴关系来加强“第四层治理”，并直接让社区组织参与公共工程来进一步促进长期发展的协同作用，同时通过创建包容性和参与性的社区资产来增强当地生态复原力和社区韧性。

实践过程

1. 通过与社区建立信任伙伴关系以加强“第四层治理”

与当地社区建立伙伴关系对于快速推出如此大规模的发展计划至关重要。奥里萨邦的去中心化合作模式与内置的联邦制是其所有项目和计划的核心要素。这种模式突出了公民、地方机构和邦政府之间紧密合作带来的变革潜力，公民同样可以是项目开发的执行伙伴和监督者，而这种合作伙伴关系也通过实践证明，可以带来变革性的城市变化。

值得强调的是，奥里萨邦的去中心化合作模式是被概念化、设计和执行的，它是 UWEI 的重要组成部分。UWEI 也借此机会，利用现有的社区合作伙伴关系和治理结构来实现其项目目标，并进一步加强“第四层治理”（图 2.19）。每个 ULB 都有一个选区级别委员会（Ward Level Committee）来准备一份“项目清单”。而选区级别委员会由来自政府、Mission Shakti Groups（简称“MSGs”——关注边缘化女性权益的女性自助团体，简称“SHGs”）、贫民窟居民协会（Slum Dwellers Association，简称“SDA”）的代表组成。这种模式使得合作伙伴关系的建立过程成为强制性的，而非可选的。

---

14 印度作为联邦制国家，采用三层政府体制，第一层是中央政府，第二层是邦政府，第三层是 Panchayati Raj 和市政当局（两者统称地方机构）。其中，Panchayati Raj（印度村级政府的一种形式）管辖村庄、市镇和农村地区，市政当局则管辖区或镇，并设有地方政府。而以社区为基础的组织，如贫民窟居民协会（SDA）和 Mission Shakti 女性自助团体（SHGs）成为了第四层治理结构的重要组成部分，贫民窟居民协会和 SHGs 通过参与社区项目的规划、执行和监督以及建造和运营社区资产而得到加强。资料来源：https://unacademy.com/content/bpsc/study-material/polity/three-tier-government/。

资料来源：奥里萨邦政府住房和城市发展部

图 2.19 第四层治理的工作框架

Mission Shakti SHGs、贫民窟居民协会、跨性别团体、拾荒者团体等现在都已成为城市地方机构的积极合作伙伴，并作为“第四层治理”担负着执行和监督的双重角色，发挥着重要作用。政府的关键授权决策包括：在水、卫生、食品补贴计划、就业计划和其他市政职能方面提供服务的伙伴关系；在项目实施过程中去除承包商；开发商业模式、标准操作程序（简称“SOP”）、指南、协议、服务合同等以吸引社区组织（简称“CBO”）；CBO 和其他利益相关者的系统性能力建设；通过 CBO 推动社区参与不仅是手段和过程，也是目的；向具有管理和技术能力的非常规熟练型工作迈进；不仅关注财务利益，也关注 CBO 的整体成长和专业能力，以让其产生自豪感、成就感和尊严感；通过制定标准操作程序和在具体活动中提供指导，增强政府工作人员与 CBO 合作的意识和行动取向；建造 Mission Shakti Groups（社区中心）为社区组织提供议事和参与经济活动的工作空间。

截至目前，已有 11 660 个社区自助团体参与管理微型堆肥中心和材料回收设施，创造了就业机会（尤其是女性）并产生约 1 400 万英镑（约 1 570 万美元）的年总工资。让城市贫困社区积极参与城市发展和治理的过程，这一治理结构和框架促进了当地社区的能力建设、组织强化和经济赋权。

2. 通过创造在地就业以提供能力建设和生计支持

奥里萨邦政府将自己视为印度本国应对疫情而采取的全面城市工资保护计划的早期采用者之一，其宣布的 UWEI 自 2020 年 4 月 18 日起立即生效。UWEI 最初由奥里萨邦住房和城市发展部（H&UDD）作为为期六个月的项目（2020 年 4 月至 9 月）推出，随后奥里萨邦政府于 2021 年 2 月 1 日制定并启动了一项长期工资就业计划 Mukhyamantri Karma Tatapara Abhiyan（简称“MUKTA”），其扩大了 UWEI 的范围，以提供可持续的生计机会及创造和维护社区资产，并确保包容、可持续和公平地增长。

UWEI 的愿景是通过在公共工程中提供直接的就业机会来改善处于最脆弱境地的人们的生活。在 UWEI 计划下，ULBs 负责确定工程项目（图 2.20），当地社区组织负责招募工人来实施（这些工人会根据其技能和地理位置进行选择，最好是在他们自己生活的社区受雇）。这样一来，既为贫困群体提供了就业机会和工资收入，也支持了社区公共资产的开发和维护。同时，这些以劳动力为基础的项目，20% 的工作由当地技术工人完成，80% 由其余劳动力完成，而这也使得非技术工人得以提高技能、获取知识和发展能力。

资料来源：奥里萨邦政府住房和城市发展部

图 2.20 工程项目范围

UWEI 还创建了一个生活和工作相结合的区域，这对城市贫困人口有很大帮助。在居住区内提供工作空间有助于增加劳动力中的女性人数，提高她们的工作效率，同时确保她们的安全和便利。这不仅解决了性别不平等问题，还让家庭获得了比其他方式更多的收入。此外，为了保护工人的安全和权益，UWEI 还创建了求职者数据库，每个工人都获得了一个保存在系统中的唯一标识号（MUKTA-Soft），并为所有受益人添加了个人详细信息，包括银行账户信息。UWEI 通过正式的就业机制巩固了工人们的生计和承诺了实质性的就业。

虽然一个城市的经济同时包括正规部门和非正规部门，但印度正规部门创造就业的能力一直表现出严重的疲劳。这次疫情严重削弱了政府的经济能力，因此希望公共部门能够创造出更大规模的就业机会，将会是一个很高的期望。非正规经济是为城市穷人创造就业机会的最佳选择。印度近 81% 的就业人口靠非正规部门谋生。较少的进入门槛、对初始资本和技能的名义需求、在工作时间和参与方面的灵活性，以及能将家务与赚钱机会相结合的工作范围，使得非正规部门成为一种理想的就业工具。

此外，UWEI 的雄心与奥里萨邦以人为本的发展议程和计划相一致，以补充和建立与当前计划的协同效应，例如奥里萨邦的贫民窟改造计划（JAGA Mission）、自来水使命（可持续城市供水计划）、中小型城镇城市基础设施发展计划、阿塔尔振兴使命与城市转型发展管理基金等。因此，这些计划之间的互补性也使奥里萨邦能够通过提供类似的国家项目来加强 UWEI 的实施。

3. 通过启动基础设施项目以创建有包容性和参与性的社区资产

通过启动劳动密集型的城市基础设施项目和在 H&UDD 开展的 JAGA Mission 的基础上，UWEI 致力于提高城市社区的韧性和可持续性，通过升级城市社区基础设施以推进“无贫民窟城市”运动。为确保发展能够应对社区的挑战，ULBs 已根据当地社区实际情况，对项目进行优先排序并确定具体细节。最初的优先事项是景观美化、卫生、固体废物管理和与健康相关的活动。

UWEI 将创造就业机会与改善奥里萨邦及其当地社区的季风防御能力联系起来。奥里萨邦是季风多发地区，由于短期内的高强度降雨，经常遭受洪水侵袭。因此，UWEI 在创建社区资产以抵御季风灾害的项目中为贫困城市提供就业机会。例如，在空置的公共土地上建造渗透池和集水设施以增强抗洪能力，以及在水体、开放绿地和公园上建造。优先改善游乐场，以增加城市空间的渗透性，为当地居民创造一个更安全、更有弹性的社区环境。类似的项目还包括清淤和修复雨水渠以避免局部洪水，以及增加河岸或水体附近的公共土地、路边、公园和种植园的绿化覆盖率（图 2.21）。

考虑到奥里萨邦非正规住区的社区生活主要体现在社区空间中，当地社区中心（PARICHAYAs）（图 2.22）的发展也被纳入该项目，以帮助振兴社区并激发更具凝聚力的社区，从而提高当地居民的生活质量。这些社区中心由当地泥瓦匠建造，在每个非正式住区建立（几个月内已在 114 个城市地方机构下建成了 761 个 PARICHAYAs），确保使用当地材料和设计，以促进当地社区成员的建设工作和参与发展过程。这些社区中心提供了宝贵的工作空间和微型活动空间，如举行会议、集会和开展经济活动。当地艺术家和自助团体也受邀创作

资料来源：奥里萨邦政府住房和城市发展部

图 2.21 施工现场

资料来源：奥里萨邦政府住房和城市发展部

图 2.22 PARICHAYAs（社区中心）

墙绘以美化城市景观。创造工作空间和基于空间的发展对于振兴社区和保持城市 / 城镇的社会文化特征是必要的，这最终会带来一个包容、参与和健康的社区。

这些基础设施的升级改善与创建，既提高了最脆弱和服务不足人群的生活环境质量，也让他们获得了提供城市服务的机会。通过在低收入社区创造更具韧性的社区资产，为最贫困的城市居民（例如失业者、农民工和非正规部门的工人）提供了谋生机会，也增强了社会经济韧性。

印度 2011 年人口普查数据显示，奥里萨邦总人口为 42 974 218 人，且预测至 2021 年奥里萨邦人口将超过 4 700 万。通过创造就业机会、升级城市基础设施、制定更加空间公平的发展战略，以及赋权当地社区，UWEI 促进了当地城市社区的社会可持续发展，为边缘化工人提供了带薪工作（为超过 40 万工人创造了 140 万个工作日），赋予 MSGs 以改善性别平等为重点的权能，并创造了价值 1 600 万美元宝贵的具有气候敏感性与韧性的社区资产（价值 1 400 万英镑）。通过创造就业机会、升级城市基础设施、制定更加空间公平的发展战略以及赋予当地社区权力，UWEI 促进了当地城市地区的社会可持续发展，为边缘化工人提供了带薪工作（为超过 40 万工人创造了 140 万个工作日），赋予妇女自助团体以改善性别平等的能力，并创造了价值 1 600 万美元的宝贵的气候敏感型和参与式弹性社区资产。[15]

经验借鉴

1. 优先考虑最边缘化人群并建立社区伙伴关系以实现公平的社会经济发展

将发展重点放在最弱势的城市居民身上并了解他们的挑战，是促进更具包容性、公平性和可持续的城市化的关键。为了推进《2030 年可持续发展议程》，城市和地方政府必须专注于消除系统性的社会经济不平等和排斥，确保所有公民平等获得服务和谋生机会，不让任何人掉队。

UWEI 不仅为奥里萨邦城市贫民的生计脆弱性提供了快速救济，也为因疫情而滞留在该邦的农民工，以及因周边地区移民困难而返回该邦的农民工提供了帮助。同时对于因新冠肺炎疫情所加剧的女性不平等现象，UWEI 也尝试通过以下方式以解决和消除性别影响，包括：将女性自助团体置于该倡议的规划、决策和实施的中心；在所有数据和协调机制中纳入性别观点；为女工提供安全可靠的工作环境。

UWEI 通过相关机制、框架、工具和方法，利用和释放奥里萨邦“第四层治理”的潜力，帮助提高城市贫困人口的能力并赋予社区权力。UWEI 强调建立社区伙伴关系，并激励当地民众参与项目的总体规划、实施和监督。 因此，UWEI 致力于消除中间承包商，让社区组织直接参与项目的规划和执行，促进基层协作和包容性领导，并通过支付已完成项目的 7.5% 的监督费来激励社区组织。

2. 为当地社区提供能力建设并增强其韧性

通过 UWEI/MUKTA，知识从熟练工人向非熟练工人转移，而这对于提高工人的就业潜力和谋生机会，以及确保项目的高质量执行方面都发挥了关键作用。能力建设的一个重要部分包括建立一支能够培训和提升非专家技能的核心专家团队，提高当地社区的整体和个人适应能力和韧性。

奥里萨邦城市地方机构虽为非正式工人提供了有组织的正式工资就业，但技能提升和知识传播的成功，以及项目的实施质量，在很大程度上依赖于社区执行伙伴的技术能力，因此提供系统性的能力建设应作为社区项目的关键组成要素。

3. 创新融资机制以促进居民享有空间公平的城市基础设施和服务

在 UWEI/MUKTA 专注于增强和扩展不同城市地方机构的城市基础设施和服务的情况下，需要创新的融资机制和可靠的投资以确保此类项目以可负担和包容的方式交付。因此，考虑到更广泛的社会成本和收益以及差距分析，空间视角下的城市分析和确保更广泛的财务规划是防止某些社区落后的关键。作为一项可复制性强的举措，地方机构需要了解将项目成果具体化到当地社区的价值，从而促进多层次协调和创新融资机制，以实现社会经济价值和影响的最大化。UWEI 应确保社区空间和社区中心的可访问性、安全性和韧性方面的社会包容性视角，因为这将确保一个更具包容性和更有凝聚力的社区，并提高所有当地居民的生活质量。此外，公共信息也应向所有人开放。

15 数据来源：广州国际城市创新奖：城市工资就业倡议——减少脆弱性并增强城市韧性，http://www.guangzhouaward.org/a/1277.html?lang=en。

阿根廷布宜诺斯艾利斯：Barrio Mugica 街区的社会与城市融合

案例背景

1.“本地化”背景

布宜诺斯艾利斯是拉丁美洲最繁荣的城市之一，也是该地区人均收入最高的城市之一。同时，这里也分布着约 4 000 处非正规居民区（Informal Settlements），居住着约 250 000 名居民[16]。长期以来，该市一直尝试通过自上而下的治理来消除城市非正规性（Urban Informality），但都没有成功。因此，该市希望通过新的策略来解决这个问题，并于 2015 年成立了社会和城市一体化秘书处（Social and Urban Integration Secretariat）。

Barrio Mugica 街区（图 2.23）是阿根廷最具代表性的非正式定居点，政府希望通过 Barrio Mugica 街区融合项目全面进行规划、实施，并与该市的其他区域重新建立连结。20 世纪 30 年代，欧洲移民来到布宜诺斯艾利斯繁荣的港口地区寻找工作，并大量涌入 Barrio Mugica 街区。20 世纪 70 年代，尽管公共政策致力于消除非正式定居点，但在接下来的几十年中，人口继续呈指数级增长。至 20 世纪 20 年代，它容纳了大约 40 203 名居民（其中，35% 的居民年龄小于 15 岁；54% 的居民年龄小于 24 岁；51% 的居民为阿根廷人；25% 的居民为巴拉圭人；13% 的居民为玻利维亚人；10% 的居民为秘鲁人；1% 的居民为其他）[17]。由于人口年轻而国籍多样，使得营造一个繁荣的城市社区更加重要。

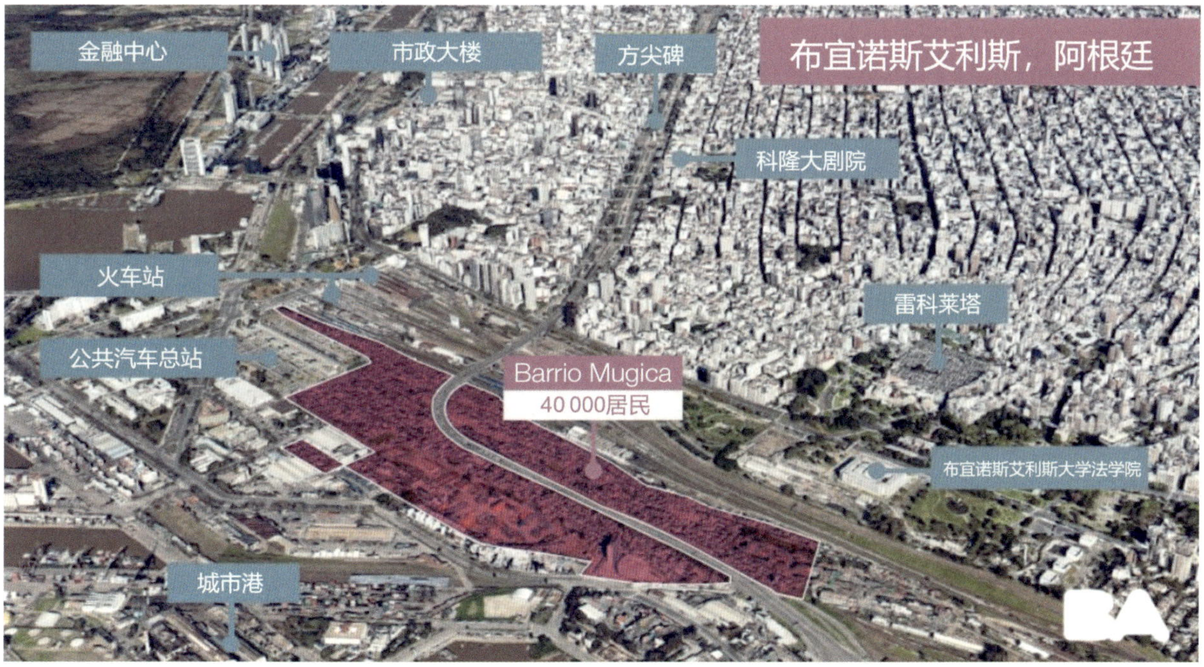

资料来源：https://www.buenosaires.gob.ar/jefaturadegabinete/integracion

图 2.23 Barrio Mugica 街区的地理位置

16 Barrio Mugica Integration Project。

17 Barrio Mugica Integration Project。

Barrio Mugica街区虽然距离布宜诺斯艾利斯金融中心仅几条街区，且周围是较为富有的Retiro、Recoleta和Puerto Madero街区，但是长期以来其社会经济发展一直被排斥在外。此外，诸如道路、雨污管道、电力系统、建筑等基础设施的不完善，也对当地居民的安全和日常生活造成了一定的影响。

2. 问题导向

Barrio Mugica街区融合计划于2016年启动，旨在确保Barrio Mugica街区的居民享有与该市其他地区居民相同的权利、机会和责任，同时将该街区的社会、经济、城市结构等重新融糅进布宜诺斯艾利斯市，为繁荣的社会经济发展创造生活条件。

实践过程

1. 通过与当地社区合作促进公众参与

公众参与是Barrio Mugica街区融合计划的重要组成部分，有助于实际行动的开展，同时可以补充完善城市政策，加强拨款和所有权。Barrio Mugica街区融合计划在当地《城市法》第6 129条（2018年12月批准）的标准和指导下开展，该法律由当地居民共同商讨后制定，其补充了市政府之前制定的3343号法律。

根据《城市法》第6 129条，当地成立了参与式管理委员会（Participatory Management Council，简称“CGP”），协助管理项目进展。Barrio Mugica街区在治理方面，共分为10个区域，每个区域都有一个CGP，从而形成治理网络。CGP通常由25名成员组成，每月至少在社区举行一场会议，以确保该区域的公众参与顺利开展，共同讨论诸如面临的挑战、城市化的进程等公共议题。除此之外，专题圆桌会议也在同时进行，通过专题的讨论来推进各个专项议题的进程，而不分部门。

如此，更具有共同体特质的社区就更容易推进公共参与的进程。在公众参与中，信息（尤其是城市化方面的信息）共享是非常重要的。然而，信息共享也遇到了诸多挑战，如恰到好处地控制信息传播的数量和根据居民的需求对信息进行精细化分类等。为解决上述困难，政府专门成立了信息小组，梳理整合信息内容并共享给各地区的居民。

2. 整合并升级生活基础设施

为了确保能源使用的长期可持续性，项目组通过公众参与，鼓励合理使用电力并向服务商付费，同时将城市供水和供电系统与Barrio Mugica连接，使其运行标准和模式与城市其他地区相同。此外，连通道路系统也是增强Barrio Mugica街区与外部连结的重要措施，为自行车和软交通路线的规划也提供了可持续和安全的交通选择。

通过公众参与与投票（超过4 700名居民参与），项目组与居民共同为街道和公共空间建立了90多个正式名称和300多个标志（代表着拉丁美洲社区的多样性），这些行动有助于规范土地所有权，并使得每位居民都可以申请获得官方的居住地址，进而有利于就业。

为了确保安全、便利、舒适的住宅，项目组启动了住房改善方案，并根据街区的特质和需求选用不同的方法，改造内容主要包括建筑内部和外部升级，如楼道改造、增强防水性和耐用性、室内布局和设施整合等（图2.24）。其中，约有12 000所住房生活条件不足，如过度拥挤、缺乏通风、自然光等基本服务，对于这部分住宅的改善计划主要由专业人员（如建筑师、工程师、社会工作者等）和居民共同完成，鼓励居民自我管理、参与改造，重视建筑材料的回收与再利用，同时给予专业的技术支持。然而，在住房条件无法升级的情况下，主要是

资料来源：https://www.buenosaires.gob.ar/sites/gcaba/files/teaser_ingles_2022.pdf

图 2.24 住房改造前后对比

指缺乏明晰的产权、土地划分，以及复杂的空间布局使得施工机械难以进入场地作业的情况，这些房屋的住户（约 10% 的家庭）则需要搬迁，新建住房运用高科技可持续材料，采用钢结构技术改善噪声和隔热条件，从而促进节能，并开发了太阳能板和太阳能热水器等可再生能源，以推动向能源可持续住房的转变。在新建和现有的住房中，开展了加强使用权保障和产权规范化的工作。未来的目标是：社区内的所有家庭都将拥有自己的住房所有权，他们需要为此支付 30 年期按揭贷款。同时，计划将致力于逐年提高每个家庭的支付能力，提供并拓展经济发展和个人职业发展的路径。

固体垃圾管理引导 5 000 多个家庭将废弃物分为三部分：干垃圾、湿垃圾、其他。由此，Barrio Mugica 成为布宜诺斯艾利斯第一个实施垃圾分类计划（All Recycling Programme — A Todo Reciclaje）的社区。该市与社区合作，收集可回收材料，并将其重新纳入市场，进而为社区提供社会和经济价值。

其他方面，如公共空间和体育场的改造，也是推动项目进程的重要因素，因为公共空间是营造社区生活共同体不可缺少的部分（图 2.25）。在 Barrio Mugica 街区，27 处公共空间的改造使得人均公共空间使用面积增加了 365%[18]。新的公共空间的开放对于关键设施（如健康中心）的建设是极具价值的。

3. 通过公共服务提升和经济融合策略确保可持续发展

在 Barrio Mugica，30% 的成年人受过中学教育，10% 的成年人获得本科学位，居民在正式就业和职业发展方面受到了较大的限制。因此，在教育方面，该项目旨在确保所有儿童和青少年能够获得教育的机会。经过建筑改造和升级，Mugica 教育中心目前成为了全市最大的公立学校，可以容纳 1 800 多位学生。此外，在 Barrio Mugica 社区较为偏僻的地区建立了新的幼儿园和专业培训中心。培训中心通过辅导课、讲座和课外活动帮助青少年发展，同时提供支持空间，使得成年人能够获得知识和技能，帮助他们就业。除了学校课程，这

18 Barrio Mugica. Government of the City of Buenos Aires Secretariat of Social and Urban Integration。

资料来源：https://www.buenosaires.gob.ar/sites/gcaba/files/teaser_ingles_2022.pdf

图 2.25 公共空间改造前后对比

里还提供从编程到不同类型的工作坊等丰富的学习机会。作为 Barrio Mugica 社区的第一所公立学校——Walsh 中心（Walsh Hub）（图 2.26）与布宜诺斯艾利斯教育和创新部（Buenos Aires' Ministry of Education and Innovation）合作，它位于新建住房旁边，有助于将公共教育与当地居民联结起来。这里为 2 200 多名员工提供工作岗位，商讨并规划整个城市的教育政策，同时为 Barrio Mugica 社区带来社会经济效益。

资料来源：https://www.buenosaires.gob.ar/sites/gcaba/files/teaser_ingles_2022.pdf

图 2.26 Barrio Mugica 社区的第一所公立学校 Walsh Hub

医疗健康方面，该计划旨在为当地居民提供高质量的医疗服务，尝试弥合与布宜诺斯艾利斯其他地区的医疗差距，同时促进更健康的生活习惯。其中，3 处新建的健康中心提供了现代化设施和专业服务，包括牙医、营养师、妇科医生、心理专家和全科医生等。数字医疗记录为更加高效的医疗服务提供了保障，从而能够记录患者的病情变化。为了推进该项工作，项目组与当地家庭合作，并帮助他们完成登记。多名健康专家提供的服务（涉及营养、健身活动、吸烟、性健康和生殖健康等问题）有助于促进社区居民更健康的生活方式。根据基础设施方面的计划，应急路线与 Barrio Mugica 连接，使得应急服务能够迅速接入。同时建立了一个"SAME"的基地（该市的公共 EMS 系统），以应对医疗紧急情况。

数十年无规划的城市扩张促使了非正规经济的发展。9 000 多家商户在大量商业活动中彼此连结，形成了本地化的消费体系。根据最新的发展计划，其在政策方面考虑了所有的行动者，如企业家、商人、失业者等。创业和劳动发展中心（CeDEL）提供一系列服务，包括职业培训、创业支持、岗位招聘、金融支持等。在2.5年里面，超过60%的职业人群向CeDEL寻求过帮助。加强Barrio Mugica的经济循环是赋权本地工人的关键措施，Barrio Mugica的露天集市已正式成立，有260名摊位注册者，该市的政府与他们共同努力提高销售额，并给予财富管理的建议。社区商业街（Commercial Street）也在项目组的帮助下开设了100多家露天集市服务处。在这里，基础设施和住房条件得到了改善，提供了培训课程以改善企业形象，增加销售额和收入，使得经济活动正规化。此外，工人们在更广泛的周边地区开展贸易，为城市的其他部分提供产品和服务。部分资本也敏锐地进入Barrio Mugica，提供了新的就业机会；布宜诺斯艾利斯教育和创新部（Ministry of Education and Innovation）的搬迁也刺激了经济的发展，其中200多名员工成为当地商铺的日常客户，这将提高Barrio Mugica在布宜诺斯艾利斯市的知名度。

经验借鉴

1. 通过立法和参与式管理委员会促进公众参与进程

公众参与在Barrio Mugica街区的社会与城市融合项目中发挥着重要作用。从案例中可以看到，被称为“非正式”的社区或是定居点实际上是在历史发展过程中自然形成的，其中蕴含着情感、文化和地方智慧。基于相互尊重的原则，在城市化进程中需要充分尊重当地居民的真实诉求和意愿，由此，公众参与的过程就具有重要意义。从另一方面来说，经过公众参与与决策的议题与方案有助于实际行动的开展，同时可以补充完善城市政策。

为了更好地推进公众参与的进程，当地居民在项目组的协同下共同商讨并制定了《城市法》第6 129条（2018年12月批准），在该法律的标准和指导下成立了参与式管理委员会，协助管理项目进展。委员会通常由25名成员组成，每月至少在社区举行一场会议，以确保该区域的公众参与顺利开展。

2. 灵活（“非正规”）社会经济形式有助于社区发展

“正规”与“非正规”在真实的生活世界中并非二元对立的。从案例中可以看到，诸如在教育、经济领域，正规与非正规形式同时存在，以满足不同人群的需求。城市正规化的过程可以被理解为其社会、经济、城市结构依据现代科学和技术体系进行改造和靠近，而“非正规”的社会经济形式可以被理解为在特定的历史条件下自然出现的，作为一种模糊的、具有生命力的存在。由于科学技术每时每分每秒都在进步，那么正规化进程中的“灵活”社会经济形式就尤为重要，也可以理解为未来可能的发展空间。合理的可控制的“非正规”的因素往往是社区生命力与活力的来源，创新与惊喜也常常在这里发生。

3. 应对复杂问题巧用整体性策略

该案例巧用了整体性的策略，面对城市化的复杂议题，综合考虑多方面因素的相互影响和彼此联系。通过公众参与补充原有的城市政策，形成新的法律法规，进而指导和规范该计划的开展，同时设立专门的组织机构全权负责，从而避免政府不同部门之间的矛盾。基础设施改善、公共空间和房屋改造、教育、医疗、经济、社会等不同方面相互促进，彼此借力，协同发展。

政策建议

社会篇所选择的案例从“本真”“参与”和“拓展”三个方面，探讨了“可持续发展目标的本地化”这一主题在本篇中具体实施的场景。在具体的社区实践过程中，城市治理政策发挥了推动作用，并且以政策框架的维度使得经验能够扩展。然而政府政策不能取代人民在城市中的主体地位，也不能取代社会多元主体的参与。在城市治理的主动与被动的平衡中，本篇对城市政策从最初的三个方面提出如下建议：

建议 1：本真性关乎政策的主体，城市政策需要确立人民在城市中的主体地位，激发社会活力

在成都爱有戏案例中，城市政策充分释放了对于社会组织的支持空间，使得社会活力能够充分成长。在北京百湾家园公租房案例中，政府的介入打破了商业的级差地租，在地价高昂的市中心为低收入群体建立社会住宅。这些城市政策实践，使得人民在城市中的主体地位得以凸显。支持性的制度空间会激发社会原有的活力，并能够有机延续。

建议 2：参与性关乎政策的方法，城市政策需要建设更多元、深层的伙伴关系，促成“从社区到社会”的包容性治理

在印度奥里萨邦案例中，政府授权社区形成“第四层治理”结构。城市治理授权进入到社区层面，并促进跨性别群体、拾荒者群体等最基层和边缘的社会组织形成广泛的社会联结。在越南河内案例中，政府放权使得社区形成多中心的治理结构，不同社会组织通过互助协作达成了单一组织无法完成的目标。值得一提的是，参与同样是指从社区到社会的兼容。在北京公租房案例中，社区被设计成与城市高度融合的形式。不论在物理空间还是制度空间，人都应该通过社区走向社会。

建议 3：扩展性关乎政策的结果，城市政策应将社区发展经验结构化，通过立法的形式得以确立和推广

北京公租房案例并不是单一社区设计，而是一项“尊严居住”原则倡导的范例，可以扩展到其他城市。在印度奥里萨邦案例中，“第四层治理”是纳入城市治理范畴的社区协作机制，社区被视为城市治理的一个层级，这种治理框架有助于扩展到其他的类似社区。在阿根廷的城市案例中，非正式的交流促进了社区信任的诞生，通过参与立法使得社区参与主体被法律确立和保障。由此在法律的作用下，城市社区的参与机制得以确认和推广。

综上，城市治理政策需要在主动和被动、正规与非正规之间寻找平衡。通过确立人民的主体地位，在基层社区团结多元的社会群体，最终以参与立法的方式作为愿景。良好的政策将有助于社区发挥推动城市发展的动力作用。如此，“可持续发展的本地化”就可以刚柔并济，在全球社区中创建应用场景。

第三章 | # 经济篇

引言[1]

在联合国可持续发展目标（SDGs）中，大部分内容都与城市的经济发展息息相关。17 项可持续发展目标是整体的、一致的，但各个国家、各个城市在认知、践行 SDGs 时所遇到的问题、短板和所能利用的社会资源与治理结构则是不同的、独特的。在实现《2030 年可持续发展议程》的过程中，从制定大目标和具体的小目标，到确定实施手段，以及使用指标来衡量和监测进展的整个过程中，都要考虑到城市的地方背景。

本地化（Localization）是形成有效的区域经济发展模式的前提条件。在经济地理学中，传统的杜能农业区位论、韦伯工业区位论、克里斯泰勒中心地理论、廖什的市场区位论主要分析经济活动的地理区位及其影响因子。而当代的新区域主义则重视根植性、制度厚度和区域内企业、大学和研发机构之间的创新合作关系。演化经济地理学（EEG）认为，区域的竞争基于它们的知识、管理和能力，而这些条件是在过去特定地理环境中形成的。经济活动的空间集聚并非只是单单基于企业和消费者的理性区位决策，而是本地化知识进行历史积累的结果。从这个意义上说，只有真正理解了一个城市的基础条件、发展历史及其在本地的演化过程，才能有效规划其未来发展模式与路径。

经济发展需要可持续性。正如巴比尔（Barbier）在《经济、自然资源：不足和发展》中，把可持续发展定义为“在保持自然资源的质量及其所提供服务的前提下，使经济发展的净利益增加到最大限度”[2]，皮尔斯（Pearce）认为“可持续发展是今天的使用不应减少未来的实际收入”。[3] 本章认为，21 世纪经济的发展，不能再走大量消耗自然资源的老路，自然资源消耗的成本在最终产品成本中所占比重应不断下降，知识、智力在成本中的比重不断增加，才能带动城市经济的可持续发展。

经济篇将从地理环境、经济基础、历史演化和外部冲击等方面，探讨不同城市经济发展中可能遇到的问题及其相应措施。为了全面展示产业发展前景、城市发展类型的多样性，在案例选取时，对城市地理分布、经济水平、发展阶段等因素进行了统筹兼顾，特别关注了案例的本地特色，以反映不同特征区域的发展路径及其演化过程。本篇选取了巴西库里蒂巴的皮尼昂谷、墨西哥蒙特雷的大学园区、德国海德堡的科技集群、中国上海的老字号品牌四个典型案例，深入刻画了经济可持续发展在不同地域背景下的生动案例，为提升世界不同类型城市建设水平提供经验借鉴。

1 本章由华东师范大学城市发展研究院团队撰稿，作者为曾刚（华东师范大学）、朱贻文（华东师范大学）、邹琳（德国海德堡大学）、张旭敏（华东师范大学）、陈海云（同济大学）。

2 Barbier, E. B. Economics, natural-resource scarcity and development: conventional and alternative views 1989。

3 Pearce, David. Do we understand sustainable development? building research and information. The international journal of research, development and demonstration 33, No. 5 (2005): 481-483。

参考案例

巴西库里蒂巴：皮尼昂谷的创新生态系统[4]

案例背景

巴西是南美洲最大的国家，拥有丰富的自然资源和完整的工业基础，国内生产总值位居南美洲第一，为世界第七大经济体。库里蒂巴（Curitiba）是巴西南部城市，巴拉那州（Paraná）首府，始建于1693年。1940年之前，库里蒂巴还只是一座以木材、咖啡、农牧业等为主的内陆小城市。20世纪70年代，库里蒂巴逐渐发展成为一座工业城市，区域内繁盛的工业活动吸引了各类企业和人员向其流动，共同推动城市经济发展。此后发展过程中，库里蒂巴不断践行着智慧城市增长的理念，完善城市基础设施，大力发展经济，为人民谋福利，也让自己成为全球城市规划与发展的典范。然而，与世界上大多迅猛发展的城市一样，经济的快速发展、城市规模的扩大为库里蒂巴带来了全新的更大的挑战。

作为一个现代化的可持续发展城市，库里蒂巴始终坚持城市是一个整体，要以系统性思维开发利用城市空间，一直以来贯彻着以可持续性、人文、新能源、企业、创新创业为支撑的再城市化发展策略。其利用创新和技术为城市挑战提供解决方案，特别是在交通运输、安全、基础设施、卫生、教育和能源等部门取得较大进展。这些行业也因此被认为是吸引商业投资、促进创新经济、技术创新和城市可持续发展的关键。为实现更好的发展，库里蒂巴通过立法来支持城市创新，发展智慧城市。2017年，市政厅（Curitiba City Hall）与库里蒂巴机构（Agência Curitiba）联合推出“皮尼昂谷”（Pinhão Valley）（第857/17号法令）（图3.1）这一具有全球战略的公共政策，旨在促进智慧城市增长和推动可持续发展。这一计划的灵感最初来自库里蒂巴市长拉斐尔·格雷卡（Rafael Greca），作为协同创新的一种尝试，其已然演化成一场恢复城市内部创新的接力赛[5]。

“皮尼昂谷”计划整体由教育与创业、科技、再城市化和可持续性、衔接和整合、立法和税收优惠这五大支柱组成。该计划构建了库里蒂巴的创新生态系统，投入超过280万美元资金，倡导通过“众创”促进技术进步和发展创新经济。通过动员市政厅、初创企业、大学、经济发展实体、投资基金、孵化器、加速器、创新中心和企业家等参与合作，来促进了整个城市网络的合作。与此同时，生态系统参与者也可以与区域内其他技术先进的城市互相学习，从而进行高效的研究开发，这更有利于库里蒂巴整个创新生态系统的发展。为了更好地应对未来挑战，库里蒂巴也积极地将关于创新创业思想理念传递给儿童、青年、企业家和老年人等群体，普及整个社会。可以说，“皮尼昂谷”创新生态系统运动开创了一个具有活力、创新和创造经济的现代城市。

4　本案例主要引用了Vale do Pinhão官网和Curitiba市政厅官网作为重要参考的文献，在此感谢。

5　Curitiba in Data. Socioeconomic information about the city. (2021). http://investcuritiba.com.br/wp-content/uploads/2021/05/CuritibaInData_InvestCuritiba_English.pdf。

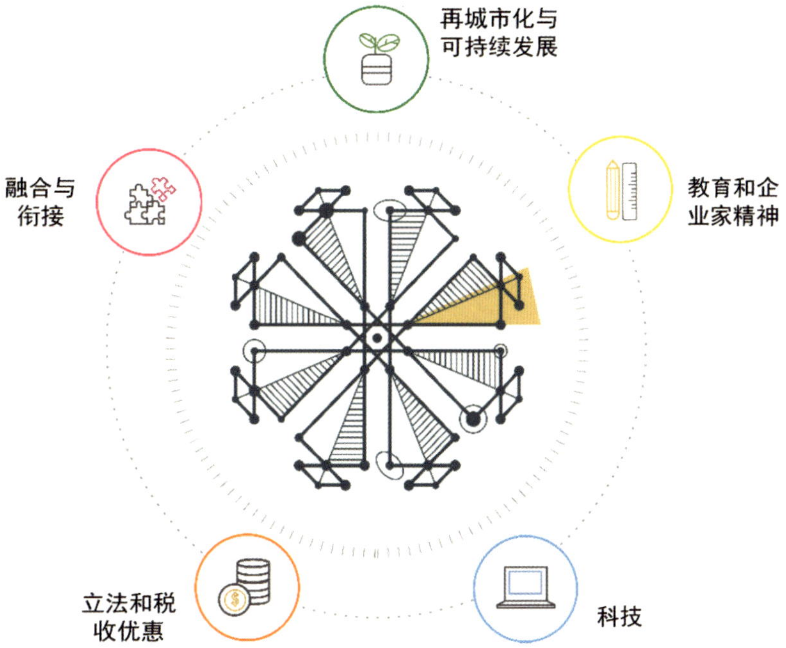

资料来源：http://www.valedopinhao.com.br/en/index.html

图 3.1 “皮尼昂谷”创新生态系统五大支柱

实践过程[6]

“皮尼昂谷”不仅是一项库里蒂巴响应联合国可持续发展目标号召的公共政策，更是一场开创性的运动。它旨在积极推动智慧城市建设、构建创新生态系统，为人民建设更好的城市。2018 年《创新法》颁布实施，在立法层面进一步推进了“皮尼昂谷”计划的实施；2019 年创新科学与技术委员会（Municipal Council of Innovation，Science and Technology）成立，其由来自公共和私营部门以及大学的成员组成，以监测政策实施、开展研究、制定计划和支持创新生态系统。“皮尼昂谷”自实施以来，发展势头不断增强，在促进企业发展、增加就业机会和收入等方面产生了积极影响。

1. 打造城市创新环境，鼓励创业

“皮尼昂谷”创新生态系统十分注重教育与创业，其提出各项方案来培养创业精神、优化创业条件，支持企业家、学生、初创企业和公民共同转型，让库里蒂巴真正成为一个创业城市。“知识与创新灯塔（Lighthouses of Knowledge and Innovation）”将 1994 年落成的前公共图书馆改造为创客空间。这些空间促进和鼓励城市中的创新和创客文化，丰富学生的创作、协作、批判性思维和自主能力。库里蒂巴市政府和发展创新局于 2017 年启动了“工作蒂巴（Worktiba）”计划，创办了巴西第一个公共联合办公空间。这些联合空间的开放为初创公司在初始阶段提供了机会，其中一些公司能够找到合作伙伴

6 European network of research and innovation centres and hubs. (2019). URL:https://lac.enrichcentres.eu/wp-content/uploads/2020/11/ENRICH_Monthly_November19_Vol10.pdf。

并获得投资，同时通过“种子计划”帮助其更好地融入“皮尼昂谷”创新生态系统。“工作蒂巴”计划可以激发社会企业家精神，创新理念及其发展，从而在城市内产生收入，就业机会和新投资。

“4.0 企业家空间（4.0 Entrepreneur Spaces）”（图 3.2）由库里蒂巴和巴西微小型企业服务机构（Brazilian Service to Support Micro and Small Enterprises，简称“SEBRAE”）合作完成，在全市建立了 9 个创业空间。这些机构作为公共机构，为有兴趣开办新业务的当地公民提供指导和咨询，包括培训和资格认证方案。该空间还通过 Fomento Paraná 为企业家提供小额信贷。

资料来源：http://www.valedopinhao.com.br/en/index.html#education

图 3.2　皮尼昂谷 4.0 企业家空间

2018 年创建实施“女企业家（Woman Entrepreneur Program）”计划，其鼓励库里蒂巴的女性在指导、支持和培训下发展自己的业务。同年重启“皮尼昂谷良好商业计划（Vale do Pinhão Good Business Program）”，这是一次创业培训之旅，由 23 个合作伙伴共同完成。这一计划动员了城市创新生态系统的不同成员，包括大学和初创企业，以及公共和私营部门[7]。这一行为表明众多专业人士联合工作，能够共同探索出一种创新的方式来发展企业家精神。

2019 年 3 月，库里蒂巴的第一个“Fab 实验室”在卡茹鲁公民街（Rua da Cidadania do Cajuru）开放。Fab 实验室是一个鼓励城市内创造力和创新，分享知识和当地经验，可以连接到全球网络的公共空间。

为了鼓励创业，库里蒂巴积极减少创业过程中所需要的繁琐流程，激励与创新和技术相关的活动，提升企业发展效率。2018 年 8 月起，企业开业流程通过 Empresa Fácil 网站转为线上进行，流程更加精简。这大大缩短了在库里蒂巴成立公司所需的时间，现在比巴西平均时间快 64%（从 2 个月缩减到 22 个小时）。这一变动鼓励了更多的企业家登记注册公司，在城市中创造了一个更有利的创业环境。此外，创新基金法（INOVA-VP）于 2019 年 11 月获得批准，为颠覆性创新项目提供了 1 000 万雷亚尔的财政补贴预算，这吸引了更多企业的关注[8]。

在上述方案的加持下，库里蒂巴创业市场良好，创业氛围浓厚。其企业数量在巴拉那州排名第一，根据 SEBRAE 统计，2020 年有 422 家公司参与其中。StartupBlink 调查统计，初创企业数量和质量在巴西排名第四。金融科技的迅速发展也使其跻

7 Vale do Pinhão contributed with ideas and job creation.［2022-05-24］http://www.valedopinhao.com.br/vale-do-pinhao-contribui-com-ideias-e-geracao-de-empregos/。

8 Vale do Pinhão contributed with ideas and job creation.［2022-05-24］http://www.valedopinhao.com.br/vale-do-pinhao-contribui-com-ideias-e-geracao-de-empregos/。

身全球城市前13位。因此，库里蒂巴可以被视为技术进步和创意活动的中心城市，重点是促进初创企业和创业精神。

2. 带动创新产业发展，刺激就业

库里蒂巴积极在皮尼昂谷创造就业机会、保持投资，最大限度地减少新冠肺炎疫情对城市的冲击，谋求长远利益。2018年，“特诺帕克（Tecnoparque）”市政计划重新启动，其将投资于技术和创新的公司的服务税（ISS）从5%降低到2%；该计划由市政厅和巴西两大独角兽公司（Ebanx和Madeira Madeira）共同实施，吸引了113家企业参与，创造了1.6万个工作岗位，总收入57亿雷亚尔，获得投资1.24亿雷亚尔。Bom Negócios计划也于2018年恢复，除提供创业教育课程外，其与教育机构、专业发展机构以及管理专家合作，为基于数字世界的现代商业管理培养了4 440人。1° Empregotech计划在疫情期间成立，库里蒂巴和FAS由此建立合作伙伴关系，为16至22岁的年轻人提供免费的计算机编程课程，促进研究生进入当地的科技初创企业或公司。这些措施正在帮助库里蒂巴的信息技术（IT）行业实现更佳发展，目前库里巴蒂在信息技术方面的需求量极大，就业市场广阔[9]。

库里蒂巴一直都很关心小微企业发展的可持续性，2020年10月，其创立担保人“担保基金”，允许企业家和企业短期周转，现已向小企业提供了600多万雷亚尔的贷款（资金在5 000至15万雷亚尔范围内，惠及餐馆老板、美容院、咖啡店等众多企业及企业家）。这些措施使得资源在可持续的经济社会组织内高效运转，助力新冠肺炎疫情后库里蒂巴的经济复苏。企业发展环境的改善也体现在劳动力市场的复苏上，根据雇员和失业者总登记册（Ministry of Economy's General Register of Employed and Unemployed）（Caged）统计，库里蒂巴利用各类资源创造正式工作岗位。2021年伊始就业供求平衡，1月份5 264人实现就业。[10]

3. 衔接各类创新资源，良性互动

地理空间上，皮尼昂谷的发展重心在雷布萨斯街区（Rebouças Neighbourhood），2019年《分区法》宣布在此设立混合功能区，以促进该街区及其周边地区的改造发展。创新工厂作为生态系统中不同利益相关者之间的创新、互动和协作的公共建筑。行为上，皮尼昂谷计划通过论坛、研讨会、活动、讲座和大会等将所有利益相关者、创业和创新环境聚集在一起，如库里蒂巴智慧城市博览会（Smart City Expo Curitiba）、Paiol Digital、创新博览会、库里蒂巴运动等。这使整个创新生态系统保持活跃、积极和整合。

经验借鉴

1. 培养能让企业蓬勃发展的城市环境

城市日益成为商业活动中心，各城市之间联系越来越密切，这就更加需要营造适合企业发展的城市环境，推动城市长期经济增长。在库里蒂巴，商业创始人和企业家可以通过皮尼昂谷创新生态系统获得丰富的资源来发展自己。本地初创企业进入市

9 An analysis of the sustainable urban development experience of Curitiba, Brazil. http://www.mur.cn/nsfiles/40D3BAEC129210136EEF204402D5983A-2010-11-62.pdf。

10 https://www.curitiba.pr.gov.br/noticias/curitiba-e-a-capital-mais-rapida-para-abertura-de-empresas-no-pais/57880 (Accessed: 23/05/2022)。

场与企业建立联系，获得客户和知识，带动其技术产品商业化发展。此外，亲商的立法和监管机制的引入简化了企业正式化的过程，导致更多的新企业、投资和金融资本涌入。为了实现经济的繁荣发展，市政府应该整合促进营商便利的程序，减少繁文缛节、确保政策制定的一致性、打造平易近人的政府形象，在发展过程中培育企业家和企业。

2. 提倡利于城市创新经济的创业精神

创业利于抓住市场机会，为新出现的挑战提供创新的解决方案，进而推动智慧城市转型，同时促进资本形成和吸引投资，提高人均收入。同时，由企业家主导的技术干预和技术创新发展可以帮助城市完成经济和社会技术转型，改变工人和工作场所之间的关系，实现新的经济发展模式。库里蒂巴对于城市创新创业高度重视，特别是创业精神的培养。通过系列政策和方案，它积极推动城市创新创造经济的发展转变。企业家和初创企业将潜在或闲置的资源转化为创意、商品和服务，激发协作与合作，创造多样化的就业机会，有助于产生更有生产力的劳动力转而拉动经济。因而城市应该积极鼓励和帮助企业家和初创企业成长，进而带动城市经济增长。

3. 明确城市生态系统在推动经济发展中的价值

城市生态系统可以释放新的就业机会和经济机会，这源自初创企业和创新推动的新商业模式（皮尼昂谷就是一个例子）。这种模式还可以吸引本地创新资源和外来的“创新领袖”，如研发实体等，这将进一步促进地方经济的多样化，并提高城市在地区间的竞争力。因此，城市生态系统在稳定和发展城市经济环境方面发挥着至关重要的作用。与传统行业相比，它可以显著地刺激创新，从而推动经济增长。

墨西哥蒙特雷：大学更新推动城市创新创业 [11]

案例背景

墨西哥是拉丁美洲的文明古国，有着悠久的教育发展史，也因此其十分重视教育的发展。20 世纪 90 年代初，墨西哥掀起了教育改革浪潮，最终提出了一种新的“教育模式”（Modelo Pedagogico）。该模式不仅强调学校教学改革，还注重学校和社会的关系和整个社会的教育，这初步形成了现代教育理念的雏形。现今，墨西哥处于拉美科技革命的中心，正在全面拥抱科技带来的一切。作为世界公认的新兴经济大国，墨西哥拥有快速增长发展的教育中心和不断上升的创业生态系统，以一种其他经济或生态系统都无法达成的方式与墨西哥湾地区一体合作。蒙特雷市是墨西哥湾地区的重要城市之一，毗邻美国（图 3.3），其创业生态系统比大多数城市受益更多。

蒙特雷位于墨西哥的北部，是墨西哥最富裕的城市之一，也是全国第三大的都会地区，可以为居民提供许多便利设施。这里的人均收入在墨西哥国内排名第一。Barrio Antiguo 等地区最近的振兴创造了一种繁荣、安全的氛围。蒙特雷拥有充满活力的文化和教育体系，其活跃的学术气氛吸引技术娴熟的专业人员不断涌入，进而丰富了该地区的学术体验，包括墨西哥蒙特雷科技大学（Monterrey Institute of Technology and Higher

11　本案例主要引用了 Sasaki 官网作为重要参考的文献，在此感谢。

资料来源：作者自绘

图 3.3 蒙特雷市的地理位置

Education，简称“ITESM”或“TEC”）学院联盟 [12]。

蒙特雷科技大学于 1943 年 7 月在墨西哥工业重镇蒙特雷市建立，是大学中最具权威的领导者。提出建校的是墨西哥北方的一批企业家，他们模仿美国麻省理工学院的模式，力图在墨西哥创建一所具有最高学术水准的私立大学以促进墨西哥科技文化的发展。随着蒙特雷城市核心区域环境日渐恶化，墨西哥蒙特雷科技大学董事会意识到进行校园总体规划有助于复兴邻近的街区 [13]。放眼全球，城市与主要大学紧密合作，创新经济发展并促进社会

12 案例 |2017 年 AIA 城市设计荣誉奖——墨西哥蒙特雷科技大学复兴规划 . https://mp.weixin.qq.com/s?__biz=MzA4OTMyNzIzOA==&mid=2650762631&idx=2&sn=6dfb7e84754e9100f7287fff8f779f47&chksm=88175e6ebf60d778c3d7e3f5133ce37df6262d65d85d400bace9dc53fe76749908a23b788dac&scene=4#wechat_redirect。

13 在蒙特雷开展制造业务 [B/OL]. https://tetakawi.com/zh-hans/%e5%af%bb%e6%89%be%e9%80%82%e5%90%88%e8%b4%b5%e5%85%ac%e5%8f%b8%e7%9a%84%e5%9c%b0%e7%82%b9%ef%bc%81/manufacturing-in-monterrey-nuevo-leon/。

再生正成为一种趋势。蒙特雷科技大学的目标是成为全球 100 强大学及拉丁美洲最好大学，其发展定位是要在促进国家城市和经济再生的过程中占主导地位，并且向世界证明拉丁美洲的大学作为创业和创新的发动机具有不可忽视的力量。为实现这一愿景，Sasaki 与蒙特雷科技大学合作制定了城市复兴规划（简称“总体规划”），为校园及周边社区的长期发展建立了基本框架。期望以此规划为契机，重组大学和城市之间的联系。规划在校园的背景下创建可以吸引重要研究和开发投资的环境，将社区改造成为富有活力、充满吸引力，动感十足的综合性区域。同时实现公共空间联通的一体化开发并新增各种支持新型经济发展的综合发展组团，助力复兴邻近街区。

实践过程

2015 年，蒙特雷科技大学启动名为“科技 21 教育模型”（简称“科技 21”）的前瞻性愿景规划，该规划以鼓励学生和相关行业与周边社区交流为重心进行空间开拓，积极促进一些进行跨领域协作的学系建立联系，旨在全面重塑大学总体的教育模型。在评估过 29 个校区后，克雷塔罗校区（图 3.4）和普埃布拉校区（图 3.5）作为先导校园率先进行了规划整改，先后于 2016 年 1 月和 2017 年 2 月完

资料来源：https://www.sasaki.com/zh/projects/campus-queretaro/

图 3.4　克雷塔罗校区规划示意图

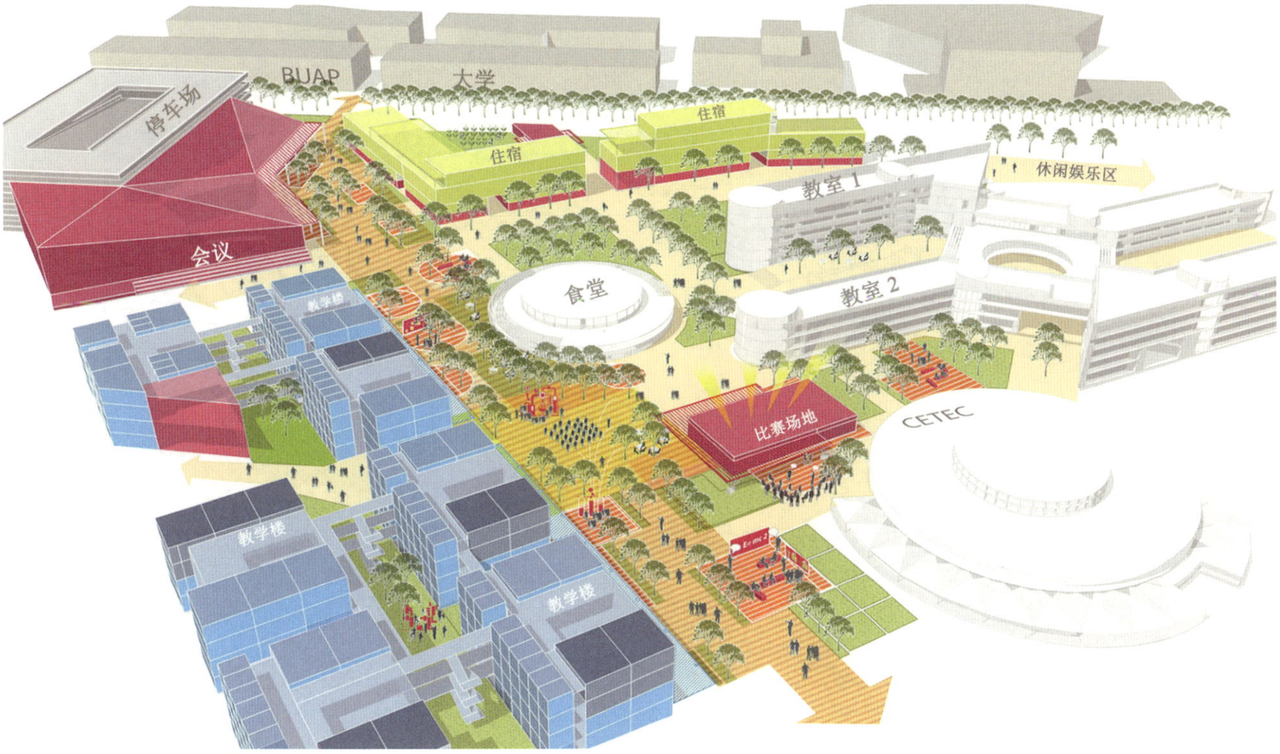

资料来源：https://www.sasaki.com/zh/projects/campus-puebla/

图 3.5 普拉布埃校区规划示意图

成。这一举措为后期新型教学模式推行奠定基础。

2017 年 8 月，拉卡雷塔展示馆室内规划设计建成，这也是“科技 21”愿景之中未来校园的标志建筑。其坐落在校园中历史悠久的核心地段，为校园内各种研究、发明、竞赛和协作提供展示场地、汇报场馆，增进学生、教师、职员和社区之间的联系，也担纲促进协作交流和创意分享的角色。同期，蒙特雷科技大学新图书馆（图 3.7）规划建设竣工，该项目在原址基础上将图书馆改建成大胆且动感十足的 21 世纪学习环境。图书馆是校园的核心所在，也是师生、员工，以及区内行业领袖的资料宝库和研习场所。这里鼓励透明化的参与和合作（图 3.8）。作为蒙特雷科技大学大规模的策略性规划框架的关键元素，新图书馆和拉卡雷塔展示馆（图 3.6）的诞生，为校园以至整个区域的总体规划奠定了基石。

总体规划空间上整体以埃斯塔多大道（Avenida del Estado）作为新的空间发展轴，横跨原来校园的核心区域，直连北部的休闲区。受 21 世纪教育愿景的启发，核心区域两端的两个节点（指新图书馆和拉卡雷塔展示馆）将为跨学科的参与式学习创造新的机会，规划将目前未充分利用的空间转变为协作和创业的中心。这一新的发展布局不仅模糊了学校现有边界，还将外部空间、新规划区和周边社区联系到一起，有利于促进生态、社会和经济的可持续发展（图 3.9、图 3.10）。

资料来源：https://www.sasaki.com/zh/projects/tecnologico-de-monterrey-la-carreta-pavilion/

图 3.6　拉卡雷塔展示馆

资料来源：http://www.zshid.com/?c=building&a=view&id=2220

图 3.7　蒙特雷科技大学新图书馆

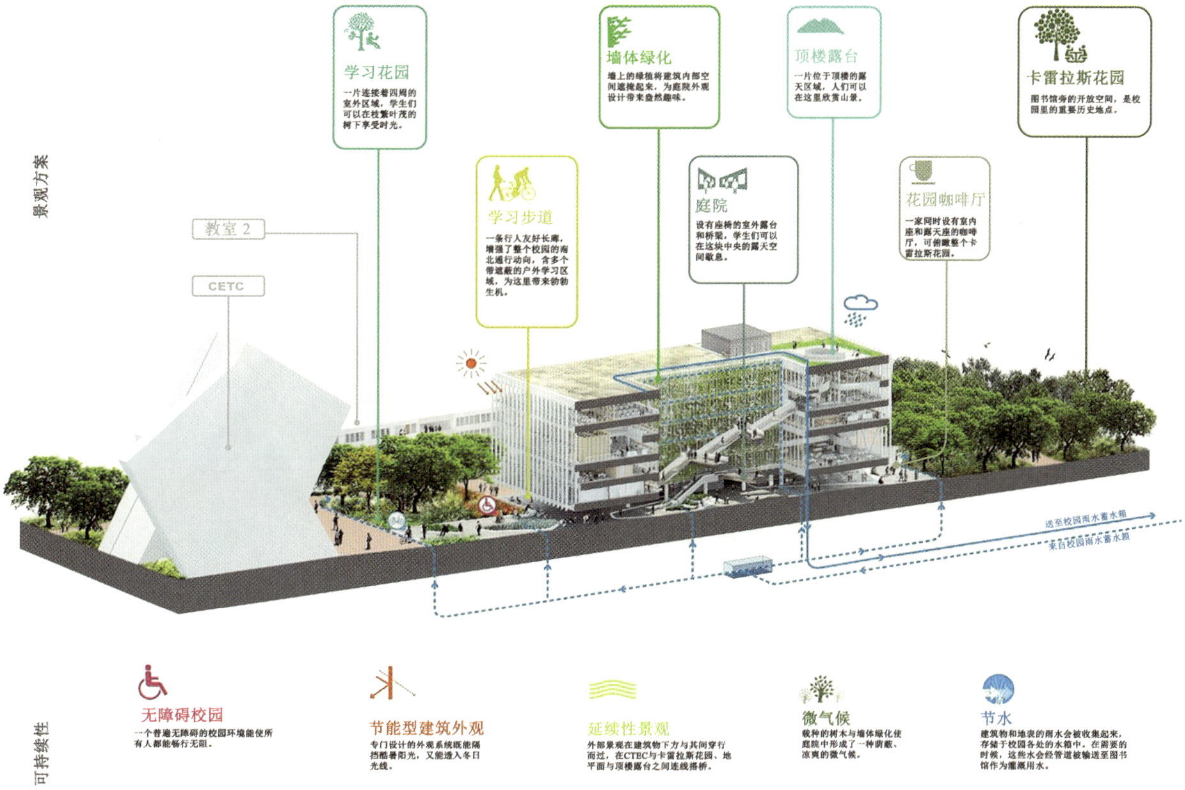

资料来源：https://www.sasaki.com/zh/projects/tecnologico-de-monterrey-new-main-library/

图 3.8　蒙特雷科技大学新图书馆功能分区示意图

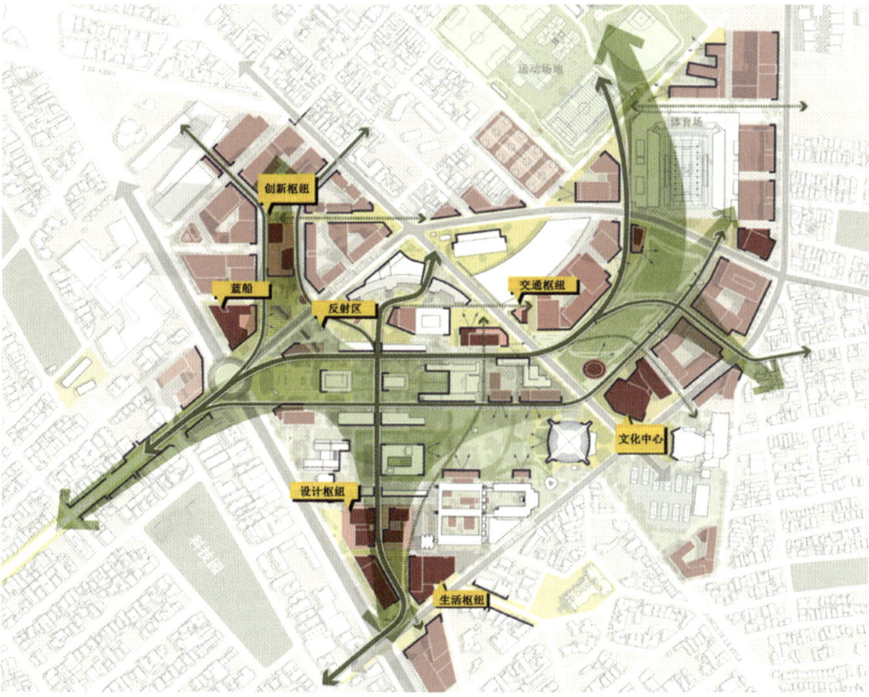

资料来源：https://www.sasaki.com/zh/projects/tecnologico-de-monterrey-urban-regeneration-plan/

图 3.9　蒙特雷科技大学城市复兴规划整体框架

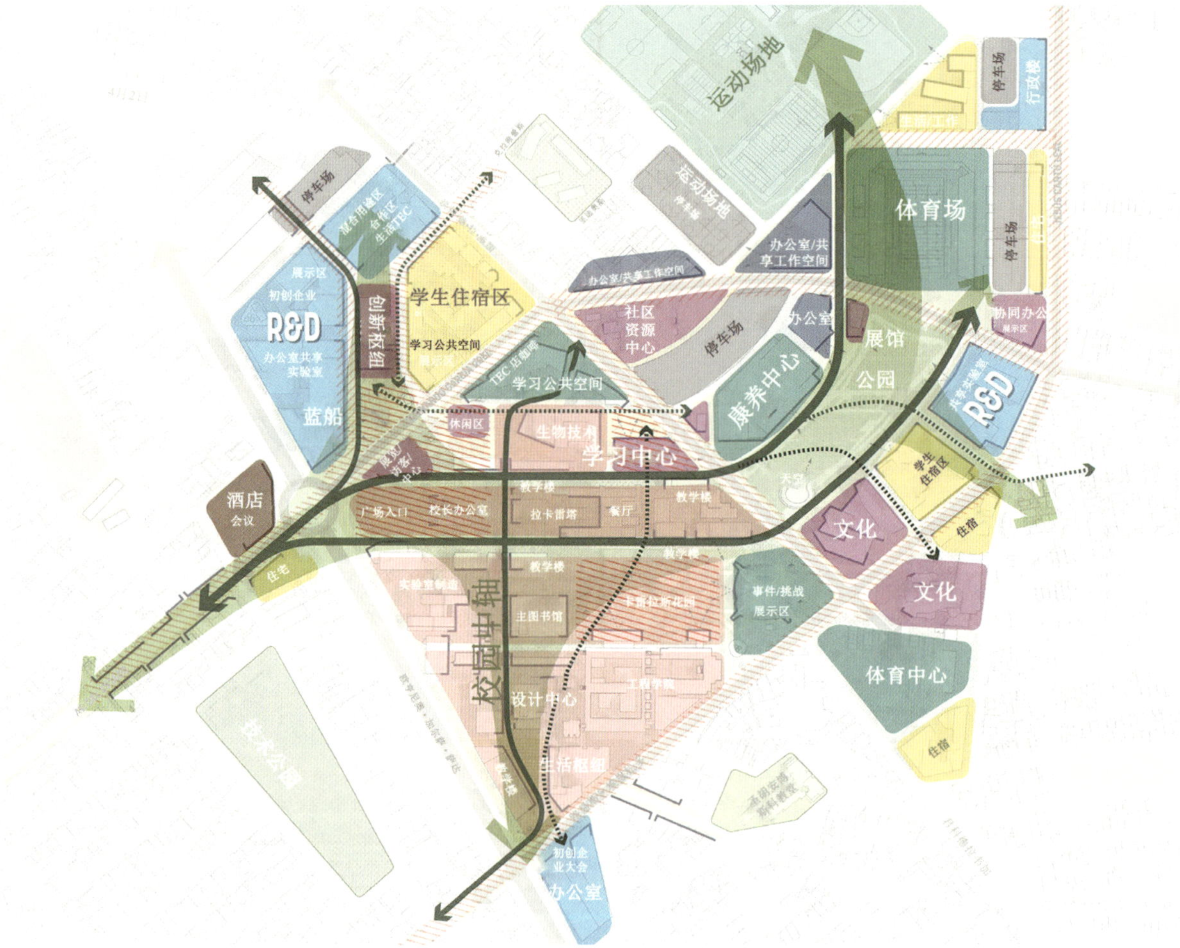

总体框架：该规划加强了校园和社区之间的联系。紧邻大学的新混合用途区将吸引相关行业的投资，使Tec成为城市转型的主要催化剂

资料来源：https://www.sasaki.com/zh/projects/tecnologico-de-monterrey-urban-regeneration-plan/

图 3.10　蒙特雷科技大学城市复兴规划功能分区

校园西北部的新增规划地块值得引起关注，该区域由一个新的混合功能区、学生居住区和学术研究区等组成（图 3.11）。处于区域核心的创新组团提供活动和交流空间（图 3.12），通过合作孵化机制来促进工商企业、学生和教师团体的协同发展；新的混合功能研究区邻近学术核心区域，同时又连接学校和周边社区，十分有利于学术团体、知识产业部门和大型蒙特雷社区之间直接健康交流，进而建立亲密的伙伴关系，促进潜在的高端研究和产品创新。针对这一地块规划最精彩的一点在于：毗邻大学的混合功能区快速吸引相关行业的投资，允许科技成为城市转型的主要催化剂。

为了推进校园再生和连接邻里社区，Sasaki 还在总体规划内对于重点区域进行了详细的建筑与景观研究，科技公园景观规划目前正在进行中（图 3.13、图 3.14），公园位于蒙特雷科技大学校园旁的科技区、邻近交通走廊，以及零售街，两边都是居住街区，包括学生宿舍。在前期的调研中，发现该区域因人口与投资大量减少，公园缺乏树木、设施与维护上的管理；通过问卷和访谈等形式，搜集了

资料来源：https://www.sasaki.com/zh/projects/tecnologico-de-monterrey-urban-regeneration-plan/

图 3.11　社区功能组成结构图

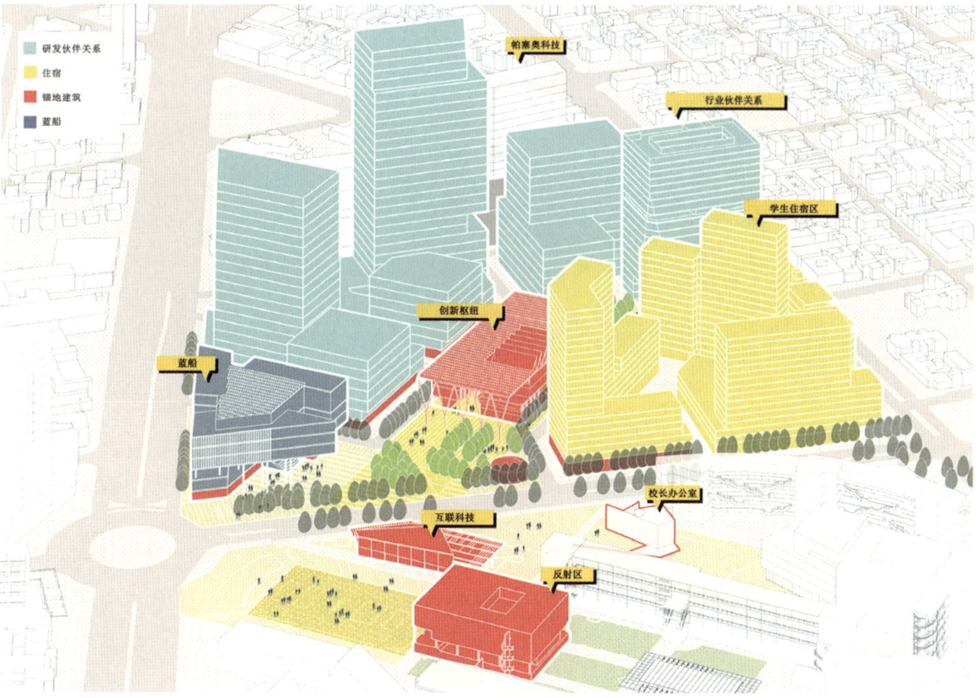

资料来源：https://www.sasaki.com/zh/projects/tecnologico-de-monterrey-urban-regeneration-plan/

图 3.12　校园西北部创新组团

资料来源：https://www.sasaki.com/zh/projects/parque-tecnologico/

图 3.13　科技公园景观设计示意图

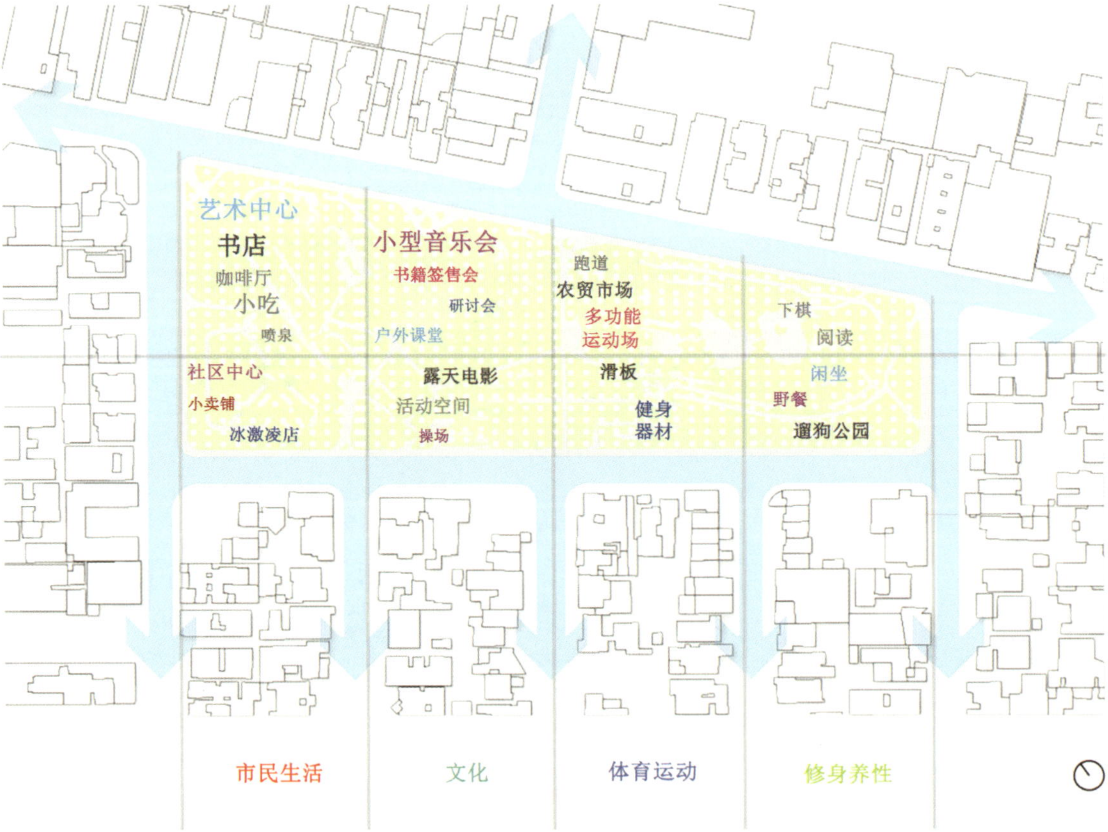

资料来源：https://www.sasaki.com/zh/projects/parque-tecnologico/

图 3.14　科技公园功能分布示意图

来自社区、学生、教授与员工的意见。总体而言科技公园地理位置重要，扮演着学校与社区之间沟通桥梁的重要角色，是校园和城市社区不可或缺的空间。规划完成后，科技公园将成为蒙特雷科技大学校园以及社区间的主要步行连接，同时也是街区和游客的中心集聚空间。“TecXXI 交流馆”“波利格斯体育馆”“活动中心”等详细规划建设还在积极筹建中，这些区域一定程度上都承担了促进师生思想交流、加强学校与邻里社区联系的职能（图 3.12、图 3.13）。

蒙特雷科技大学总体规划由众多部分组成，包括以重新构思学习模式和环境的“科技 21”愿景规划及关于核心区块、建筑和景观等的详细规划。其通过拓展研究项目、公开招募国内外顶尖教授与学生、吸引投资来改善学习环境以及整合空间来实现多学科之间的广泛合作等配合学校的总体发展策略。各类项目规划建设有序稳定推进，就发展前景而言，最终的总体规划是一个激动人心并可实现的愿景，它使得蒙特雷科技大学成为拉丁美洲一流的大学（图 3.15）。根据校方的一项调查，总体规划吸引了私人企业在大学周边的区域进行超过十亿美元的投资，该规划已然成为附近社区与蒙特雷市复兴与重建吸引投资的催化剂。

资料来源：https://www.sasaki.com/zh/projects/tecnologico-de-monterrey-urban-regeneration-plan/

图 3.15 蒙特雷科技大学城市复兴规划全景概览

蒙特雷科技大学教育改革有其必要性。为了促进多元化的教学模式，不少学院和大学目前都在重新定义学习环境，当中的重点在于培育创业思维，促进跨学科的协作式学习，以及以社会现况为蓝本，推行项目制的体验式活动。蒙特雷科技大学管理层和教育工作者通过考察评估墨西哥的内部需要、审视国家对新兴劳动人口的要求，分析墨西哥严峻的经济气候及全球化带来的竞争形势，认为传统的集中式学习或主修单一科目并不足够，年轻一代必须懂得如何穿梭于不同领域之间。基于此，“科技 21”愿景规划应运而生。蒙特雷科技大学与 Sasaki 携手合作，针对其制定了一套合适的校园空间规划方案，旨在改革教学模型。双方首先从综合角度考虑整体校园，继而深入研究个别学习环境，由此衍生的空间布局策略可套用在全校 29 个校区或筹划中的新校园建筑（截至目前，校园总计校区为 31 个），这对蒙大在全国上下推行新型教育模式至关重要。

在改革教学模型的命题下蒙特雷科技大学新图书馆与拉卡雷塔展示馆为学生提供了最佳的场景，让学生掌握团队建立技巧，分享知识、信息和经验，与同学、教授和行业协作伙伴组成队伍学习解决现实问题，为毕业后的职业生涯做好准备。诚然，要迎合当下的社会需求，全球许多百年老牌大学的学习环境无不需要重新设计。蒙特雷科技大学的行政管理人员已在这方面展开投资计划，以实现新型课程为目标探索各种创新空间的可行性。

城市复兴规划的成功之处主要体现在三个方面。建立灵活弹性的校园框架。Sasaki 应用数字化制造技术，率先制定灵活的规划框架，强化空间连通性，为构建范围更广的景观系统提供便捷。通过计算机模拟技术，列出一座建筑物所有的组装方式和性能表现，借由一套本质上极其灵活的系统，把未来的功能需求预算在内，并随时间推移而调度变迁，长远地保持实用和相关意义。各类建筑凭借灵活的布局配置，适时“变身”，功能多变。

组团配置，综合发展。总体规划将不同的“建筑组团”配置到大型的校园体系中，每个组团由一系列相互关联的元素如建筑类型、开放空间等组成，如同一件配套元件，包含所有必需的学术单位、宿舍设施和研究设施，而且与特定类型的开放空间并列。千变万化的组团合并方式，能够在传统的教学单位之间酝酿创新关系。

边界渗透，社区协同。规划有意识地将校园空间发展轴向外延伸，将一部分公共设施迁移至校园边缘实现社区共享。通过边界软化渗透促进校城融合发展。内部核心区域如新图书馆和拉卡雷塔展示馆等发挥更广泛的建筑功能，扮演协作交流的角色，增加与外界交流的机会。蒙特雷科技大学在进行规划时接纳来自社区的意见，现有的科技公园被重新塑造成科技社区中重要的城市生活中心，成为改善周围社区环境的先导示范，也是学术机构投资周边社区使得城市与大学同时受益的典范。新开发的混合功能区连接了学校和社区，是相关行业投资的热点，对外联系日益密切。

蒙特雷大学的校园本身已经是一个非常具有吸引力和活力的社区，新的规划为校园创建一个优美现代化的环境，学生可以在这里借由这些学术、文化、社交、居住和运动等各种设施，相互协作，促进跨学科间的学习交流和问题的解决。整个的校园成为一个大教室，汇聚多种类型的人才，共同创造独一无二的整体体验。

经验借鉴

1. 大学与周边社区融合联动

杰出的大学与活力成功的社区是共存的。现代大学越来越强调沟通和交流的重要性，由原本教学、科研、生活等多个独立空间向交叉、空间碰撞的复合空间进行转化。蒙特雷科技大学校园空间的开拓不仅促进跨学科协作与教学人员彼此间的协作，而且还鼓励学生与相关行业和周边社区交流互动，将校园设施与社会共享，但是又未完全消除城市和校园之间的界限空间。同时总体规划也提出了可以对周边邻里社区产生立竿见影的影响的改进提升策略。在社区持续的拓展过程中，规划提出了一系列的社区改进计划，包括改善公园环境、增加安全系数、提升街道和公共区域质量使其更适于步行和骑行，让社区发展成为不断吸引人们来此生活与工作的区域。蒙特雷科技大学采取了一种既能保证校园空间的独立性又能为社区提供设施服务、实现自身社会价值的方式。长远来看，校园与周边社区融合发展理念与可持续发展目标高度契合，价值深远，其经验值得广泛借鉴。

2. 校园空间与社区、城市产业空间耦合发展

知识经济和创新时代全面到来，高校空间规划的内涵也在发生变化，校园空间的责任逐渐转向复合、开放、创新、生态。大学作为科研创新的重要力量，汇聚知识、信息、人才优势，对于推动区域创新发展有重要作用。越来越多的人关注到围绕大学人才所形成的“科研 – 投资 – 创业”的生态系统，大学校园也逐步由研究、创新转向创造、制造，与周边其他产业空间互动，强调研究成果的就地转化。总体规划积极摆脱一向以车辆交通主导、封闭保守的局面，积极改革为以行人优先的校园环境，以求实施前瞻性的学术系统，促进跨界、协作、以项目为本的学习方式，为学生提供全人教育。在校园背景下创建了吸引重要研究与开发投资的环境，对吸引研发投资、本地产业创新升级、促进本地创业都产生了积极影响。同时将社区转化为充满生机与吸引力且互相融合的区域，使得校园与社区、城市产业创新紧密融合。

总体而言，高校校园空间更新应该思考校园布局、科技转化，以及设施共享等方面的趋势，高效利用有限的校园空间。蒙特雷科技大学城市复兴规划为我们提供了可以推广复制的经验[14]。

德国海德堡：“偷心之城”的现代化城市升级[15]

案例背景

海德堡是德国旅游文化之都，科技教育之城，是充满活力的传统和现代特征皆具的城市。海德堡人口约 16 万人，是巴登 – 符腾堡州第五大城市，与曼海姆、路德维希港一起被称为“莱茵 – 内卡大都会区”，又被称为“莱茵 – 内卡三角经济区”（图 3.16）。海德堡不仅拥有莱茵 – 内卡大都市区中部美景，而且具有很高的生活品质。歌德曾赋诗一首《我把心遗失在了海德堡！》（Ich hab' mein Herz in Heidelberg verloren!），令海德堡有了“偷心之城”这样一个享誉世界的称号。

海德堡环山绕水，自然环境优美。内卡河（Neckar）缓缓流淌穿城而过，美丽的古石桥横卧江面。海德堡的老城依山面河，建筑以 18 世纪的巴洛克风格为主，处处青砖红瓦。1992 年，海德堡为德国第一个引入市政气候保护概念的城市。2015 年，海德堡在联合国获全球绿色城市奖。2019 年，

14 搜狐新闻. Sasaki | 墨西哥蒙特雷科技大学图书馆与展示馆开幕 [B/OL]. https://www.sohu.com/a/200202426_716486。
15 本案例主要引用了海德堡城市和海德堡产业园官网作为重要参考的文献，在此表示感谢。

资料来源：作者自绘

图 3.16　海德堡在德国位置示意图

海德堡举办了国际气候大会（ICCA 2019）。除了自然环境优美，海德堡也非常重视对环境保护的教育，当地推出了 Natürlich Heidelberg 可持续发展教育计划，从小教导儿童他们的行为如何影响环境。海德堡极为重视生态环境的可持续发展，无论是海德堡的“生物多样性计划框架”还是“生物群落网络计划框架”，实现生态可持续相关目标始终占据海德堡发展的核心地位。

海德堡作为国际旅游目的地，有 18 家博物馆，旅游参观人数也一直保持很高水平。青山绿水间的海德堡，老城区遍布红屋顶的老房子，完好地保留了中世纪风貌，好似一座美丽的童话小镇。海德堡是德国最受游客喜爱的目的地之一，每年吸引超过 300 万的游客来游览。秀美的内卡河穿城而过，把狭长的老城区分为了南北两岸，河流边的绿道是当地人最爱的休闲去处，连接两岸有数座桥梁，其中最有名的当属建造于 18 世纪的九门拱桥（又名卡－铁欧德桥，Karl-Theodor-Brucke）（图 3.17）。老城遗迹和文化特性保护对于海德堡是十分重要的，在当地文化特性被保护计划中，包括近 1 000 个保护对象、近 2 100 个独立建筑。

海德堡大学是当地的重要标志与支柱。海德堡大学始建于 1386 年，是德国境内最古老的大学。大学校区就融合在老城之中，没有校门、没有围墙，也没有明显的分界线。海德堡大学的学术氛围是很浓厚的。这座浪漫城市的形象与它作为大学城的历史紧密联系在一起，著名作家和思想家 Ernst Bloch、Martin Heidegger、Max Weber、Hannah Ahrendt 等都曾在这里生活、教学和学习。一些游客慕名来此就是为了体验这种有声望的氛围。截至 2017 年，共有 56 位诺贝尔奖得主和 19 位莱布尼兹奖得主曾于该校求学、任教或研究。

海德堡是联合国教科文组织（UNESCO）认可的世界“文学之都”。18 至 19 世纪初，浪漫主义文学诞生于海德堡，大批哲学家和社会学家活跃至今。海德堡聚集着来自世界各地的 45 000 名学生及大量出版商、书店（平均每 1 万名居民拥有 1.5 家书店）、古籍书店和知名译者。海德堡公共组织对文化活动的人均投资位居德国所有城市第 3 位（人均 295 欧元，总计 4 250 万欧元）。图书出版（占创意专业人员的 1/3）和软件是创意经济中的重要领域。文化和创意行业在城市整体经济活动中的占比高于其他城市，城市 75% 的收入则来自文学和出版业。当前，海德堡超 50% 的员工在文化相关行业工作。

当然，当地经济的可持续发展也面临过不少问题。过去，海德堡的经济体系过于依赖旅游产业、当地的大学城。产业结构单一使得经济可持续性不足，居民收入水平难以提升。因此，城市扩建与经

资料来源：http://www.sohu.com/a/243206390_100191781

图 3.17 海德堡著名的九门拱桥

济的多样性发展成了当地政府、企业与市民的共同选择。

实践过程

1. 城市扩建与地区多样性发展

海德堡地区每个地区都有自己独特特质，地区多样性使海德堡成为充满活力和吸引力的城市。老城是海德堡发源地，老城呈狭长形，主要由自然元素与城市道路限定出边界。Weststadt 包含很多威廉皇帝时代居住建筑的案例；Bahnstadt 是铁路城，也是目前最大的被动式住宅（Passivhaus）聚居地；Handschuhsheim，是乡村生活和生命科学研究机构的结合；Rohrbach 以前以葡萄酒村而闻名。海德堡的住房租金在德国所有城市中排名第六，但城市内部呈明显的“核心 – 边缘”结构；北部“创意”中心地租平均水平比南部最便宜的社区（Emmertsgrund/Boxberg）高 30% 以上（图 3.18）。

在城市经济方面，海德堡利用自身丰富的旅游资源，带动了会展等产业的发展。一是学术研讨会，海德堡旅游住宿中 70% 由商务旅客提供，他们往往会喜欢城市的丰富历史、文化传统和享有盛誉的科学城；二是音乐会，海德堡会议中心定期举办古典音乐会、音乐表演等大型活动；三是大型展览，全球企业在此举办展销会、周年大会等；四是

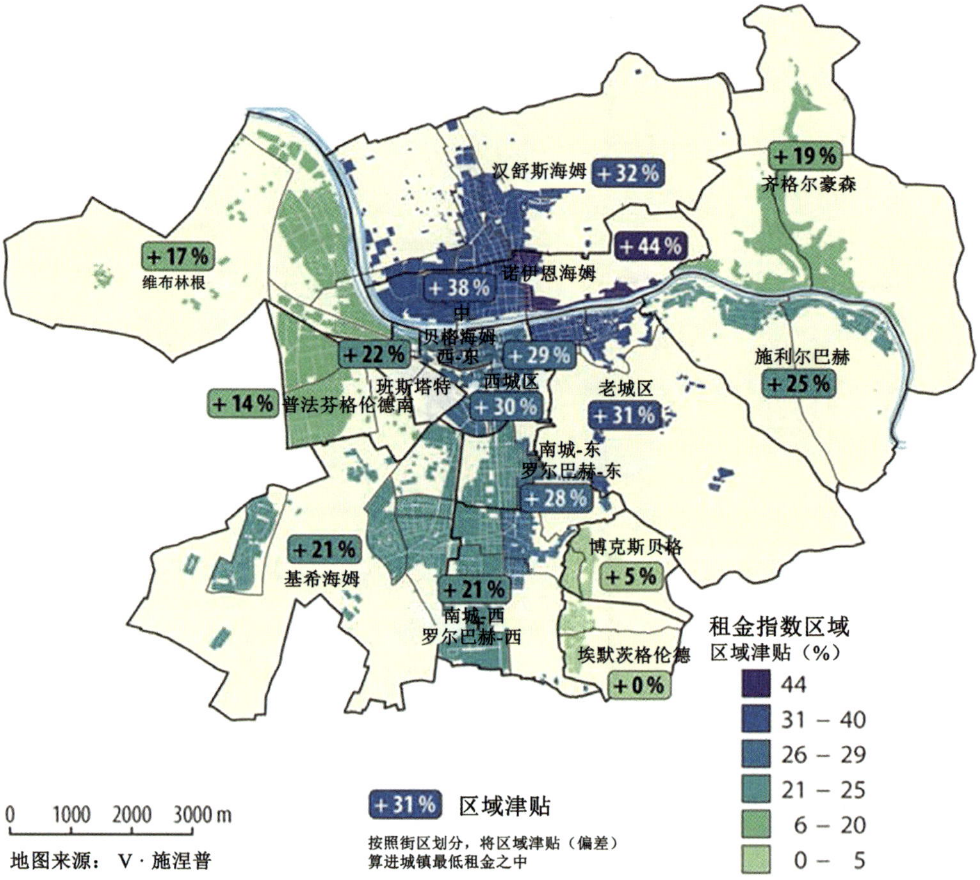

资料来源：Ulrike Gerhard & Michael Hoelscher, Knowledge Makes Cities: Education and Knowledge in Recent Urban Development. The Case of Heidelberg, Germany. Inequalities in Creative Cities, 2017

图 3.18 海德堡不同城区房屋租金分布图

小型会议，海德堡会议酒店是举办小型会议和会议的理想场所，凭借出色的设施，保证参与者会议活动的顺利进行。

与此同时，海德堡城市本身也从大学和技术创新及创意产业中受益，因为它吸引了高技术及创意工作者来这里定居、学习和生活。这也带来了潜在的高质量教育的可能性。学术型家庭的居住模式更有可能实现对孩子的成功教育。据统计分析，在“教授社区”的小学里，进入最好高中（德国称之为“Gymnasium”）的孩子比例要高得多。

2. 依托高校的技术集群

在海德堡大学的支持下，当地开始发展一些高科技产业，而健康医疗产业是其中的佼佼者。海德堡健康医疗产业比例高于德国平均水平。与其他城市相比，就业市场表现出与知识密集产业相关的特征。海德堡 20% 的员工属于健康产业。该产业与大学密切相关，因为需要强大的医疗科研项目支持。

海德堡技术产业园（图 3.19）是当地重要的产业集群，目前已成为享誉世界的高新技术园区。园区是德国最重要的生物技术研究中心之一，也是全球顶级科研基地，目前有 2 800 名科学家及员工在此工作。高科技园位于海德堡大学校园内，在火车城（Bahnstadt）也设有一个研究基地。园区拥有

资料来源：https://www.technologiepark-heidelberg.de

图 3.19　海德堡技术产业园（Technologiepark Heidelberg）

上百家入驻医药公司，例如巴斯夫，默克和罗氏诊断，是德国最重要的生物医药产业聚集地之一，在全球处于领先地位。除依靠海德堡大学研发资源，园区与众多国际生物科技园、世界著名的国内和国际研究机构、生物科技企业建立了非常密切的合作和联系，从而促进了海德堡地区生物技术产业的集群发展。

其中，Neuenheimr Feld 区域拥有超过 40 000 平方米的实验室、商业和工业面积，是海德堡产业园的核心。由于与海德堡大学融为一体，因此这里有着尤为显著的科研实践特色。学生、年轻的科学家、创业者、经验丰富的企业家和讲师在这个创造性的活跃氛围里彼此沟通交流。

3. **跨区域技术创新网络**

为了更好促进当地高科技产业的发展，海德堡逐渐跳出自身地理局限，开始与周边区域建立技术合作。曼海姆与海德堡距离相近，交通时间不超过 30 分钟。“海德堡－曼海姆”健康与生命科学联盟是当地第一个医学园区，于 20 世纪 80 年代中期在海德堡的贝格海姆区成立，开创现代临床设施并激发医学研究和教学的一系列创新。该园区中有巴斯夫、默克、赛诺菲和罗氏等跨国企业及 400 多家中小型医药企业。

周边众多的科研机构，包括海德堡大学、海德堡和曼海姆当地的两所医学院，以及国家、国际领先研究中心［如德国癌症研究中心（DKFZ）、欧洲分子生物学实验室（EMBL）、莱茵河－内卡地区马克斯・普朗克医学研究所（MPI mF）等］在医学工程领域拥有独特的技术研发网络。这些机构为企业提供技术知识服务，与企业共同进行研发、培训活动。随着莱茵－内卡地区的生命科学和医学研究人员和机构加入“海德堡－曼海姆”健康与生命科学联盟，当地在创新研究、患者护理和健康经济方面实现巨大飞跃。

除了跨区域合作，跨国合作也是海德堡技术升级的重要途径。2013年，在芝加哥世界商务协会主席 Rita Athas 和巴登－符腾堡州 BIOPRO 有限公司总裁 Ralf Kindervater 的见证下，芝加哥伊利诺伊斯理工大学 André Domin 和 David Baker 博士签订了合作协议。海德堡市长 Eckart Würzner 博士和美国帕罗奥图市长 Scharff 在海德堡市政厅签订了“智能城市联盟”，在经济、科学和环境领域展开了合作[16]。

经验借鉴

1. 历史文化积淀下的文创产业崛起

德国海德堡作为历史悠久的大学城，学术知识氛围非常浓郁。“知识明珠”被成功商品化为全球旅游景点，吸引来自世界各地的游客。当然，其早期也面临过产业结构单一的问题，这可能导致经济可持续性不足，包括面对意外冲击时的应对能力不足。后来，海德堡通过城市扩建，将本地文化底蕴引入了创意产业，增强了城市产业多样性，为后续其他产业进入打下基础。因此，虽然是传统的旅游名城，但由于近年来培育的一系列新兴产业，海德堡在疫情后较快地走上了经济复苏之路。基于本地特色和基础，逐步推动产业多样化的过程和思路，值得各种不同资源禀赋的城市借鉴。

2. 注重知识和技术以实现产业升级

海德堡是有显著学习过程的城市，特别是在知识和技术转化为城市经济的过程中。这些学习过程已深度影响了城市生活，从而使城市可以实现高品质持续发展。海德堡首先借助本地自然环境和文化底蕴，推动商务会议和会展产业发展。在此基础上，借助本地大学城的科研人才优势，结合其他产业基础，推动了生物医药等新兴产业集群的形成。知识、创新是提升区域产业竞争力的源泉和动力。区域产业的知识创新是通过区域产业空间形态、资源禀赋、各种经济与非经济因素、技术与非技术因素的创新，来增强区域产业自身的竞争力，进而提升区域产业整体的竞争力。在全球竞争日趋激烈的时代，知识创新是区域产业发展的动力源泉和灵魂。

3. 产业集群及跨区域协同发展

海德堡的卓越产业集群及跨区域协同策略是支撑城市发展的可持续动力。产业多样化是一个循序渐进的过程。同时，在特色产业逐渐形成后，需要构建跨区域的合作网络，促进产业发展水平进一步提升。关系经济学（Relational Economics）认为，产业创新升级来源于本地和外部知识的共同组合。本地资源与外部资源，两者不可偏废。传统意义上的跨区域合作主要是强调通过物质要素空间配置的优化推动经济增长，虽然也强调技术因素的重要作用，但本质上仍是强调技术以外生的方式促进经济增长。跨区域创新合作强调知识溢出、人力资本流动形成的知识资本，直接对区域新知识资本创造成本产生影响，从而使技术内生化于区域经济增长过程。跨区域创新合作的有效开展，将大大提升城市获取外部知识资源、建立新知识网络的能力，提高城市经济能级、提升可持续发展水平。

---

16 海德堡市政厅官网，https://www.heidelberg.de。

中国上海：百年黄浦老字号——城市创业生态的传承与创新 [17]

案例背景

促进持久、包容和可持续经济增长，促进充分的生产性就业和人人获得体面工作是联合国 2030 可持续发展目标 8 的核心内容，其中具体目标 8.2 强调，通过多样化经营、技术升级和创新，包括重点发展高附加值和劳动密集型行业，实现更高水平的经济生产力；具体目标 8.3 也提出要推行以发展为导向的政策，支持生产性活动、体面就业、创业精神、创造力和创新，鼓励微型和中小型企业通过获取金融服务等方式实现正规化并成长壮大。为了更好地实现这一目标，自 2015 年以来中国政府在创新创业方面也开展了积极的政策探索。2015 年 6 月 11 日，中国国务院印发《关于大力推进大众创业万众创新若干政策措施的意见》（国发［2015］32 号），明确指出推进大众创业、万众创新，是发展的动力之源，也是富民之道、公平之计、强国之策。对于推动经济结构调整、打造发展新引擎、增强发展新动力、走创新驱动发展道路具有重要意义，是稳增长、扩就业、激发亿万群众智慧和创造力，促进社会纵向流动、公平正义的重大举措。中国有 14 亿多人、8 亿多劳动力，每年高校毕业生、农村转移劳动力、城镇困难人员、退役军人数量较大，人力资源转化为人力资本的潜力巨大，但就业总量压力较大，结构性矛盾凸显。推进大众创业、万众创新，就是要通过转变政府职能、建设服务型政府，营造公平竞争的创业环境，促进收入分配结构调整，实现创新支持创业、创业带动就业的良性互动发展。

作为一个拥有约 2 500 万常住人口的国际化大都市，上海承载着中国国际经济、金融、贸易、航运、科技创新中心的重要使命。黄浦区作为上海市的中心城区，自上海开埠以来就一直是政商云集之地，经济金融和各类贸易活动非常活跃。随着历史的沉淀，很多的百年老字号在这里备受大家青睐。然而，在大众创业、万众创新的时代呼唤下，如何激发老字号的创新活力，给老字号赋予新的使命，让其能够带动和影响更多新的创业者，让创业带动就业，从而使得整个黄浦区的创业生态能够更好地传承和创新是一个重要课题。黄浦区通过多年的探索和实践，积累了宝贵的经验，供全球城市借鉴学习。

实践过程

2017 年 5 月 20 日，“老字号 · 新活力”创新创业专项行动在黄浦区首创首发，旨在以创新激发区内企业、人才、资源的活力和动力，推动黄浦区经济社会和创新创业工作高质量发展（图 3.20）。历经数次升级迭代，这个专项行动的影响力和服务力不断增强。过去五年，众多老字号加入行动，发布上百项创新需求，参与的创业团队不仅涉及上海市内其他区域，也关联到了长三角等中国其他区域，诞生近千项创新方案，形成了公共创业服务、老字号企业、社会服务机构、高校和创业组织四方资源

17 感谢上海市黄浦区人力资源和社会保障局、上海市黄浦区就业促进中心、同济大学、上海市可持续发展研究会、上海公益创业基地、上海新世界（集团）有限公司、上海豫园旅游商城股份有限公司、恒源祥（集团）有限公司、上海淮海商业集团有限公司、上海益民商业集团股份有限公司、老凤祥股份有限公司等部门和老字号企业对本案例撰写的大力支持。

资料来源：上海市黄浦区就业促进中心

图 3.20 “老字号·新活力”创新成果市集

交互支持的黄浦区创新创业新生态系统（图 3.21），构建了独具黄浦特色的内外创新“双循环”模式，通过创业带动就业，吸引了越来越多的创业人才、创业活动、创业项目落地黄浦，推动了创业型城区和社区的建设。2018 年 6 月 25 日上海市人民政府办公厅印发《上海市鼓励创业带动就业专项行动计划（2018—2022 年）》，强调要积极推动“老字号·新活力”创新创业计划的实施，提升上海传统品牌的影响力，发挥引领和带动作用。要适应创业企业的发展需求，积极发挥政策引导作用，探索搭建跨区域的创业服务平台，建设协同创新网络等。以下将从三个方面来重点介绍黄浦区“老字号·新活力”创新创业专项行动实践过程。

1. 通过制定明确的目标来勾勒老字号振兴发展路线图

在五年多的探索实践中，黄浦区不仅制定了明确的目标任务，还根据发展变化来对目标进行迭代优化。

首轮专项行动目标包括“新伙伴”“新技能”等。

“新伙伴”：通过需求发布和资源共享，招募和培养老字号发展需要的创新人才，寻找能与老字号品牌企业共同发展的创业伙伴。

“新技能”：在发展中促进新技能的学习教育，包括拓展培训实训方式，带动高技能人才成长，促进产业发展。

图 3.21 四方资源交互支持构建黄浦区创新创业生态系统

“新使命”：通过建立就业创业见习基地，建立青年实训实践基地，设立创业资金扶持等，提高青年职业创业能力，培育创新意识，激发老字号活动。

“新模式”：为老字号引进新的营销手段、新的推广渠道、新的包装设计，扩大老字号品牌的影响力。

“新视野”：通过举办老字号品牌发展主题论坛，建立老字号企业与青年对话的互动平台，用新的视角展现老字号深厚的文化底蕴和魅力。

第二轮专项行动目标有“新伙伴 +”“新技能 +”等。

“新伙伴＋”：引才引智；汇聚老字号创新需求、创业政策、创新创业活动和全市乃至长三角地区创新力量，打造老字号特色“一站式”双创资源集聚地。

“新技能＋”：育才赋能；围绕新技能、创新创业能力，为青年创业能力、老字号创新能级的提升提供双创实践支撑。

“新使命＋”：引领协同；发挥老字号企业协同引领作用、带动创业青年成长，完善老字号公共创业实训基地体系。

“新模式＋”：引智聚势；推动老字号品牌创新与院校产教研深度融合，引入更全面的创新资源助力老字号外部创新，鼓励、支撑、激发老字号内部创新。

“新视野＋”：共建共享；共建老字号企业之间、老字号与创业青年之间沟通平台，共享创新合作，促成创新思维转化落地，为区域创建工作积极赋能。

2. 通过落实专项行动举措来鼓励创业带动就业

为大力倡导“大众创业、万众创新”，进一步深化创业型城区建设，优化创业环境，激发创业活力，整合创业资源，引领更多青年在黄浦创业成功，黄浦区人社局、财政局和教育局联合制定鼓励创业实施意见[18]。主要包括首次创业一次性补贴、创业场地房租补贴、小额担保贷款贴息、社会保险费补贴、鼓励创业专项补贴、就业创业见习补贴、购买创业服务成果补贴、创业指导专家服务补贴、公益性创业园区和创业苗圃运作补贴、“老字号・新活力”创新创业行动计划专项补贴等，具体措施是鼓励本区老字号企业积极参与“老字号・新活力”创新创业专项行动计划，对在计划推进过程中有突出表现或有杰出贡献的企业集团及个人，给予表彰并颁发荣誉证书；对在“老字号・新活力”创新创业专项行动中，产生的创新方案被采纳并实现成果转化，给予 5 万 ~ 10 万元助力发展资金；对区认定为公共创业实训基地的老字号企业和区域内重点企业，在年度工作成效评估合格的基础上，按不同级别，每年可给予 20 万 ~ 50 万元的运作费补贴，用于利用自身场地、设备、技术等各类创业资源和组织创业服务活动。在此基础上，黄浦区又提出探索建立老字号创新需求和紧缺人才公布机制，与相关高校、中职院校建立技术技能合作关系，整合促进创新创业的有效形式和手段，将老字号创新创业发展公益平台建成区域经济与创业就业、人才、技能提升联动的纽带等一系列具体举措，从而实现为老字号注入新活力的同时，实现创业带动就业的目标。

3. 统一行动模式建支撑点，推出“老字号・新活力”三大创新营

针对不同创业对象和阶段，黄浦区打造了不同类型的创新营，例如起跑营、成长营、加速运营等。老字号创新起跑营，融合创新理念，提升创业

18 黄浦区人民政府．关于黄浦区鼓励创业带动就业的实施意见（有效期至 2022 年 12 月 31 日）。

能力。起跑营以创智学院学员、高校中职学院学生、意向创业者为服务对象，以老字号参访、创业讲座、创业训练为载体，开展了新媒体达人成长计划、黄浦创智学院文化创意课程走进豫园老字号，“海纳百创”——老字号新活力参访、“新国潮·青春范儿”青年文创评选活动等一系列创新活动（图3.22）。老字号创新成长营，借力实训平台，助力创业成长。老字号创新成长营以老字号公共创业实训基地为抓手，为创业者提供更广阔的实训空间、更为多元的实训体验、更为丰富的实训资源。老字号创新加速营，提速需求对接，促成创新合作。老字号创新加速营历经老字号需求宣讲、项目评审筛选、产业分享培训、老字号走访对接等一系列模块，以即时老字号创新需求发布、定向老字号产业培训、定制老字号需求对接，并最终促老字号企业与创业组织意向成果合作。2020年受疫情影响，在黄浦人社局的指导下，黄浦区就业促进中心在抓好疫情防控、中小企业困难调研工作的同时，“老字号·新活力”创新创业专项行动再出发，通过组织2020黄浦老字号创新加速营，专项行动持续为老字号品牌加速创新，同时也为中小企业提供更多与老字号品牌、企业之间的合作机会，做到了防疫和扶持中小企业工作两不误（图3.23）。

经验借鉴

1. 机制设计要环环相扣，创新的理念要通过周密的举措来落地

老字号是优秀民族品牌和传统商业文化的集中

资料来源：上海市黄浦区就业促进中心

图3.22 “老字号·新活力”创新挑战赛

资料来源：上海市黄浦区就业促进中心

图 3.23 “老字号·新活力”创新创业专项行动青年创业者

代表，承载着中华民族工匠精神和优秀传统文化，具有广泛的群众基础和巨大的品牌价值、经济价值及文化价值。黄浦区作为老字号高度集聚区，在振兴老字号品牌的历史进程中，肩负着重大使命与责任。近五年来，黄浦区陆续提出“老字号·新活力”创新创业专项行动，搭建与青年对话平台，实行了将老字号企业的“创新需求”与青年创业工作相融合；扩大老字号企业的社会品牌效应；发展老字号企业的创业导师团队，建立以老字号品牌命名的创业公共实训基地等一系列举措。这一系列的举措都与相应的机制设计环环相扣，从而使得创新理念能够通过周密的安排来快速落地。

2. 提供更加优质的公共创新服务来加速孵化、创新赋能

黄浦区拥有上海近一半的老字号。为了提供更加优质的公共创新服务，除老字号公共实训基地外，黄浦区也建设了一系列的创业孵化示范基地、创业见习基地、老字号公共实训基地、招商服务平台等多种类型的创业载体和创服机构。2020 年底，黄浦区已经建立了 14 家创业孵化示范基地，各基地在孵创业组织超过 1 200 家，吸纳就业超过万人。作为公共创业服务的重要阵地，创业孵化示范基地与老字号实训基地等其他创服机构在集聚创业人才、扩大创业带动就业等方面发挥着愈发显著的推动作用。发挥各自功能，精准服务不同阶段的创业群体，努力促进创业成果转化与落地，共同打造加速孵化、创新赋能的黄浦创业生态圈。

3. 聚焦创新创业“双循环”，让百年黄浦老字号在创新中传承

2020 年黄浦区在“老字号·新活力”创新创业专项行动新三年计划中提出了“五新”目标，即新伙伴、新技能、新使命、新模式、新视野。为实现“五新”目标，黄浦区通过科学研判，又重点聚焦在“引才引智、育才赋能、引领协同、引智聚势、共享共建”五个方面进行升级。老字号创新创业行动的实践，不仅推动了老字号品牌自身的创新“内循环”，更重要的是打造了区域整体创新创业成效的“内循环”模式。通过构建独具黄浦特色的内外创新“双循环”模式，将有助于把创新创业贯穿区域发展全过程和各领域，切实提升公共创业服务体系质量变革、效率变革、动力变革。只有这样，百年老字号才能在创新中得以传承。

4. 地方经验在走向全球的同时也要在标准制定、示范引领、区域联动和国际合作方面持续创新变革

创新创业是一个全球性命题，黄浦的成功经验为全球城市解决这一难题提供了非常宝贵的思路和经验，也为落实联合国 2030 可持续发展目标提供了中国方案、上海智慧。历经五年多，黄浦聚焦“老字号·新活力”专项行动，在政府部门、企业、高校、社会组织和广大参与者的共同努力下不断深耕和打磨，才有了今天的开花结果。作为一个可供全球城市学习借鉴的经典案例，它需要有持续的创新变革和突破。在未来的五年或更长的时间里，需要制定清晰的路线图，才能在标准制定、示范引领、区域联动、国际合作方面有更大的创新变革，不断为其注入新鲜血液。在创造中国模式的同时，也得到国际社会的持续关注和认可。

政策建议

1. 创建友好型营商环境，实现企业与资本集聚

城市日益成为商业活动中心，各城市之间联系越来越密切，这就更加需要营造适合企业发展的城市环境，推动城市长期经济增长。尊重商业环境的立法和监管机制的引入，可以简化企业正式化的过程，导致更多的新企业、投资和金融资本涌入。为了实现经济的繁荣发展，政府应该整合促进营商便利的程序，减少繁文缛节、确保政策制定的一致性、打造平易近人的政府形象，在发展过程中培育企业家和企业。

2. 多元空间融合，实现社区、产业高效联动

知识经济和创新时代全面到来，高校空间规划的内涵也在发生变化，校园空间的责任逐渐转向复合、开放、创新、生态。越来越多的人关注到围绕大学人才所形成的“科研－投资－创业”的生态系统，大学校园也逐步由研究、创新转向创造、制造，与周边其他产业空间互动，强调研究成果的就地转化。需要积极摆脱一向以车辆交通主导、封闭保守的局面，积极改革为以行人优先的校园环境。在校园背景下创建吸引重要研究与开发投资的环境，对吸引研发投资、本地产业创新升级、促进本地创业都会产生积极影响。同时，将社区转化为充满生机与吸引力且互相融合的区域，可以使校园与社区、城市产业创新紧密融合。

3. 注重知识和技术，实现产业创新升级

知识和技术转化为城市经济的过程将深度影响城市生活，从而使城市可以实现高品质持续发展。可以先借助本地自然环境和文化底蕴，推动文化创意产业发展。再在此基础上，发挥本地科研人才优势，结合其他产业基础，推动新兴产业集群的形成。区域产业的知识创新是通过区域产业空间形态、资源禀赋、各种经济与非经济因素、技术与非技术因素的创新，来增强区域产业自身的竞争力，进而提升区域产业整体的竞争力。在全球竞争日趋激烈的时代，知识创新是区域产业发展的动力源泉和灵魂。

4. 内外部资源共享，实现跨区域协同发展

在本地特色产业逐渐形成后，需要构建跨区域的合作网络，促进产业发展水平进一步提升。关系经济学认为，产业创新升级来源于本地和外部知识的共同组合。本地资源与外部资源，两者不可偏废。跨区域创新合作强调知识溢出、人力资本流动形成的知识资本，直接对区域新知识资本创造成本产生影响，从而使技术内生化于区域经济增长过程。跨区域创新合作的有效开展，将大大提升城市获取外部知识资源、建立新知识网络的能力，提高城市经济能级、提升可持续发展水平。

第四章 | 环境篇

引言[1]

近年来，快速城市化进程中城市人口数量的暴增、绿色公共空间的不断挤压、全球气候变化异常、洪涝等自然灾害的频繁发生等一系列问题使得人类居住环境面临着史无前例的严峻考验。建设包容、安全、有抵御灾害能力和可持续的城市和人类住区是联合国 2030 可持续发展目标 11 的核心要义。其中，生态环境的可持续发展无疑成为城市可持续发展的重要方面。

在本章中，我们在联合国人居署和国际专家的共同调研和推荐下，从众多案例中精选出了四个案例，来从不同维度向大家解读城市生态环境发展中的经验和做法。

第一个案例是中国威海：用绿色和温情来打造精致城市。重点介绍在打造精致城市的过程中，威海是如何将口袋公园、滨海绿道、退养还海等一系列民生举措落到实处的。该案例主要对标的联合国 2030 可持续发展的具体目标是 SDGs 11.3（强调要加强包容和可持续的城市建设，加强参与性、综合性、可持续的人类住区规划和管理能力）和 SDGs 11.7（到 2030 年，向所有人，特别是妇女、儿童、老年人和残疾人，普遍提供安全、包容、便利、绿色的公共空间）。

第二个案例是喀麦隆米纳瓦奥：环境适应性强的绿色难民社区。重点介绍米纳瓦奥的难民社区如何在生态环境保护和可持续的生计发展过程中找到平衡，在绿色社区打造过程中不断提高社区生态韧性。该案例主要对标的具体目标是 SDGs 15.2（到 2020 年，推动对所有类型森林进行可持续管理，停止毁林，恢复退化的森林，大幅增加全球植树造林和重新造林）和 SDGs 15.3（到 2030 年，防治荒漠化，恢复退化的土地和土壤，包括受荒漠化、干旱和洪涝影响的土地，努力建立一个不再出现土地退化的世界）。

第三个案例是日本横滨：蓝碳项目。重点介绍横滨是如何利用海洋资源的固碳效益来进行碳中和实验，并在碳信用和碳补偿方面做出的创新尝试。该案例主要对标的具体目标是 SDGs 14.2（到 2020 年，通过加强抵御灾害能力等方式，可持续管理和保护海洋和沿海生态系统，以免产生重大负面影响，并采取行动帮助它们恢复原状，使海洋保持健康，物产丰富）。

第四个案例是坦桑尼亚达累斯萨拉姆：社区驱动下的非正式居住区抗洪韧性建设。重点介绍非正式居住区的居民是如何与不同的利益群体及学生、企业、非政府组织友好合作，来通过洪水地图测绘等方式应对洪涝灾害，构建韧性居住环境的探索经验。该案例主要对标的具体目标是 SDGs 1.5（到 2030 年，增强穷人和弱势群体抵御灾害的应对能力，降低其遭受极端天气事件和其他经济、社会、环境冲击和灾害的概率和易受影响程度）、SDGs 11.b（2020 年，大幅增加采取和实施综合政策和计划以构建包容、资源使用效率高、减缓和适应气候变化、具有抵御灾害能力的城市和人类住区数量，并根据《2015—2030 年仙台减少灾害风险框架》在各级建立和实施全面的灾害风险管理）和 SDGs 13.3（加强气候变化减缓、适应、减少影响和早期预警等方面的教育和宣传，加强人员和机构在此方面的能力）。

1　本章是在联合国人居署、同济大学、上海社会科学院、上海市可持续发展研究会等多个机构和部门共同努力下完成的，感谢各城市在案例撰写过程中给予的信息资料方面的支持，也感谢相关专家学者的研究成果为本篇章案例的撰写提供了许多重要的启发和素材，在此也一并感谢。同济大学陈海云博士团队为本章的主笔人。

参考案例

中国威海：用绿色和温情来打造精致城市[2]

案例背景

多年来，中国很多城市都在探索可持续的城市规划和绿色发展路径，如何在守住碧海蓝色、青山绿水的同时，又能够实现城市社会经济的可持续发展，让城市居民能够有获得感和幸福感是城市管理者的重要使命。一座城市不应该只有冷冰冰的钢筋混凝土堆砌的高楼大厦，还得有绿色和温情，让这座城市的居民能够有认同和归属。地处中国华北地区的威海市，通过多年的发展，变成了一个精致且有温情的城市。

威海市隶属中国山东省，地处山东半岛东端，北、东、南三面濒临黄海，辖区面积 5 800 平方公里，东西最大横距 135 公里，南北最大纵距 81 公里，海岸线长 985.9 公里，总人口接近 300 万人。一座精致城市的打造会涉及方方面面，但是本案例重点将从绿色与温情的角度来讲述这座精致城市的发展历程。2018 年中国国家主席习近平在视察威海时提出威海要向精致城市的方向发展，为这座城市的可持续发展指明了方向。过去五年，威海市在制度设计层面，用精致的理念统领政治、经济、文化、社会和生态文明等方面，协同处理精致城市建设与经济发展、乡村振兴、生态环境、经略海洋、对外开放等重要发展方向上的关系。在实操落地层面，注重精当规划、精美设计、精心建设、精细管理、精准服务、精明增长，提升城市品质和内涵，努力打造精致城市威海样板。2020 年威海市颁布《威海市精致城市建设条例》，以保障和促进精致城市的建设和发展，提高城市居民的生活质量。威海市注重塑造鲜明的城市特色，构建出“大气山海，精致栖居”的新时代城市风貌特色，提炼城市“山、水、海、城、湾、岛”六个景观风貌意向，保持山、海之间良好的自然空间，为市民提供可探索、可感知、可体验的绿色宜居之城（图 4.1）。威海市建设精致城市以来，创建了首个“美丽城市”建设试点城市，2020 年、2021 年连续两年获得“中国最具幸福感城市”称号，完善提升城市功能，市民更幸福、更满意。在打造精致城市的过程中，威海市进行了一系列的创新性探索，创造出独特的“威海经验”，具有借鉴意义。

资料来源：威海市旅游发展委员会

图 4.1　威海市悦海灯塔

实践过程

威海在精致城市建设过程中，在社会、经济、文化、环境和治理等诸多领域都有很多创新的做法

2　感谢威海市精致城市建设办公室、商务局、海洋发展局、生态环境局、同济大学、上海社会科学院、上海市可持续发展研究会等对本案例的大力支持。

和经验。本案例将从绿色切入，分享这座城市如何用绿色和温情来让这座城市更加精致、迷人。

1. 通过小游园（口袋公园）建设来拉近居民与绿色的距离

小游园（口袋公园）是指用地独立，规模较小或形状多样，方便居民就近进入，具有一定游憩功能的绿地。这些散落在市区各处的口袋公园，不仅装点了城市的容颜，也给市民的生活增添了乐趣，深受喜爱与赞誉，在丰富市民休闲生活、提升城市品位、完善绿地功能及城市修复等方面发挥着重要作用。威海市在口袋公园设计方案中融入“三季有花，四季有色”的花化理念和“渗、蓄、滞、净、用、排”的海绵生态理念，做到因地制宜、形式多样、布局合理、功能适用、生态美观、安全舒适，让“口袋公园”更好地融入城市环境，彰显“精致城市幸福威海”的城市风貌特色（图 4.2）。

资料来源：https://www.whnews.cn/

图 4.2 威海中兴游园

2017 年正式启动口袋公园建设，同年 3 月份市住建局和财政局联合下发了《关于加强城市小游园建设管理的意见》（威住建通字〔2017〕21 号），12 月份市财政局和住建局联合下发《威海市区优秀小游园建设项目补助资金管理办法》（威财预〔2017〕98 号），对投资较大、技术含量较高、生态效益突出的优秀小游园建设项目，给予建设单位适当补助。同时，为规范口袋公园建设管理，2017 年，威海市住房和城乡建设局制定了《威海市小游园建设管理标准》，2018 年、2019 年进一步细化完善规划设计、工程建设、植物配置、服务设施和养护管理等方面的建设管理标准，制定了《精致口袋公园建设标准与评分标准》。2020 年威海市住房和城乡建设局与威海市市场监督管理局组织编制了《威海市小游园建设管理技术导则》，作为威海地区口袋公园工程建设的指南（表 4.1）。目前，威海市共建成

表 4.1 威海市小游园（口袋公园）总体设计细则

条 款		内 容
基本要求	1	小游园选址应符合土地利用规划，以城乡总体规划、绿地系统规划等上位规划为依据，正确处理与城市建设的关系
	2	小游园设计应对现状和周边环境进行调查评估，与周边城市风貌和功能相协调，注重地域文化和特色景观的保护与发展
	3	应根据建设内容的不同要求，对功能分区、景观布局、园路系统、种植设计、园林建筑、园林小品、工程管线等进行综合性设计
	4	小游园设计应以人为本，做到功能适用、安全舒适、生态美观，形成良好的活动、休憩和观赏空间
	5	小游园的主要出入口、主路、重要景观节点和建筑等应进行无障碍设计，无障碍设施应符合现行国家标准《无障碍设计规范》（GB 50763）的规定

（续表）

条款		内容
现状处理	1	小游园设计应分析区域环境、周边业态、使用人群和设计场地的自然环境条件、历史文化条件、交通条件，以及市政公用设施条件。调查设计范围内的现状地形、水体、建筑、植被资源、地上或者地下管线及工程设施等，作出评价，并提出处理意见，归档保存
	2	小游园用地不应存在污染隐患。在可能存在污染的基址上建设时，应根据环境影响评估结果，采取安全、适宜的消除污染技术措施
	3	设计范围内具有价值的园林建筑、园林小品等，应加以保护并结合到小游园景观设计中
	4	小游园设计范围内的古树名木严禁砍伐移栽，应采取保护措施。原有健壮的乔木、灌木、藤本植物应结合设计进行合理地保留利用
	5	在保留的地下管线和工程设施附近进行设计时，应提出对原有物的保护措施和建设要求
总体布局	1	应结合区域现状条件、场地特征，协调小游园功能、设施及景观之间的关系进行总体布局
	2	应结合用地规模、功能需求、景观特色等合理划分功能区，并确定各分区的规模和布局
	3	在满足景观塑造、空间组织、雨水控制利用等各项功能要求的条件下，合理塑造场地地形
	4	园路系统布局应根据小游园的规模、分区、管理需要等，确定小游园出入口位置和规模、园路的路线和分级、铺装场地的位置和形式。园路及铺装场地应与设计主题风格和使用功能相协调
	5	种植设计及植物配置，应结合立地条件、景观构思、功能要求及当地居民游赏习惯等确定，以乡土植物为主，融入“三季有花，四季有色”的花化彩化理念，形成群落结构多样和季相变化丰富的植物景观
	6	园林建筑、园林小品的风格、位置、体量和空间布局，以及与园路、铺装场地的联系，应根据功能、景观要求和市政设施条件确定
	7	小游园内的电气、给排水、通信工程等配套设施的设置应在满足规范的前提下，进行美化处理，无视觉污染
	8	小游园应急避险功能的确定和相应设施的设置，应以威海市综合防灾减灾规划、小游园的规模和安全条件为依据

口袋公园245个，极大地拉近了居民与绿色之间的距离。

2.“退养还海”进行海岸带环境整治修复和滨海步道建设

近年来威海市分阶段、分区域全面开展岸线综合整治修复，先后完成沿海养殖征迁、岸线生态修复、建设完善滨海步道等整治修复工作。其中的重点整治修复区域包括双岛湾海岸带整治修复项目拆除养殖池围堰约7.3公里，修建生态护岸约1.5公里；双岛湾蓝色海湾项目修复岸线约3公里，清除海洋垃圾10万立方米，拆除养殖池塘25万立方米；荣成成山镇马栏湾岸线整治修复项目新建护岸4.36公里，清运土方、垃圾1 500万立方米，拆除构筑物7.6万立方米，修复沙滩3.6万平方米，修复植被11.9万平方米；乳山浪暖口至和尚洞海岸带保护修项目修复砂质海岸3公里，修复礁石海岸1.4公里，海堤生态化建设158米。东部滨海新城段综合整治修复14公里海岸线，实现“水清、岸绿、滩净、湾美”的海洋生态文明建设目标；西部城区段悦海公园至海埠路，重点建设20公里滨海步道，打造成为“生态、绿色、连续、共享”的便民休闲场所。

“退养还海”之后，威海市紧接着就是“还海于民”，不断完善滨海绿色空间的公共服务设施，沿海岸带建设滨海步，打造面向市民和游人的滨海漫步体验带、浪漫风情打卡地、自然之旅风景线，让市民都能感受到“面朝大海，春暖花开”意境（图4.3）。细微之处见真章，威海市将这些理念应用于每一个角落、每一项工程中。例如，近两年，环翠区海源公园改造工程、油画小镇时尚运动公园续建工程，环海路观海平台和半月湾景观提升工程已完成工程都已基本完工。高区双岛湾2.7公里步道整治提升工程施工已完成。荣成市金石湾艺术园区路段，虎头角路段0.51公里步道、小五队房车营地区域1.6公里步道绿道、春风海岸至万国城南线1.2公里绿道、荣成湾路段9.91公里步道、荣礼路5.59公里步道，共计18.81公里步道、绿道已完成建设；朝阳港大桥、海滨公园、海港路段2.05公里步道透水混凝土施工已完工；双榜子至河口码头段绿道全长1.5公里完成基础施工；小五队房车营地区域，已建成钻石婚庆广场、海滩帐篷、无边际泳池、32处房车院落和4 500平方米的生态停车场等基础设施等。

资料来源：威海市旅游发展委员会

图4.3 威海公园

经验借鉴

1. 从“法律体系”到“指标体系”再到“标准体系”，进行“三位一体”精致城市建设的顶层设计

首先，法律体系的构建和完善。自2015年获得地方立法权以来，威海市一共制定地方性法规9部，有关城市及生态文明建设的有4部，主要涉及城市风貌保护、水源地保护、海岸带保护、危险废物管理等。2018年，威海着手制定全国首部精致城市条例——《威海市精致城市建设条例》，于2020年11月起施行，从城市规划设计、建设管理、服务保障等方面，提出城市建设普遍遵循的准则，把城市体检评估等制度法定化，为精致城市建设保驾护航。

其次，纲要性指标体系的构建。2019年，威海市出台精致城市建设三年行动方案，以385个精致城市建设项目和68个年度重点示范项目为载体，科学勾画出精致城市建设路线图；再者，标准体系和实施方案的细化与制定。威海市制定了《威海市精致城市评价指标体系》，从生态环境、城市特色、公共服务、发展动能、社会治理等5个方面，提出精致城市建设评价50个指标，并提出2025年和2035年目标值，用具体的数据语言回答了“精致城市究竟什么样”，使各项工作可量化、可操作。围绕城市规划建设管理的每个环节，编制了道路综合整治、绿道建设、小游园建设管理、园林绿化养护等系列技术导则，《导则》标准比国家规范更高、更细致，确保城市建设管理全过程各环节精致精细。委托专业团队开展城市体检，体检内容涵盖生态宜居、健康舒适、安全韧性、交通便捷、风貌特色、整洁有序、多元包容、创新活力等八方面共计85项“体检”指标，所发现的深层次问题，不仅成为住建部门“对症下药”的重点，也被反馈到自然资源和规划等部门，提前介入到相关顶层设计中。

2. 注重内涵品质，坚持绿色低碳的精致城市

威海市在精致城市建设中非常注重内涵品质的提升，倡导土地集约利用，创造更为紧凑、高效、可持续发展的城市空间，让城市的活力更强、更加宜居、更有人气。威海立足“山在城中、城在海中”的特色，将城市作为一个没有边界的“大景区”来打造。首先推进城市设计全覆盖。早在2017年威海就开始探索最新城市设计方法，将中心城区16个管理片区、63个管理单元的城市二维设计成果转化成三维立体模型，实现了总体城市设计和城市设计全覆盖的一体化编制。坚持以艺术家的眼光设计每个片区、每栋建筑，精心做好特色街区、园林绿化、景观照明、街道界面、城市雕塑等要素的设计，启动了海港公园、金线顶公园和滨海步道建设，打造“千里海岸线、一幅山水画”特色海滨景观。威海市持续开展“山景线、海景线、铁路线”三线环境综合整治。山景线22.6公里绿化工程全部完工，丰富绿化品种、色彩和层次，让乔木、灌木、花境、草坪搭配协调起来，保证生态自然；海景线是指围绕海岸线整治建成滨海生态步道141公里，全面融合赛事、消费等功能，以最自然的方式小心保护沙滩、礁石、松林等原生态环境，减少人工痕迹；铁路线采取坐车查、地面查和空中查相结合的方式，问题清单在全省率先清零。此外，坚持绿色低碳发展，将海绵城市建设要求落实到项目建设的施工图设计及审查等各个管控环节，落实到老旧小区改造、口袋公园等项目中，城市建成区25%以上的面积达到规划设计值，实现小雨不积水、大雨不内涝的目标要求。将绿色低碳理念融入建筑行业发展，大力发展节能、高效、安全的绿色建筑、装配式建筑，推广应用预制混凝土等环保、经济、适用的部品部件，实现了城市规划区内新建建筑全部执行绿色建筑标准，成功申报住建部第一批绿色城市示范项目，打造“绿色城市威海样板”。

3. 严格的制度、温情的服务，实现精致城市的共享共治

威海是首个国家卫生城市，荣获“联合国人居奖”、中华环境奖等荣誉称号，是山东省唯一的“无废城市”“美丽城市”试点。多年来始终把生态优先摆在经济社会发展首要位置，像保护眼睛一样珍惜“湛蓝、翠绿”的城市底色。长期坚持“四最”制度，即最严格的环境监管、最积极的生态建设、最集约的资源利用、最严厉的责任考核。威海拥有几十处万吨级以上泊位，很多深水港非常适合发展石化、水泥等临港产业，吸引了不少投资商的目光，但没有一家能够叩开威海的投资大门。在严把准入关的同时，政府深入推进山体修复、河道治理、河库绿化等行动计划，近几年全市生态文明建设资金投入占一般公共预算支出的比例达到17.3%，连续五年实现环境空气质量全面达到国家二级标准，主要饮用水水源地水质、近岸海域环境功能区达标率为100%，同时推动产业生态化、生态产业化，探索“生态+休闲旅游”“生态+文化创意”等新业态，接待游客年均增长9.3%，旅游总收入年均增长12.2%。为了进一步推动城市治理能力现代化建设，为市民提供更加温情和满意的公共服务，威海创新推行以政治、自治、法治、德治、智治、信治和网格化服务管理为主要内容的“六治一网”市域社会治理模式，运用更现代的理念、更科学的方式、更管用的手段，达到城市善治的目标。随着数字化的快速发展，威海以12345政务服务热线为龙头，围绕“1+2+N”（“1”是12345政务服务热线，“2”是城管数字平台和“六治一网”网格员系统，“N”是其他热线平台），推进各类民生服务平台整合，构建更高效、更便捷、群众满意度更高的服务平台，实现民意多口汇集、部门内部联动、办理结果一门反馈。

苏州河华政校园景观提升工程：百年校园融入滨水绿地[3]

黄浦江、苏州河是上海的母亲河，这“一江一河”既见证了这座城市开埠以来的潮起潮落，也勾勒了城市最本真的生态景观面貌。近年来，上海致力于从水质治理跃升至水岸建设，且特别注重将亲水步道与沿岸老建筑串联起来，为市民开放更多绿色低碳且富含人文底蕴的滨水公共空间。

苏州河畔的华东政法大学校园景观提升工程便是其中较具代表性的一例。如图 4.4 所示，这座百年校园此前一直是不对外开放的封闭校区，被苏州河以 U 形“身姿”紧紧拥抱，好似一座楔形半岛。2021 年，通过改建，该校园破除了物理围栏，将“修旧如旧”的老校舍向市民开放，全面融入苏州河沿岸的绿色生境，让市民在近距离领略历史遗产魅力的同时，亲水近绿地感受健康生态环境的勃勃生机。其核心举措包括：

资料来源：华东政法大学

图 4.4 华东政法大学长宁校区鸟瞰图

3 本案例由上海图书馆（上海科学技术情报研究所）团队撰写，撰稿过程得到了华东政法大学党委书记郭为禄、校长叶青、副校长周立志及长宁校区规划提升工作团队的素材支持，在此表示感谢。

第一，退让沿河区域，让校园融入滨水空间。华政段沿河步道在改造前仅能容纳两人并行，最宽处不过 2 米，步道与校园之间有围栏隔开。改建后，校园破除了围墙，拆除临时搭建的建筑 18 处，既令滨河开放空间的最宽处达到了 98 米，又使得校园里那些百余年的历史性建筑首次向社会开放。

第二，优化步道绿化，构建水绿生态空间。在 900 余米长的岸线上，绿化总面积达到 6 600 平方米。这些绿化生境的构建是经过精心设计的：首先去除了“挡道”或影响历史建筑景观的灌木；其次为包括步道在内的整个滨水空间增添合适的花卉绿植，充分考虑了绿植品种的多样性，引入了更适应本地环境的乡土植物，同时让各种植物与建筑景观相互映衬，提高了观赏性。

第三，坚持“修旧如旧”，延续传统低碳智慧。本案例作为公共的滨水空间，具有得天独厚的本地优势，即坐拥华政的历史建筑群。为了保护并突出这一特色，本案例坚持以“恢复原貌、修旧如旧、守护历史文脉”的理念，修复了多处历史性校舍。施工方搜集了大量历史照片与史料，旨在恢复建筑原貌的同时，从传统的建筑工艺中总结并沿用本地化的低碳环保经验。以格致楼为例，其原本采用的清水砖墙已被透气性较差的红、灰色涂料所覆盖，妨碍了原有砖体的“呼吸”。在文物局专家的支持下，施工方采用了一系列脱漆、清洗、打磨、修补、划缝、勾缝、增强、憎水等传统工序，修复了清水墙面，使其重新获得顺畅的“呼吸”能力，可自然调节温度与湿度，减少能耗。而施工方也发现，格致楼建筑下部建有一个个圆形的透气孔，确保了这栋建筑百余年来临河而居却并不怎么潮湿，此次修缮进一步防护了这个“架空层”，以更长期地保护地板的干燥。通过这些建筑，让市民“阅读”的不仅仅是悠长历史中的人文故事，还有凝结在建筑工艺中值得延续的传统地方智慧。

本案例的可贵处在于展示了融合的力量：校园、绿地、河道与社区在空间上的有效融合构成了宜居宜逛的绿色开放空间；城市遗存与现代修缮技术在文化传承方面的有效融合构成了历史文脉的有序传承；最后，优化的生态环境与深厚的人文环境的有效融合更为这座城市贡献了一处将可持续发展目标具象化的栖息地。

喀麦隆米纳瓦奥：环境适应性强的绿色难民社区[4]

案例背景

随着全球气温持续上升，社会生态系统的变化越来越明显，对人类和自然的影响也越来越大。时至今日，在前所未有的流离失所的人口数量不断增长的同时，许多人被迫居住在世界上一些最不适宜居住的环境中，在极端条件下，培养可持续生计几乎是不可能的。值得注意的是，世界上多达 86% 的难民正在逃向资源已经稀缺的国家[5]。随着这一趋势的加剧，难民社区的可持续规划和管理对于为

---

4 感谢联合国人居署推荐并为本案例提供素材支持。

5 联合国人居署 . Urban Agenda Platform. Building a green refugee camp. https://www.urbanagendaplatform.org/best-practice/building-green-refugee-camp。

流离失所者提供繁荣的生计至关重要。值得注意的是，考虑到人道主义议程和难民之间的社会空间博弈，一方面，难民社区存在于一种越来越永久的人道主义治理模式下；而另一方面，难民社区的居民也以创造空间的方式组织起来，在难民社区内维持生计，使其成为城市生活的重要形式。因此，难民社区在城市化进程中发挥着越来越突出的作用，进一步突显了它们是实现可持续城市发展道路的关键组成部分。

自 2014 年尼日利亚博科圣地叛乱以来，数以万计的难民逃离边境到喀麦隆，逃离冲突和极端暴力。喀麦隆北部的米纳瓦奥难民社区于 2013 年 7 月开放，最初设计收容多达 15 000 名难民。但随着新难民的不断涌入，该难民社区人口数量仍在增长。截至 2021 年 1 月，共有 69 622 名尼日利亚难民（其中 61% 在 18 岁以下，54% 为女性），平均每月接收 692 名新难民，每月出生 287 人以上[6]。作为一个自然资源稀少的干旱地区，米纳瓦奥已经受到气候变化的严重影响，迅速扩大的难民社区的出现加剧了本已紧迫的环境挑战。值得注意的是，森林砍伐和荒漠化加速，导致严重缺水和重要牧场受损。在当地人口严重依赖本地木材作为能源的地方，这种生态恶化造成了当地群体之间的冲突，许多家庭被迫出售他们唯一的口粮（由联合国提供），因为木材变得稀缺，无法维持生计。

为了解决这些问题，2017 年联合国难民署与 Land Life 公司合作，在荷兰国家邮政彩票的支持下，将米纳瓦奥难民社区改造成一个绿色、生态可持续的社区，作为重新造林项目的一部分。值得一提的是，这次合作旨在减少营地周围和周围村庄的森林砍伐，减少土壤侵蚀，以保持肥力并改善水渗透，同时也改善了生活条件，为该地区的难民社区创建最佳示范区。自那以后，在米纳瓦奥建立绿色难民社区解决了当今最紧迫的两个挑战，即通过可持续的方法改变难民的困境并改善其社区的环境健康。该项目展示了将人道主义工作的环境足迹降至最低、降低成本、改善难民健康和提高收容社区环境质量的独特方法。因此，它改变了难民与其收容社区之间的关系，提供了一个更繁荣的环境和新的谋生机会，同时赋予女性权力并更好地保护她们。

实施过程

2017 年，联合国难民署、路德世界联合会（LWF）和 Land Life 公司从荷兰邮政彩票获得 270 万美元的资金捐赠，共同发起了在米纳瓦奥难民社区的项目，促进积极的绿化措施，以应对当前的社会环境危机（图 4.5）。通过公私伙伴关系（PPP），在三方的坚定支持下，短短几年内产生了超预期的结果，开发了可持续的绿色难民社区模式，整合

资料来源：Toukap Justin https://www.lutheranworld.org/news/cameroon-protect-environment-create-employment

图 4.5 米纳瓦奥难民社区附近的绿色空间

6 UNHCR. Minawao Camp profile. (2021) file:///Users/samgillatt/Downloads/Minawao_profil_Janvier_2021%20(5).pdf。

了创新的生态保护技术。关键聚焦促进难民和收容社区更可持续生活方式的四个核心要素，即重点放在确保环境可持续的住房、对退化土地进行植树造林、向可持续的烹饪燃料替代品过渡，以及当地难民的能力建设。

1. 开发环保的住房和能源生产方法

在最初使用塑料帐篷收容难民的地方，该项目促进了向可持续住房解决方案的生态友好替代品的发展。紧急避难所最初是用木杆和塑料布建造的，但作为临时解决方案，这些临时避难所很快遭到破坏，最终成为整个社区和周围土地的垃圾和物质污染源。通过绿色难民社区模式，引入了过渡住所，通过使用当地生产的砖（不是用木材或任何其他燃料“烘烤”的），将可持续性原则纳入其中。因此，砖材料在当地采购，消除了传统生产和运输产生的碳足迹。随后，向 14 850 名社区成员提供了可持续住房，22 445 人受益于难民署在整个难民营建造生态友好型家庭住房的努力[7]。

此外，居住在喀麦隆最北部的 95% 的人依靠稀缺的薪柴做饭和取暖[8]。该项目促进了向社区内部制造的生态友好替代品的过渡。由于树木稀少，以前使用薪柴会与当地社区产生冲突，因此引入了由农业废弃物（例如花生壳、麦壳）制成的当地生产的节能、减少污染（木炭）煤块。这一转变促进了一种更可持续的烹饪燃料，并消除了传统木炉产生的有毒烟雾。关键的是，它还减少了在燃料短缺方面的内部冲突，减少了难民到难民社区外寻找燃料的潜在风险，尤其是妇女和女孩可能面临潜在的袭击。

LWF 建立了高效节能炉灶和两个生态木炭（煤块）生产中心。家庭将废物运送到那里，将废物转化为可用煤以促进材料的循环使用。截至 2020 年，共向家庭发放了 11 460 个节能炉灶，5 000 多户家庭接受了生态炭生产方面的培训。在这方面，LWF 作出了具体努力，对当地妇女进行生产煤块和炉灶的培训（图 4.6），通过创收机会增强她们的能力。同样，他们在教育和提高当地社区对使用环保能源、炉灶的认识方面发挥了关键作用（例如，在 2018 年的三次社区博览会上，包括全国青年节和国际妇女节）。值得注意的是，截至 2021 年 1 月，计划中的 5 100 户家庭中有 1 019 户获得了可替代的能源和 / 或可再生能源[9]。

资料来源：The group of women from the host community produced energy efficient clay stoves（photo:Toukap Justin）https://www.lutheranworld.org/news/cameroon-protect-environment-create-employment

图 4.6　社区妇女在制作节能炉

7　联合国人居署. Urban Agenda Platform. Building a green refugee camp. URL: https://www.urbanagendaplatform.org/best-practice/building-green-refugee-camp。

8　The Lutheran World Federation: Cameroon: Protect environment, create employment. https://www.lutheranworld.org/news/cameroon-protect-environment-create-employment (2020)。

9　UNHCR. Minawao Camp Profile. (2021) file:///Users/samgillatt/Downloads/Minawao_profil_Janvier_2021%20(5).pdf。

2. 通过重新造林和教育确保生态恢复力

在米纳瓦奥周围半径约 18 km 的地方，由 LWF 领导的重新造林项目受到加瓦尔社区周围和附近扎迈森林保护区潜在紧张局势的影响。对扎迈人来说，这是一个具有重要文化意义的地方。造林仍然是最重要的活动，自 2017 年该项目启动以来，已种植了 300 000 多棵树木。Land Life 公司开发了一种新的方法让种植的幼苗在恶劣环境中可以获得最佳的生存机会。这个过程包括埋下一个由回收箱制成的甜甜圈形状的水箱，将水箱围绕着植物的根部放置，通过一根绳子向其提供稳定的水源，然后连接到嫩枝上。由于缺乏技术知识，树木存活率低于 10%，以前的重新造林工作基本上没有成功。使用这项新技术，平均存活率为 85%，用水量减少了 61%，一些树木高达 3 米[10]。这反过来又为当地人民在酷热和风暴面前提供了无价的遮阳和防风保护。未来几年，预计树木将继续生长，在各个房屋之间形成迷你森林，从而改善生活条件和环境保护（例如，通过减少土壤侵蚀和碳吸收）[11]。

迄今为止，共有 119 公顷土地被重新造林，还有 26 个位于营地内和周围村庄树木苗圃被开发[12]。这些项目为当地社区成员提供了工作机会，也为居民提供了聚集在一起学习新技能的机会。值得注意的是，人们已经掌握了如何种植和维持幼苗的

资料来源：https://landlifecompany.com/projects/minawao-refugee-camp-cameroon/

图 4.7 米纳瓦奥难民社区居民在植树

知识，于是这些米纳瓦奥的难民能够自给自足地生活（图 4.7）。在这里，种植树木的五年周期确保了当地木材的持续供应（用作木柴和藤蔓，以帮助屋顶建设）。在 LWF 捐赠的果树中，这些树从两年开始可以收获，三年后，大多数树木都长得足够大，可以修剪成木柴。预测表明，未来 20 年，这里将生产 2 160 吨腰果。此外，在未来 40 年里，这里将生产 8 400 吨印楝油和 160 000 吨饲料，从而建立一个长期的地方粮食生产系统[13]。除了为成年人提供就业机会外，种植活动还为儿童提供教育机会，在当地学校建立了 12 个新的自然俱乐部。这有助于照顾社区中新种植的植被，还可以教育儿童保护环境的重要性。

作为一项高度可复制的举措，米尼瓦奥社区的

---

10 联合国人居署. Urban Agenda Platform. Building a green refugee camp. https://www.urbanagendaplatform.org/best-practice/building-green-refugee-camp。

11 https://www.urbanagendaplatform.org/best-practice/building-green-refugee-camp。

12 The Lutheran World Federation: Cameroon: Protect environment, create employment. (2020) https://www.lutheranworld.org/news/cameroon-protect-environment-create-employment。

13 UN-Habitat. Urban Agenda Platform. Building a green refugee camp. https://www.urbanagendaplatform.org/best-practice/building-green-refugee-camp。

绿化项目旨在采用灵活和可转移的方法在此类环境中进行环境恢复。该项目证明了植树造林对重建难民社区和增强难民能力的作用，将生态保护与农林复合经营和职业技能培训相结合以培养更友好的生活环境和新的社会经济机会，提高生活质量。然而，人们承认，如果项目活动的扩大和扩展能力在很大程度上依赖于外部实体的资金和捐款，这是项目继续进行的最大障碍。

经验借鉴

1. 理解保护自然资产和生态是难民社区可持续管理的优先事项

难民社区经常面临极端恶劣环境，所以自然资源是宝贵的。如果考虑此类资源的可获取性，则也必须同等考虑其质量。如米纳瓦奥所示[14]，持续不断的难民潮导致了严重的环境退化，剥夺了本已贫瘠的土地的基本生态资本，使生活条件更加不稳定。为了容纳高度边缘化的人口，难民社区的规划和发展应通过保护和恢复工作优先考虑环境管理，从而将生态资源理解为维持当地居民生计和培养更具韧性社区的关键组成部分。此外，正如通过可再生能源的开发所强调的那样（在可再生能源中，对当地产品进行再生，以创造生态友好型煤块和炉灶），保护自然资本可以融入循环系统，通过资源的回收和再利用实现长期可持续性。同样重要的是，在该项目迄今为止的基础上，必须将绿化活动扩展到邻近村庄，以更有效地防治荒漠化，因此必须仔细选择再造林物种，以防止当地生态系统的失衡[15]。

2. 促进绿色基础设施作为多功能工具，以改善难民社区的生计

绿色基础设施在大城市规划时已证明其在为市政当局及其居民创造各种利益方面的价值。作为新兴的城市环境，最初的临时性方案往往会演变成长期的解决方案，绿色基础设施的整合也应被视为建立社会环境韧性和维持难民社区生计的关键工具。由于一系列的好处，在米纳瓦奥重新造林的价值显而易见，改善了土壤质量和水土保持，促进了遮阳和防风，同时也促进了当地粮食生产和相关的就业机会创造，创造了一个更加自给自足和适应性更强的社区。值得注意的是，利用创新促进绿化也很重要，最先进的再造林技术（蚕茧技术）、GPS 系统、无人机来种植、跟踪和监测单株树木，有助于促进可持续农林，创造更绿色的环境，更繁荣的社区，难民及其东道主可以通过更优质的环境建立更安全的生计[16]。

3. 在难民社区中教育和提高对环境保护重要性的认识，并培养技能以增强和促进地方行动

难民人口中往往缺乏关于生态环境系统关键价值的教育和知识，因此缺乏资源阻碍了关键技能建设的机会[17]。因此，应共同努力减少这一赤字，将环境保护教育纳入难民社区的主流，特别是对于将在长期保护工作中发挥相关作用的儿童和青年。此外，在米纳瓦奥的环境保护能够创造就业机会和创

14 https://landlifecompany.com/projects/minawao-refugee-camp-cameroon/。

15 https://www.unhcr.org/uk/news/stories/2021/9/614854b14/refugees-cameroon-help-build-great-green-wall-combat-desertification.html。

16 https://www.lutheranworld.org/news/cameroon-protect-environment-create-employment。

17 https://www.lutheranworld.org/news/nigerian-refugees-cameroon-transform-desert-land-great-green-wall。

收机会的地方，了解环境保护与地方经济发展之间的内在联系是很重要的。在这一过程中，跨关键领域的技能转移，如种植和农林、生态友好型炉灶生产、土地管理等有助于在环境可持续性和生计繁荣之间形成共生关系。此外，米纳瓦奥社区的绿化赋予了当地女性权力，改善了她们在家庭中的地位，提高了她们的安全和独立性（图 4.8）。

资料来源：Refugee women work in the shade of some of the trees planted in and around Minawao refugee camp. UNHCR/Xavier Bourgois https://www.unhcr.org/uk/news/stories/2021/9/614854b14/refugees-cameroon-help-build-great-green-wall-combat-desertification.html

图 4.8 米纳瓦奥难民社区妇女在工作

日本横滨：蓝碳项目 [18]

案例背景

横滨是日本神奈川县东部的国际港口都市（图 4.9），也是神奈川县的县厅（行政中枢）所在地，面积约 437.78 平方公里，人口约 370 万人，人均 GDP 超过了 4 万美元。市内有位于东京湾西岸的横滨港，经常被视为是东京的外港，沿岸设有大量的港埠设施与伴生的工业与仓储产业。除了港口经济外，渔业也是一个至关重要的产业。2018 年，横滨市被选为“可持续发展目标未来城市”，这是日本政府领导的“可持续发展目标行动计划”的一部分。

横滨市目前正在进行“横滨蓝碳”项目（图 4.10），其中包括“蓝碳”和“蓝色资源”。蓝碳是一种储存在沿海和海洋生态系统中的碳信用。蓝色资源是另一种有效利用沿海和海洋环境资源的碳信用。“蓝碳”概念源自联合国 2009 年发布的《蓝碳：健康海洋固碳作用的评估报告》，主要指固定在红树林、盐沼和海草床等海洋生态系统中的碳，这类生态系统也因此被称为“滨海湿地蓝碳生态系统”。与森林相比，滨海湿地规模不算大，但其单位面积的固碳能力却是前者的几十倍至上百倍。滨海湿地之所以能高效固碳，得益于其特殊的地理位置。在海陆交错带，潮汐周期性淹没会形成局部缺氧环境，从而降低土壤中微生物的活性，极大减缓了有机质的分解，进而减少碳排放 [19]。为了应对气候变化，2020 年 12 月，日本提出了“2050 年实现碳中和”的目标，并明确将加快实施以革新技术实用化为目标的研发措施。作为具体战略，日本经产省提出了“创新性环境革新战略”，其中明确提出了“蓝碳的探索”。此外，日本对 125 个主要港口的海草与藻类二氧化碳吸收量进行计算，2022 年起该数据将反映在各港口制定的“脱碳化”计划中，推进对海藻床与海涂的保护和修复。日本环境省还公布了《绿色经济与社会变革》的政策草案，通过集中投资来统筹蓝色碳汇经济发展及环境应对问题，同时开辟新税种、出台相关措施，为发展蓝色碳汇提供

18 感谢联合国人居署推荐并为本案例提供素材支持。

19 人民日报．挖掘“蓝碳”大潜力，2022. https://news.china.com/internationalzq/13004216/20220127/41080987.html。

资料来源：https://carbonneutralcities.org/cities/yokohama/

图 4.9　日本横滨

资料来源：https://circular.yokohama/en/projects/yokohama-blue-carbon/

图 4.10　横滨蓝碳项目实验区域

必要的条件和环境[20]。

推行蓝碳项目的主要原因包括以下几个方面：首先，利用海洋资源。虽然绿色碳正在成为一种常见的碳信用，但考虑到横滨的独特性，横滨市专注于海洋资源。考虑到日本领土周围的潜在环境，蓝碳在未来可能会增加其数量。横滨市已经开发了碳

20　绿创碳和．全球大力发展“蓝碳”的路径借鉴，2022. http://www.hycfw.com/Article/231244。

中和认证系统，并试图保护当地环境和创造新的就业机会。其次，再生海洋生态系统和当地渔业。横滨市通过蓝碳项目资助保护和再生海洋生态系统，该项目有助于增加碳吸收，为当地渔业创造新的就业机会。再者，通过项目创建新的本地连接。横滨市与其他地方当局分享其有关蓝碳项目的信息，例如，他们向宫崎的玄加市和大阪的汉南市颁发了横滨碳中和证书。通过这一举动，横滨市继续传播他们的理念并与其他城市建立新的联系[21]。

实施过程[22]

为了规范化实施“横滨蓝碳”项目，横滨市制定详细的实施原则和细则。

1. 确保可靠性的原则

为确保本蓝碳项目实施的可靠性，项目的计划实施、监测、计算、验证等程序时，应最大限度地考虑以下原则，在各自的原则上设置界限。其一，完整性，确定与基线及项目相关的温室气体排放活动无遗漏；其二,一致性，使用相同的方法和数据，能够用同意的尺度来计算比较吸收 / 削减量；其三，准确性，尽可能避免基于假设的推算，在可能的范围内限制测量、计算等所包含的偏差和不确定性；其四，透明性，为了使不参加本规则的第三方也能有合理判断，需要充分且适当的程序；其五，可维护性，为了不使吸收 / 削减量被高估，使用可操作性的程序和模型。

2. 项目申请必须符合相关要求且由运营事务局专项负责实施

项目应满足以下四个要求：其一，横滨市区内的蓝碳或蓝色资源的搭配，根据其行动实现吸收 / 削减；其二，确定项目边界内温室气体排放源，并对各排放源排放制定与输出量监督相关的场所及方法等计划；其三，监控时间不得超过 12 个月，但根据申请，在时常确认的情况下，可以更新监督时间；其四，吸收 / 削减量的环境价值在本规则以外不能重复利用。此外，实施过程由运营事务局专项负责，主要包括以下重要事项：项目注册、项目实施的信用认证、信用认证申请中的验证手续、与认证的信用买卖相关的运营及管理、碳中和的认证、证书发放等与制度运营相关的事务、其他制度运行中必要事项的决定。

3. 详细的信用认证体系

蓝碳项目在其实施过程中制定了详细的碳信用认真体系。首先，对碳排放量和吸收量进行科学核算。该环节主要包括两个方面：其一，监控的实施，项目实施登记的人员应当按照该项目登记申请书中记载的计划进行监控；其二，排放量等的计算，监测者根据基线情况及专业计算出在实施项目中排放温室气体的量；其次，还规定了碳信用的认证单位，以 0.1t-CO_2 为单位进行认证，每次认证时进行编号，认证时，舍去小于 0.1t-CO_2 的尾数；再者，在认证申请环节，实施注册项目的人员，应根据该项目实施的吸收 / 削减量在作为信用证接受认证的情况下计算吸收 / 削减量。从完成之日起 1 年之内，需要递交其信用认证申请书；还有，通过认证程序后进行严格的碳信用管理，主要包括信用管理簿的记录、信用买卖的程序、注册认证的碳信用卡、申请购买碳信用卡、向碳信用卡持有者确认、信用买

---

21 https://circular.yokohama/en/projects/yokohama-blue-carbon/。

22 横滨蓝碳中和实施指南 . https://www.city.yokohama.lg.jp/kurashi/machizukuri-kankyo/ondanka/etc/ygv/carbonoffset.html。

卖等的会计处理及税务处理、掌握信用销售货款的用途等；最后，实施细则中明确规定了依据碳信用进行碳补偿的流程（图 4.11）。

碳抵消证明
CERTIFICATE OF CARBON OFFSET

根据横滨 Blue 碳抵消制度的实施要领规定，如下所示，特此证明您实施了碳抵消的全球变暖应对措施，并对碳吸收、减少碳排放做出了贡献。

Yokohama Blue Carbon

碳抵消实施人
实施碳抵消的碳排放量
认证日期

活用对象项目
实施项目人
活用数量 t-CO_2
信用识别编号 起 为止

CO_2 排放量 EMISSION OF CO_2 t-CO_2

CO_2 减排量 REDUCTION OF CO_2 t-CO_2

年 月 日

横滨市市长

资料来源：https://www.city.yokohama.lg.jp/kurashi/machizukuri-kankyo/ondanka/etc/ygv/carbonoffset.html

图 4.11　横滨蓝碳项目碳补偿证明书

经验借鉴

1. 蓝碳项目要从概念走向产业化

除了一系列的碳信用及相关人以外，蓝碳项目的探索要更加贴近产业和经济社会发展需求。日本新能源产业技术综合开发机构（NEDO）进行了以“能源环境新技术先导研究计划”为目标的相关项目招标，目的是在供应链中构筑相关技术开发体系。日本制铁宣布，该公司联合日铁化学材料公司、金属材料研究开发中心共同申请并获选。由此，NEDO 开始推进以探索蓝碳为目标的构筑供应链相关技术体系的项目，以上三家公司被选定为该技术开发业务的受托方。该项目发挥临海钢铁厂的地域优势，生产碳中和材料——海洋生物质（海藻），目的是构筑将其用于钢铁生产工序中，构筑“生物质自产自销”的新型供应。在海洋生物质利用方面，将探讨钢铁工序中所用碳源（碳、碳材料）的灵活利用。在生产方面，利用钢铁工艺中产生的钢铁渣，建成海藻养殖场。海洋生物质的碳中和材料研究，还将进行包括整体经济性、碳削减效果在内的措施探讨，并制定通往实证阶段的大致方略[23]。

2. 蓝碳项目有助于应对全球气候变化，寻求可替代性解决方案

蓝碳项目是对大海回报人类的一种敬畏。Alpatent 曾对日本蓝碳项目公司进行采访[24]，其负责人吉川京二指出：“蓝碳之所以受到关注，是由于其特性有助于缓解全球变暖。CO_2 具有易溶于水的特性，每年溶解于整个海洋的 CO_2 有 25 亿吨之多。全球森林每年吸收的 CO_2 则是 19 亿吨。可以看出，比起在陆地上被吸收的 CO_2，其实在海洋中被吸收的 CO_2 更多。全球变暖问题长久以来一直困扰着人们，其主要原因就是温室气体。蓝碳可以被理解为被海洋吸收的 CO_2，它对于缓解全球变暖非常重要。”据吉川先生介绍，蓝碳之所以被寄予厚望，与现在的能源供应结构有关。目前全世界的主要发电方式是火力发电，能源供应依靠的是石油和煤炭等化石燃料。火力发电需要燃烧化石燃料，每

23　绿创碳和．全球大力发展“蓝碳”的路径借鉴，2022. http://www.hycfw.com/Article/231244。

24　https://weibo.com/ttarticle/p/show?id=2309404787931176108654。

年都会向大气中排出大量的 CO_2。如果能停止火力发电，转而大力发展太阳能和风能，就可以减少 CO_2 排放。然而从资金和技术方面考量，非可再生能源向可再生能源的转变很难马上实现。但目前减少地球上 CO_2 排放的问题已经迫在眉睫，这就是为什么全世界都寄希望于海洋吸收 CO_2 的能力。特别是日本，由于本身是被海洋所环绕的岛国，同时又宣布了 2050 年实现碳中和的目标，因此对蓝碳就更为关注。

3. 只有蓝碳和绿碳协调，地球才会变得更加绿色低碳[25]

全球森林覆盖率达到 30% 以上，但这只是在陆地上，而我们这个星球 70% 以上是海洋。这些年，由于森林资源的乱砍滥伐和退化，森林固碳的能力在不断下降，大面积草地的沙漠化更是加剧了陆地植被固碳效益。虽然海洋面积很大，但是近海地区由于快速的城市化和人为的破坏和污染，特别是近海岛礁和红树林等重要植物遭到破坏，蓝碳实际上也面临着巨大的挑战。如果能够改善陆地环境，特别是森林覆盖率的增加和森林质量的提高，再加之草地资源的不断扩大，陆地生态环境得到恢复和改善，进而从陆地流向海洋的水分就会更有营养，生活在海洋当中的微生物就会增加，海草和海藻就能生长得更健康。这样一来，蓝碳自然而然就增加了。与此同时，老去的海草和海藻还能够变成肥料回归陆地，再次滋养陆地的土壤。如果海洋和陆地的自然环境都能得到保护，那么低碳世界一定会到来[26]。

坦桑尼亚达累斯萨拉姆：社区驱动下的非正式居住区抗洪韧性建设[27]

案例背景

作为印度洋上的一个商业港口城市，坦桑尼亚的达累斯萨拉姆被认为是全球人口增长速度最快的城市之一，预计到 2030 年，这里将有 1 079 万居民[28]。Msimbazi 河流经城市的地方特别容易发生洪涝灾害，但这些地方 70% 的居民生活在非正式的居住区。随着城市化的快速发展，洪涝灾害变得更加频繁[29]（图 4.12）。与此同时，由于固体废物管理不善而造成的排水渠道堵塞、缺乏通往自然排水区域的出口、无序的住房建设、较差的卫生基础设施，以及发布洪水警报和疏散社区的市政能力下降等问题加剧了洪水风险及次生灾害，也进一步加剧了对达累斯萨拉姆一些最边缘化居民的影响。至关重要的是，气候变化和快速的城市化又使得这些问题变得更加严峻。2014 年 4 月，连续三天的暴雨导致整个城市发生大面积洪水，造成 19 人死亡，20 000 人流离失所[30]。在强降雨期间，这些非正式居住区

25 Yokohama Blue Carbon Project Report. https://naturebasedclimate.solutions/resource-database/yokohama-urban-blue-carbon。

26 Alpatent. 吸收二氧化碳的“海底森林”！“蓝碳”具有的潜力 . https://weibo.com/ttarticle/p/show?id=2309404787931176108654。

27 感谢联合国人居署推荐并为本案例提供素材支持。

28 World Urbanization Prospects (2018). Population division of the department of Economic and Social Affairs of the United Nations。

29 National Bureau of Statistics (2013). Tanzania in Figures 2012 Dar es Salaam, Tanzania。

30 Reliefweb (2014) URL: http://reliefweb.int/disaster/fl-2014-000053-tza (Accessed: 26/05/2022)。

资料来源：Dar es Salaam's informal settlements are vulnerable to flooding when heavy rain swells rivers.(Photo:Kizito Makoye). https://news.trust.org/item/20170104070454-rd34w

图 4.12　达雷斯萨拉姆 Msimbazi 沿岸非正式居住区当下雨时遭受洪灾

的许多道路变得无法通行，泥泞的道路使得学生们几乎不可能短距离步行到校，致使学校被迫停止授课。而洪水泛滥也给该地区带来了一系列的连锁反应，例如，基础设施的损坏，许多老百姓生计无法维系，特别是对城市贫民的打击最为严重。

由于缺乏合理的基础设施规划，洪水造成的老百姓生命健康和经济损失更加严重，这反过来又减缓了达累斯萨拉姆的社会经济发展。因此，它减少了最边缘化居民摆脱贫困的机会，并成为该市转变为区域商业中心的主要障碍。制定有效的城市灾害风险和应对策略一直是该市将环境恢复能力融入其脆弱社区并提高这些当地社区城市品质的关键发展领域。尽管绘图是信息决策和防洪的关键工具，但包括坦桑尼亚在内的很多发展中国家仍然缺乏高质量的绘图，许多当地公司缺乏开发高质量数据的足够动机。远程绘制的地图通常不准确，信息滞后过时，或者没有足够的数据供城市决策者在发生灾害时进行预警决策。因此，获取详细、最新的地图对于改善城市洪灾区的灾害规划和应对，以及提高达累斯萨拉姆及其当地社区面对冲击和压力的适应能力至关重要。

2011 年，坦桑尼亚科学技术委员会（COSTECH）提出申请，为了更好地解决洪水问题，世界银行表示支持达累斯萨拉姆的社区地图创新项目“Dar Ramani Huria”。自 2015 年 7 月起，坦桑尼亚红十字会通过“Zuia Mafuriko”项目与世界银行合作，并邀请了一系列项目合作伙伴。他们的共同愿景旨在动员当地社区共同绘制城市脆弱社区的地图，以尽量减少洪水对最“危险”地区的影响，增强当地对洪水和自然灾害的知识和理解，并为城市规划提供重要信息。与此同时，市政当局要求将自然灾害风险降至最低，确保当局和社区配备必要的工具和机制来应对洪灾。

实施过程

1. 建立伙伴关系

Dar Ramani Huria 是由世界银行在国际开发部（DFID）的资助下的创新项目，其主要管理是通过人道主义开放街道地图团队（HOT）进行的。这一项目得到了坦桑尼亚开放地图（OMDTZ）的支持。在伙伴关系中，坦桑尼亚红十字会领导了 Zuia Mafuriko 项目使该项目能够整合合作伙伴网络和跨部门的知识转让。由美国红十字会和丹麦红十字会提供技术支持和资金。阿尔迪大学和达累斯萨拉姆大学的学生也在实地工作中帮助培训社区成员，而达累斯萨拉姆市议会的地方政府官员以及坦桑尼亚科学技术委员（COSTECH）也密切参与了培训。此外，还有很多机构和组织参与到该过程中，例如全球减灾和恢复基金（GFDRR）、红十字与红新月气候中心、坦桑尼亚气象局、布尼创新中心（Buni）、Deltares（一家独立的水知识研究所）和 Digital Globe（一家地理空间信息提供商）。

2. 启动城市风险预警的社区地图：Dar Ramani Huria 1.0

Dar Ramani Huria 1.0 于 2015 年 3 月启动，是在与坦桑尼亚科学技术委员（COSTECH）的一次研讨会之后发布的，这标志着该项目的第一阶段的开始。在该阶段中，达累斯萨拉姆最容易发生洪水的地区的绘图工作得到了促进。关键的是，这有助于提高机构和社区层面关于洪水危害、脆弱性和预警的知识水平，同时也促进可持续水资源管理。世界银行与来自阿尔迪大学和达累斯萨拉姆大学的 165 名学生合作，签订了 HOT 合同，以促进这项工作。与此同时，坦桑尼亚气象局领导了与红十字会和红新月会气候中心的预测工作，以确定局部降雨预测，并将其纳入基于预测的支持机制。Dar Ramani Huria 团队向当地社区官员解释了该项目，并向分区官员发送了介绍信，以启动当地合作，之后他们被介绍给瓦琼布当地领导人。为了开始绘图，学生们首先在纸上收集信息，获得建筑物、垃圾点、排水沟和其他重要特征的 GPS 位置，然后将数据上传到开放街区地图（OSM），这是一个基于网络的协作平台，致力于在全世界创建一个免费的开源地图。因此，OSM 允许数据数字化和生成高精度洪水图。然而，在数据管理和收集监测往往不准确和 GPS 定位错误的情况下，绘制地图时确实也出现了一些问题。然而，该项目的第一阶段向当局和当地社区成员展示了地图作为一种关键工具的力量，将其纳入城市灾害规划工作。更重要的是提供洪水范围信息，为城市灾害风险决策和洪水缓解策略提供信息。此外，绘制地图有助于当地社区成员制定新的固废管理倡议以疏通排水沟，并且可以教育居民垃圾的有害影响。

3. 制定洪灾预警及应对计划

坦桑尼亚红十字会与经过培训的社区洪灾预警和响应团队（CDRT）合作，随后利用地图和历史降雨量数据，为达累斯萨拉姆的三个区：伊拉拉（Ilala）、特梅克（Temeke）、基隆多尼（Kinondoni），以及其他十个最容易发生洪水的地区制定了洪灾预警和应对计划。这些计划规定了洪灾的关键早期行动、备灾、协调和应对战略。值得注意的是，Maps 与 InaSAFe 相结合（一款免费软件）使用户能够运行真实的自然灾害场景，以改进响应和规划。此后，达累斯萨拉姆城市论坛也作为季度会议设立，来加强相关行动者之间的协调，支持长期韧性规划。世界银行（侧重于洪水风险 / 社区绘图和建模）与美国红十字会和丹麦红十字会（资助社区组织、洪水防备 / 响应规划）之间的合作至关重要。这些机构与当地社区直接接触以确保公平的资源分配和获取当地信息。通过该合作伙伴关系，社区地图覆盖了大约130万居民、75万栋建筑和2 000公里的道路。因此，社区洪水测绘计划惠及了540 834名个人和449名直接受益人。[31]

4. 整合技术以提高数据收集质量：Dar Ramani Huria 2.0[32]

2017年7月，Dar Ramani Huria 2.0在1.0的基础上，结合洪水灾害数据进行灾害风险分析，整合技术建立了更科学的数据收集方法。新的方法利用OpenDataKit（ODK）和OpenMapKit（OMK）集成了智能手机应用程序，以帮助全面的社区覆盖。配备图像和表格的直观应用程序，用于直接数据收集。它允许实时监测现场数据和历史数据收集跟踪来识别差异，这使得中央服务器上存储了更系统的数据库，并且可以允许用户远程访问文件。在最初使用OMK（ODK的扩展）的情况下，人们意识到数据分析在多边形格式中过于复杂，然后团队转而使用ODK（一种开源移动数据收集平台，取代基于调查的数据收集中使用的纸质表格），该平台使数据点收集和调查开发能够确定的洪水趋势。作为第一步，为拥有智能手机的社区成员安装"ODK Collect"，从而可以确保他们从服务器下载调查表，并检查GPS精度（通常小于4米）。通过一系列改进，ODK引导测量员逐步完成程序，以确保高精度。Dar Ramani Huria现场团队可以培训社区成员使用ODK收集数据，向他们传授分析技术，以确保对所有网格区域进行全面评估。受过培训的学生还与当地社区合作进行地面调查，添加一系列数据层（例如排水网络、基础设施、资产等的类型/维度/条件）[33]。根据Mjumbe[34]管辖区，现场数据在该管辖区内实现了可视化，从而确定每个区域的调查覆盖率。因此，该团队能够清楚地可视化受访者对其所在地区洪水历史的回答，并从中创建报告洪水年的新数据库，用更详细的排水模型重新绘制排水沟，注重连通性，便于产生更好的可视化效果。Dar Ramani Huria团队最终对排水数据进行了调查、清理和质量检查，为20个网格区域（Mikocheni、Msasani、Kinondoni、Mwananyamala、Sinza、Kijitonyama、Hanansifu、Ndugumbi、Makumbusho、Mzimuni、Tandale、Manzese、Buguruni、Vingunguti、Magomeni、Kigogo、Mchikichini、Ilala、Mkurumula和Mburahati）[35]生成了相关数据集，使用Deltares Hydro-OSM（一个工具箱，用于识别错误/警告/缺失信息）质量数据保证模型对网格区域数据进行质量检查。

5. 生成高质量的数据地图

通过将数字应用程序与当地可用的工具相结合，Dar Ramani Huria生成了高质量的数据地图[36]。将这些数据输入地图，可以突出显示洪水泛滥程

31 Zuia Mafuriko & Ramani Huria: a partnership with communities for flood resilience in Dar es Salaam. (2017) URL: https://ctk.climatecentre.org/downloads/modules/training_downloads/A%20Partnership%20with%20Communities%20for%20Flood%20Resilience%20in%20Dar%20es%20Salaam.pdf。

32 https://ramanihuria.org/en/2018/07/16/community-mapping-for-flood-modelling-2-0/。

33 https://medium.com/@h.c.winsemius/using-community-mapping-for-flood-modelling-c04976d3e982。

34 Mjumbe: singular of Wajumbe。

35 https://ctk.climatecentre.org/downloads/modules/training_downloads/A%20Partnership%20with%20Communities%20for%20Flood%20Resilience%20in%20Dar%20es%20Salaam.pdf https://www.youtube.com/watch?v=VtDcR_e8_vQ&t=55s。

36 https://ramanihuria.org/en/2018/03/22/flood-mapping/。

度、排水连通性、垃圾点、社区资产和社区脆弱性等关键事项（图 4.13）。还开展了其他活动，如土壤采样和开发远程工具，以改进洪水预测模型，这些措施随后告知了市政机构和社区，以便更好地为洪水做好准备。此外，了解水流路线、渠道宽度和容量、企业 / 资产和关键设施（如学校、医院、庇护所等）的位置。Dar Ramani Huria 自那以后一直在研究新的解决方案，部署可以在多云条件下使用的无人机，从而绘制不同地貌和流域变化，提高洪水响应效率。在 1 000 多名学生和 300 名社区成员的参与下，他们通过一套开放式绘图工具获得了宝贵的信息，提高了他们的技术能力和数据意识。此外，该项目加强了社区能力建设，也为数据驱动的城市政策和决策提供了更加清晰的路径选择。

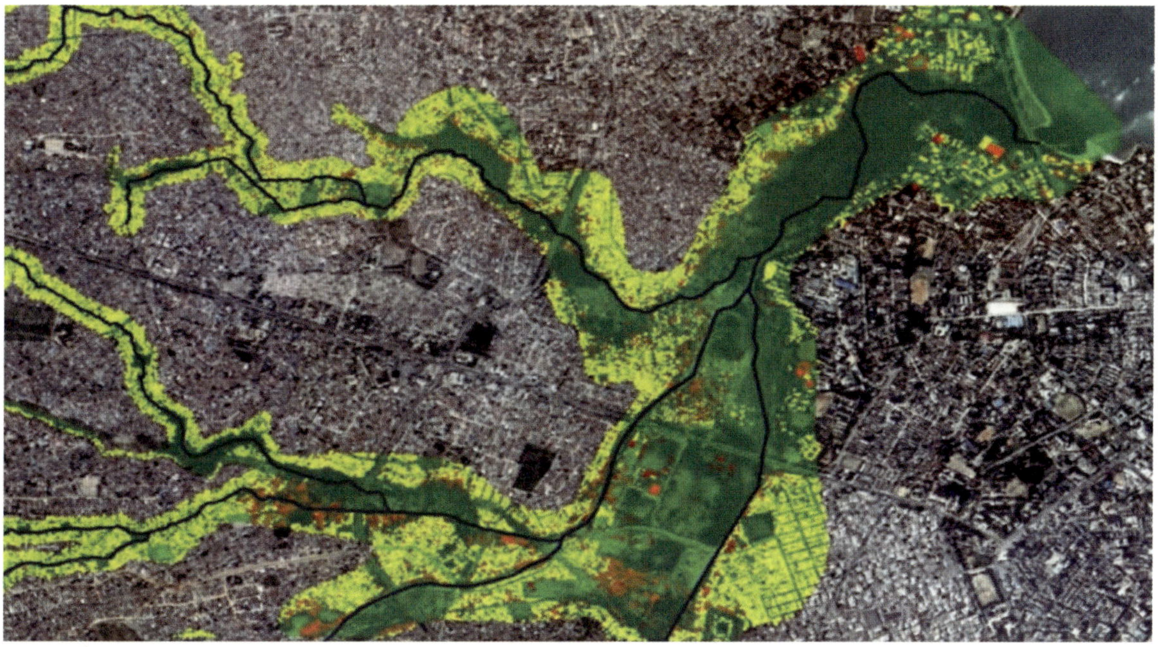

资料来源：Tanzania Urbanization Review team, based on satellite imagery from 2012, aerial imagery from 1975, 1992 and 2005. https://documents1.worldbank.org/curated/en/694491555396781552/pdf/Volume-A-Strategy-and-Management-Framework.pdf

图 4.13 Msimbazi 河下游洪泛缓冲区

经验借鉴

1. 了解城市灾害风险中的社会环境不平等问题，并在抗灾能力建设措施中优先考虑风险最大的人群

达累斯萨拉姆的案例表明，贫穷、边缘化的城市社区在自然灾害风险方面面临固有的脆弱性。综上所述，基础设施较差、适应能力降低（例如缺乏预警系统或意识），以及达累斯萨拉姆非正式居住区对洪灾的地理敏感性，加强了在城市韧性战略中针对此类高风险社区的重要性。根据 2030 可持续发展目标“不让任何人掉队”的原则容纳社会经济边缘化程度最高的居民的地区，管理部门必须将社会环境平等视为城市可持续发展的核心组成部分，以在这些脆弱的城市社区建立恢复力和繁荣。

2. 了解社区地图作为告知城市抗灾战略和加强当地应对灾害能力的关键工具的价值

洪灾背景下，社区地图可以作为一个强有力的工具来进行应对，以创建更具韧性的社区环境。如

Dar Ramani Huria 所示[37]，生成准确、高精度的地图可以帮助市政府和城市从业人员制定更明智的城市防洪减灾策略。在整个项目中，基于社区的地图捕捉到了关键基础设施和水样，有助于加强风险识别，提高对气候风险的认识，并建设机构和当地社区更好地抵御洪水事件的能力。此外，这种协作式绘图方法有助于向网格区域管理者和当地社区成员传授知识，让他们掌握绘制地图、数字化和风险建模的极有价值的技能。作为多功能技能，它们广泛适用于许多领域，因此促进了各自社区内的自组织，提高了当地公民多样化生计选择和适应变化的能力，同时也提高了达累斯萨拉姆规划部门通过社区参与进行创新和生成数据的能力（图 4.14）。

3. 在城市从业者和社区之间建立伙伴关系，促进“大数据”与地方行动的整合，以建立韧性

在 Dar Ramani Huria 与网格化区域管理者和社区成员直接合作的地方，建立伙伴关系对于确保大数据转化为地方行动至关重要[38]。因此，与当地社区一起开发的地理编码数据层的技术被纳入更广泛的社区对话，减少灾害风险战略和规划过程（图 4.15）。在这方面，大数据在催生新的合作伙伴关系方面发挥了催化作用，从而促进一系列发展利益相关者之间绘图工作的衔接。城市从业者应了解大数据在建设城市环境韧性和支持发展道路、建设地方能力和推动循证决策方面的潜力。

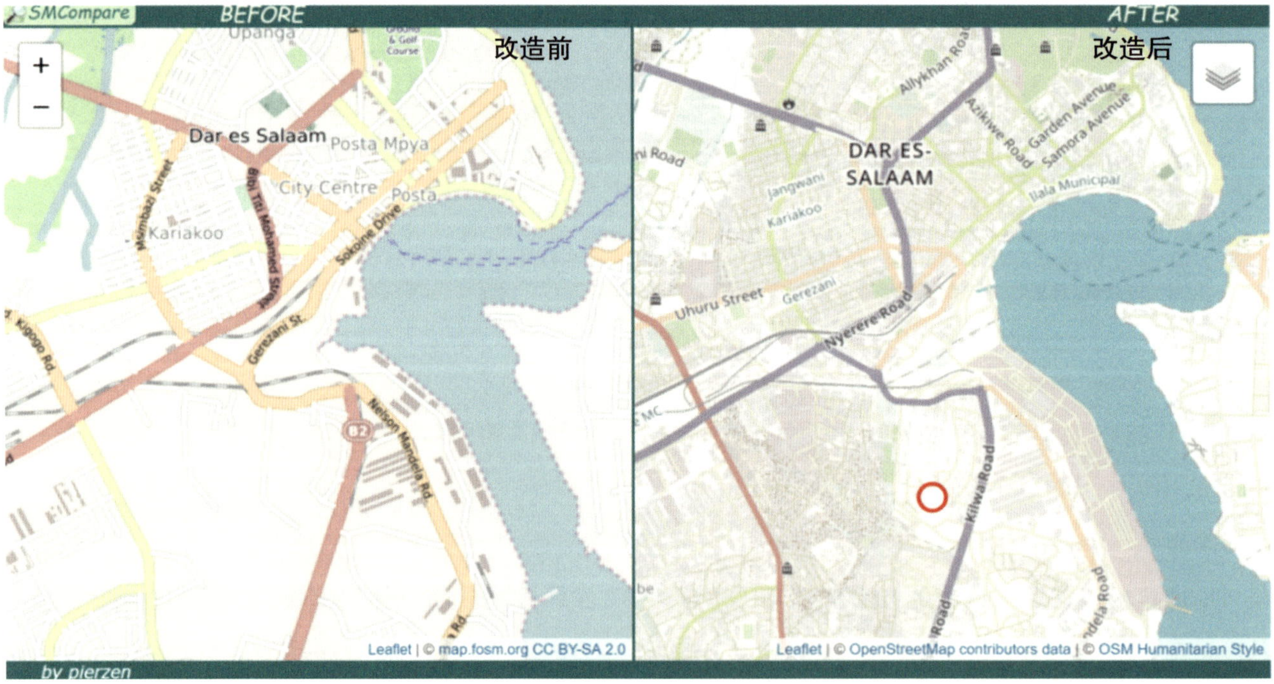

资料来源：https://ramanihuria.org/en/

图 4.14　达雷斯萨拉姆在 Dar Ramani Huria 行动前后的地图对比

37　https://www.iisd.org/articles/emerging-stories-big-data-resilience-building-dar-ramani-huria。

38　https://www.iisd.org/system/files/publications/big-data-resilience-storybook.pdf。

资料来源：Ramani Huria:The Atlas of Flood Resilience in Dar es Salaam https://reliefweb.int/report/united-republic-tanzania/ramani-huria-atlas-flood-resilience-dar-es-salaam

图 4.15 社区居民积极参与

4. 确保数据准确、可访问且可操作，以便在城市风险管理中有效使用

通过数据质量保障机制进行数据审查对于获得信任和确保城市的知情决策至关重要[39]。Dar Ramani Huria 不断测试新技术和方法以评估数据质量，使本地团队能够高效地检测任何问题，并确保尽可能高质量的数据。利用开放源代码软件可以实现经济高效、灵活的数据收集方法，并进行绘图，再借助 GPS 设备和智能手机应用程序远程执行。此外，该项目为当地制图员提供了一个强有力的能力建设方案，从而可以将数据集成到 OSM 中，允许在评估期间进行高质量的数字化和可视化。数据也可以很容易地应用于指导战略灾害规划，通过与其他软件（如 InaSAFe）的结合，可以生成真实的洪水场景模型，同时在当地社区进行灾害准备方面的直接培训，进一步提高了数据的可操作性。

39 https://www.hotosm.org/projects/community-mapping-urban-risk-exposure-in-dar-es-salaam-ramani-huria-extension/。

政策建议

1. 城市需要通过口袋公园建设来拉近居民与绿色的距离，为城市居民提供更多贴近生活的绿色空间

在城市化快速推进和城市人口不断增加的当下，绿色对于提高城市民众的居住和生活品质尤为重要。近年来，全球很多城市都在建设大型或超大型的公园和绿色公共空间。但是对于老百姓的日常活动而言，距离自己居住社区步行 10 ~ 15 分钟能够达到绿色空间的需求越来越多。因此，像类似威海案例中所呈现的，不是让居民去寻找绿色，而是让绿色走进或贴近百姓的生活，这才是居民的真正需求。这就需要我们的政府管理者从规划伊始，就要定位清楚，公园是用来看的还是来用的？是日常都能够得着还是节假日驱车才能达到的？这些定位直接决定了城市建设过程中“以人文本”重要理念的落地问题。

2. 让贫困地区和社区的弱势群体从绿色中寻找希望

生活在贫困地区或城市难民社区的弱势群体是亟待社会关注和关心的。通常，大家关心更多的是他们的吃饭问题和居住问题，也就是可持续的生计问题。然而，对于技术和信息极度缺乏、没有维持其生计的正常途径时，单靠极少数的救助是无法从根本上解决问题的。与此同时，恶劣的生存环境又加剧了这一问题。喀麦隆米纳瓦奥的难民社区的绿色行动，让大家在改善居住环境的同时，也找到了就业机会和食物，也找到了改善其生活的途径。大家在绿色中寻找其可持续的生计模式，在绿色中寻找希望。而通过他们的努力，实现了生态环境保护和可持续的生计发展之间的协同，这也是联合国 2030 可持续发展目标的核心所在。

3. 城市自然灾害风险的预警和防控要借助现代科技手段来提前预判，并且要建立与地区自然灾害特点相适应的应对工具

随着气候变化形势的日益加剧，很多城市都在高频遭受各类自然灾害的侵害。如何进行自然灾害的预警和防控是减少灾害损失的关键所在。随着现代科学技术的不断发展，人类已经有很多的办法和工具来提前预警防控，从而尽可能减少灾害损失。但与此同时，也需要结合当地的实际情况，在居民的广泛关注和参与下开展相应的应用工具开发。坦桑尼亚达累斯萨拉姆的案例较为形象地为大家展示了非洲老百姓如何在不同利益群体的共同帮助和参与下提高社区抗洪能力和进行韧性建设的。

4. 城市可持续发展要从宏观顶层制度设计到微观指标体系的构建双管齐下

城市的建设和管理是一个系统性工程，从规划、实施、监督、评估等一系列环节都要有法可依、有章可循。因此，城市可持续发展需要有顶层设计，而且要有相应的法律规制来进行充分的保障，不要因为不同管理者的喜好而对原有规划进行颠覆式的修改。但是，一项好的制度实施要有抓手，也就是我们需要有相应的指标来衡量工作业绩，类似职场上的 KPI（关键绩效）。粗放式的管理在特定的历史时期可能有其重要作用，但随着精细化管理的不断推进，城市管理的很多工作都需要对其进行量化评估，以评促建，从而使得城市管理能够从宏观走向具体。

第五章 | 文化篇

引言[1]

文化对于可持续发展目标的本地化具有特殊意义。因为本地化就意味着让可持续发展目标与当地的情境相适配，意味着要考虑当地的社会文化背景、当地的习俗带来的敏感性、当地价值观和态度、当地的发展程度与发展困境，并以当地的范例、规则和默会知识，恰当地“翻译”可持续发展目标的全球通用表达，这样当地的居民与社区才有可能与之产生深层的共鸣。从这个意义上讲，文化作为“人类经验的内在部分，精神的氧气”[2]，就是实现可持续发展目标本地化的一把密钥。也正基于此，尽管17个可持续发展目标在表述上“文化”含量较低，但是文化与各目标之间都存在着“一体和不可分割”的联系。

全球的城市治理者日益看到了文化的重要性。截至2021年5月，已发布《自愿性地方审查报告》（*Voluntary Local Review*）的城市中，有74%将文化纳入了当地落实可持续发展目标的政策框架之中[3]。报告中的“介绍和政策部分”显示出大量地方治理者将文化视为实现可持续发展的关键要素，强调要突出当地的文化特征、价值观和历史禀赋，并以此来提高当地公民对于可持续发展的认识，形成更为广泛的公民参与。在推进可持续发展的落地举措中，文化最常被作为一种特殊的介入工具，助力SDGs 4、8、10、11的实现：从通过无门槛的公共设施和艺术教育让全民享有终身学习的机会（SDGs 4）到撬动本地资源发展创意产业以提供体面就业的机会（SDGs 8），再到以文化节事等举措维护文化多样性，促进不同社区文化的融入以消弭不平等（SDGs 10）。当然，文化对SDGs 11的贡献最大也最为直观，特别是文化遗产——文化和自然的、有形和无形的遗产，对构建包容、安全、有抵御灾害能力和可持续的城市具有重要的驱动和赋能作用。本篇遴选的四则案例就都与文化遗产有关，却各自展现出了因地制宜的决策智慧，解决了不同层次的可持续发展需求：通过不同的遗产修复与发展举措实现了从改善人居环境，到提供就业机会，再到振兴区域发展，乃至帮助居民在遗产中寻获了意义、身份与认同等目标。这些案例展示了城市治理者对当地所面临的可持续发展的特定问题的自省，也反映了他们对当地历史文脉与禀赋的珍视，唯其如此，才有可能获得最适合这座城市面向未来的解决方案。

然而，我们也必须承认，文化多样性同样意味着不同地区对文化潜能的重视程度仍是参差不齐的，有部分城市在《自愿性地方审查报告》中忽略了文化维度；地方财政给予文化领域的财政支持是相对欠缺甚至匮乏的；在突如其来的新冠肺炎疫情面前，艺术家与创意工作者也会暴露出巨大的脆弱性……对这些问题的担忧，正是我们在《上海手册》中始终坚持撰写“文化篇”的原因，希望以这些来自全球的城市实践给予治理

1 本章由上海图书馆（上海科学技术情报研究所）团队撰写，作者为杨荣斌、施雯、盛阳、欧阳琛和汤颖颖。撰稿过程中，团队得到了来自联合国人居署、上海市文化和旅游局等相关专家学者的素材支持，在此一并表示感谢。

2 联合国教育、科学及文化组织.文化与可持续发展[EB/OL]（2019-08-05）[2022-04-14].https://documents-dds-ny.un.org/doc/UNDOC/GEN/N19/246/92/PDF/N1924692.pdf?OpenElement。

3 Culture 2030 Goal campaign.Culture in the localization of the 2030 Agenda: an analysis of Voluntary Local Reviews[EB/OL]（2022-01-19）[2022-04-15].https://cultureactioneurope.org/files/2022/01/af_culture2030goal_2021.pdf。

者一些启示。鉴于文化在人类发展各个方面都具有相互关联的本质，是联系人、社区、治理者的天然黏合剂，无论如何不要忽视对文化和创造力潜能的释放。

可持续发展目标本地化的根本原则是“不让任何人掉队”。不要忘记文化这把密钥，因为文化，所以没有人是一座孤岛。

参考案例

也门四城：以工代赈改善青年生计[4]

案例背景

也门地处阿拉伯半岛、东非与印度洋的交汇处，拥有悠久的历史与丰富而独特的文化遗产，希巴姆古城、萨那古城、扎比德古城相继被联合国教科文组织列入世界遗产名录，其中：希巴姆古城建在悬崖峭壁之上，城中建于16世纪的古城堡是基于垂直建筑规则建造的最古老、最杰出的城市规划典范之一；萨那古城已有两千五百多年的历史，曾是伊斯兰文化的重要传播中心，拥有多处重要的宗教和政治遗产；扎比德古城在13—15世纪曾是国家的首都，这里的民用和军事建筑及其城市规划使之具有杰出的考古和历史价值。此外，也门当前的首都亚丁同样拥有悠久的历史和众多名胜古迹。然而，长期的武装冲突导致也门的文化遗产变得脆弱不堪，多处城市遗产和历史建筑在冲突引发的轰炸或空袭中遭到破坏。此外，气候变化、长期缺乏维护、修缮技术落后及修缮资金短缺、当局因处理政治安全危机无力顾及古城保护等因素进一步导致了文化遗产的退化，随之而来的是城市文化环境的恶化及也门人民尊严与身份认同的丧失。冲突导致的人道主义危机、大饥荒和居高不下的失业率更是剥夺了年轻人对未来的希望，这反过来又增加了年轻人参与冲突的可能性。

在这样一个充满挑战的背景之下，“以工代赈——增加也门城市青年就业机会”项目（简称“以工代赈”）于2018年9月正式启动。该项目旨在为也门当地民众，特别是年轻人创造与文化遗产保护相关的工作机会，同时支持可持续的、以社区为主导的青年文创计划，以促进文化创意产业发展、提升文化领域的就业率、提高当地政府和民间团体的文化遗产管理能力，进而增强社会凝聚力和经济韧性。

实践过程

以工代赈，顾名思义是指政府投资建设公共基础设施工程，受赈济者参加工程建设获得劳务报酬，以此取代直接赈济的一项扶持举措。也门的这一项目由联合国教科文组织、社会发展基金、也门政府机构及当地文化遗产机构和民间文化组织共同发起，共计持续四年（2018—2022）。欧盟为该项目提供了1 000万欧元的资金支持。项目采取了以下几项举措，用以推动萨那、希巴姆和扎比德的城市文化遗产保护及亚丁的历史建筑修复；促进文化创意

4 感谢联合国人居署推荐并为本案例提供素材支持。

产业发展；并为上述四座城市的青年提供工作机会。

1. **引导青年参与制定古城修复方案**

教科文组织与社会发展基金、也门历史名城保护总局（GOPHCY）及文物与博物馆总会展开合作，对四个历史名城完成了全面的城市遗产受损情况评估调查。该调查采用最先进的方法，将教科文组织开发的快速评估工具和数字应用程序与卫星可视化技术相结合，根据建筑物、公共基础设施的受损程度及受损原因（战争冲突、缺乏维护、修缮资金短缺、行政监督薄弱）展开分类评价。包括大量年轻人在内的当地民众参与到了这项调查工作中，他们深入社区展开实地考察，同时咨询和听取了居民的意见。教科文组织将最终调查结果作为下一步城市遗产维护与修缮工作的重要参考，并以此为依据确定了优先实施以工代赈项目的地点。

基于调研结果制定的城市修复指南，旨在指导所有参与以工代赈的工作人员按照公认的保护标准和原则对古城内的建筑、公共设施、城市景观等进行必要的勘察、规划、维护、修复和监测。其总体目标是在确保城市遗产得到妥善保护的同时，最大限度地维持其本来的风貌和原有的居住、使用价值。该指南充分考虑到了当地对历史名城保护极具挑战性的种种不利因素，如武装冲突、大流行病、经济衰退、人道主义危机和地方治理的碎片化等，因此并未像以往的指南那样列出行动的明确要求，而是概述了遗产保护的原则和主要方法，并鼓励当地建筑业将当地的修复经验投入其中。值得注意的是，考虑到绝大多数居民普遍缺乏对建筑保护的认知，也不具备消化复杂专业知识的能力，面向居民的指南则更多的是使用通俗易懂的语言对保护和修缮知识进行介绍。

2. **提供青年遗产修复相关工作机会**

连年的战争、频发的自然灾害导致也门经济基础薄弱，青年失业率长期居高不下。城市遗产保护工作为当地青年提供了大量就业机会（图 5.1）：包括加固古城中历史建筑的结构；修缮建筑屋顶、外墙、窗户等建筑细部；修复并优化古城中的老集市、公共广场、卫生设施和其他基础设施等。受雇的年轻人不仅能获得一份稳定的收入，而且还能得到有关传统的建筑技能和文化遗产修复方面的专业培训。

以工代赈直接惠及了当地民众。截至 2021 年 3 月，该项目已经修复了 151 座历史建筑，为 2 350 名青年（其中 10% 为女性）（图 5.2）提供了就业机会，并帮助他们改善了各自的家庭状况（共计

资料来源：联合国教科文组织

图 5.1 受雇居民修复城市文化遗产

资料来源：联合国教科文组织

图 5.2 当地年轻女性正在参与历史建筑的维护工作

8 000 余名家庭成员从中受益）。同时，四个历史名城中有共有 8 000 余处城市遗产得到了全面的考察与评估[5]。

3. 设置小额赠款计划推进文创经济

为了让更多的青年获得就业机会，"以工代赈"项目并不局限于文化遗产领域，也致力探索整个文创经济的发展潜力。首先，教科文组织携手欧盟及小微企业促进处（SMEPS）推出了小额赠款计划，目的是帮助选定的民间社会组织提升文化发展规划能力和创收能力，为当地的年轻艺术家和文化产业从业人员提供更多工作机会，提高收入水平，进而提升也门文化创意领域的复原力。小额赠款计划最终选定 8 个试点项目，涉及也门不同城市，而开展以工代赈项目的历史古城也被囊括其中。被选中的试点项目内容具有多样性，包括私人住宅中的城市遗产记录项目、城市遗产相关文献收藏项目、注重性别平等的手工艺培训项目等，均可分别获得 10 000 ~ 40 000 美元不等的支持资金，并同样用"以工代赈"的项目形式发放给青年文化从业者。目前已有 500 多名青年（包括男性与女性）从中受益。其次，教科文组织与 RNW Media 组织了一系列文创培训，向小额赠款获得者和当地文化产业从业人员传授相关知识与技能，包括城市遗产的可持续管理；博物馆藏品保护；赠款使用；沟通、监测及评估技巧；数字参与（10 名亚丁当地居民参加了相关研讨会）（图 5.3）等主题。此外，培训还针对创作者推出了包括社交媒体工具使用技巧在内的在线课程，目的是提升创作者"了解遗产多样性，讲好也门故事"的能力。培训活动直接惠及 244 名也门青年，他们通过参加研讨会和在会后创作作品得到了不错的报酬。

资料来源：联合国教科文组织

图 5.3　文化创意产业从业者参加培训与研讨会

4. 展示遗产保护成效吸引更多关注

以工代赈项目充分利用了媒体的力量对城市文化遗产的传承价值进行了宣传[6]：

（1）制作在线宣传内容并拍摄纪录短片。教科文组织、非政府组织 RNW Media 和小微企业促进会（SMEPS）联手推出关乎 84 个专题、覆盖 600 万人的宣传材料，提高民众的文化遗产保护意识。RNW Media 在其运营的内容平台 Manasati30 上发布了多项有关也门文化遗产重要性的多媒体内容，获得约 300 万次浏览，得到 1.77 万条评论和 1.14 万次分享。他们还制作了名为《Turathna，我们的遗产》的系列短片，也门女性旅游博主 Somaya Jamal 作为片中主持人，带领观众游览了亚丁、萨那、希巴姆等历史城市，展示了当地的建筑、手工艺品、传统习俗及对文化遗产的投资与保护情况。截至

5 UNESCO.Cash for work: promoting livelihood opportunities for urban youth in Yemen[EB/OL][2022-04-15]. https://en.unesco.org/doha/cashforworkyemen。

6 UNESCO.Restoring livelihoods through culture in Yemen[EB/OL][2022-04-16].https://en.unesco.org/sites/default/files/event_booklet_reduced.pdf。

2022年6月，该系列视频的播放量已达到130多万次，更多年轻人通过短片了解到了以工代赈项目。

（2）组织青年代表参与城市文化遗产主题宣传活动。活动内容包括①参加文化遗产的线上调查，思索相关问题，如“当前文化遗产面临哪些风险”“如何提高人们对文化遗产的了解和保护意识”“年轻人可以为文化遗产保护做出哪些努力”等；②创作并在社交媒体上发布以文化遗产为主题的图文影音内容；③组织两次互动式研讨培训班，由专家带领年轻人实地参观文化遗产，体验音乐、舞蹈、食品等非物质文化遗产，并讨论如何开启文化创业之路。RNW Media为该活动制作的视频获取了极大的关注度，浏览量超过80万次。

（3）通过电影制作鼓励创意活动。为鼓励年轻人参与创意活动，利用文化的力量谋求个人成长、推动产业发展，教科文组织还与欧盟、小微企业促进会及纽约电影学院共同推动制作了12部关于也门文化遗产的纪录片。在纽约电影学院的助力下，12名也门年轻人（6男6女）获得了国际知名电影人的专业指导，制作了12部有关文化遗产的纪录片，以不同的主题和角度来表现当地独特而多元的文化。

经验借鉴

1. 强调“授人以渔”的以工代赈模式有助于持续保障本地就业、改善民生

建筑物、基础设施和公共空间构成了四座古城有形的文化遗产，对这些有形遗产的修复和保护为当地居民创造了大量就业机会，这是以工代赈项目的工作重点。这一模式不仅有助于实现本地就业、改善生计，而且也能够减少本地青年外流的问题，让更多的本地青年成为改善当地生产、生活条件的核心力量。本案例中所开展的以工代赈项目尤其强调“培训扶智”原则，即一方面为参与工作的青年人提供建筑行业和修复领域的实践技能，为当地培养了一批熟练的建筑工人；另一方面为对文化遗产保护感兴趣的青年人提供更广泛的文化与创意产业知识培训，引导他们进入该领域，甚至自行创业。只有这种“授人以渔”的方式，才能真正实现本地就业的可持续增长。为防止项目结束后当地居民重新陷入失业困境，相关部门也应该持续做好对当地劳动力的技能培训工作，并将出口等其他经济活动作为以工代赈的补充，促进就业的稳定性和可持续性。

2. 结合遗产修复的以工代赈模式有助于加强社会参与、凝聚人心

通过赋权古城当地居民来保护濒危文化遗产，不仅能为身处危机中的也门青年提供赖以维持生计的工作机会，还具有多重社会意义。首先，它在帮助待就业者创造经济价值的同时，更帮助其获得了社会认同，实现自我价值，保障了弱者的体面劳动与生存尊严，比直接的经济救助更能给人以激励。同时，也门70%～80%的城市遗产是当地居民的私人住宅，因此，依靠社区和民众来保护城市遗产具有重要意义。通过社区赋权及专业知识和技能培训，既能有效弥补传统的“政府＋专业人士”模式存在的缺陷与疏漏，又能让居民在收获经济利益的同时增强对遗产价值的了解和对保护理念的认同。社区齐心协力，通过共同的努力保护共同的家园，这种方式有利于拉近人与人之间的距离，提升人们的家园归属感和身份认同感，进而增强社区凝聚力，促进对话与和平。与以往的遗产保护项目不同，相较于城市遗产的历史信息价值，以人为本的模式更加关注城市遗产保护的民生意义和对社区生活环境品质的改善，力求使社区民众成为遗产保护成果最直接的受益者。

3. 重视性别平等的以工代赈模式有助于增强女性权能、平等发展

推动女性参与以工代赈并实现同工同酬是项目

的一个重要目标。尽管以工代赈在传统上往往以男性为主导，当地遗产修复过程中的某些工种也无法实现女性的平等参与，但仍然可以找到创造性的解决方案（如雇佣女性砍伐和清除对当地农业资源及城市遗产带来威胁的芝麻树）。此外，考虑到妇女对服务业、纺织业等传统领域以外的工作接受度不断提高，可以倡导女性加入文化创意产业相关的以工代赈项目，并将创意领域的工作发展为可持续的长期事业。在此次的项目中，获得创意创业技能的500名创意产业从业者中，有200名都是女性。尽管取得了一定成果，但女性平等参与工作的挑战依然存在，当地女性在网络世界及社交媒体上的参与率仍然很低，这对引入新视角、新思想及提升她们的数字和媒体素养产生了不利影响。为了进一步打破工作中的性别障碍，社会发展基金组织成立了一个专注于性别问题的工作团队，为参与以工代赈的民众提供两性平等主题的在线培训，并计划在未来的项目实施过程中引入性别平等检查清单。

巴西贝洛奥里藏特：创意地平线[7]

案例背景

贝洛奥里藏特是巴西人口第二大州米纳斯吉拉斯州的首府。这座城市拥有两张引人瞩目的城市名片：一是2016年被联合国教科文组织列入世界遗产的潘普利亚现代建筑群，以创新手法将建筑、景观设计、雕塑、绘画等多种艺术形式相融合；二是作为“创意美食之都”，拥有世代相传的风味与烹饪方式，蕴藏了当地文化对于自然环境的理解与尊重。充满创意的城市面貌与内在活力为贝洛奥里藏特发展创意经济奠定了基础。2017年，创意活动为这座城市带来了10.4万个工作岗位[8]。

凭借对城市的这种内在价值的尊重，贝洛奥里藏特试图将文化作为一种可持续的城市发展工具。据此，该市经济发展局成立了“创意地平线”项目；一项战略性的跨部门计划，旨在营造并加强一个让创意活动在城市中蓬勃发展的环境。该计划从两个维度加以实施：通过创意细分部门（例如文化、娱乐、时尚、设计、美食以及技术和创新）维度，在城市的各个街区中识别创意人才，并推广有助于形成创意经济产业链的项目；同时通过地域维度在空间上将城市划分为不同的社区，识别每个社区所面临的挑战与障碍，帮助释放其成为创意经济投资目的地的潜力。

位于城市西北部的Centro-Lagoinha是第一个受益于“创意地平线”项目的社区。该社区给人的印象是复杂而富有冲突性的：它曾是城市建设期间意大利移民的摇篮，拥有大量以小商贩和手工从业者的身份定居的移民家庭；也曾是充满活力的酒吧集散地，呈现丰富多样的桑巴舞和波希米亚音乐演出。因此，对于曾经生活在其中、了解其历史的人，Centro-Lagoinha一度被视为富有创造力、文化和历史的城市热点。然而，由于其地理位置靠近市中心，在过去的50年里经历了大量无序的城市开发项目，最引人瞩目的是20世纪80年代建造的Lagoinha道路综合体，实现了城市中心与周边地带的连接，却也破坏了当地的宜居性。原住民担心企业家随时会在此地块投资，逐渐搬迁离去，正式

7 感谢联合国人居署推荐并为本案例提供素材支持。

8 Metropolis.Creative Horizon - urban sustainability exchange[EB/OL].[2022-06-30]. https://use.metropolis.org/case-studies/creative-horizon#casestudydetail。

的文化场所与演出也随之淡出。相较于新基建的兴盛，历史建筑却处于废弃状态，成为无家可归者、滥用药物者和非法交易的栖息之地，导致当地犯罪率较高，最终成为城市边缘化的代表，面临历史遗产保护缺位、弱势群体保障不足和社区安全感缺失的三重挑战。

考虑到 Centro-Lagoinha 社区自 20 世纪 90 年代以来被公认为城市遗产区，历史和文化的潜力被严重低估，便被选择成为“创意地平线”的首要推进社区，旨在通过激发创造性活动所需的环境，实现城市退化部分的复原与振兴。

实践过程

“创意地平线”项目的主要推动者是贝洛奥里藏特市经济发展秘书处，同时得到了来自市政府其他部门如文化、旅游、城市政策、社会援助、信息技术、社会传播和安全部门等的配合。企业与相关社区也在有效引导下参与其中，如项目得到了软件企业 SAP 下设的 SAP Social Sabbatical 公益计划所提供的免费专家指导与咨询服务，为团队在项目开发阶段提供技术支持。项目会针对不同的社区，但都采用了一些共同性的介入举措以振兴和刺激创意经济，如促进文化和旅游、改善营商环境、构建包容性社会、加强公共安全，以及加快城市更新等。

1. 盘清家底，诊断社区文化和旅游发展潜力

为促进当地旅游和文化的活力，市文化局和当地的市政旅游公司 Beltour 共同绘制了整个 Lagoinha 社区的“文化资产地图”，摸清当地的传统文化表现形式和当代文化生产资源的数量与现状。基于文化制图的诊断，项目实施团队得以明确三个后续施力方向：①基于社区文化资产现状，评估当地在发展文化经济和旅游产业的潜力，并为配合其发展嵌入新的基础设施建设；②基于社区文化资产的布局，确定核心文化场所，促进当地演员与艺术家开展创意活动，同时鼓励这些创意活动为游客和当地居民提供新的体验与互动形式；③诊断后发现社区内现有 66 家餐饮场所，且民调显示将传统风味美食融入社区，对当地的旅游业发展和吸引游客具有很高的价值。

2. 重塑社区，优先考虑服务文化的公共空间

“创意地平线”项目的关键是依照有助于促进创意经济产生的逻辑，对社区各空间实行功能性上的转换，即重新建立起 Lagoinha 社区物质遗产与今日城市之间的关联，从而帮助提升社区的活力。既往建造的一些城市基建已经成为牢固的物理屏障，严重破坏了社区的整体性，也割裂了当地的公共空间与历史文脉，成为妨碍创意活动和社区归属感形成的主要障碍。例如，20 世纪 80 年代开始建造的 Lagoinha 立交综合体项目盘踞着社区的中心位置，东西走向的铁路和里贝朗 · 阿鲁达斯（Ribeirão Arrudas）运河将社区分割成两部分。对于社区的改造首先要修复这种新城市开发造成的公共空间“创伤”，以文化保护为前提，在理顺遗产空间的基础上帮助居住者重拾起对于这片社区的情感逻辑。为了重新连接 Lagoinha 社区与城市中心区域，“创意地平线”项目选择以“新旧结合”的双重路径重塑公共空间：一是塑新，建立一个适宜步行的露台和地标性建筑，作为社区“零点”重新连接整个社区，同时有序嵌入一系列文化商业活动（如餐饮、夜生活、花园等）以推动创意经济的发展；二是修旧，力推 Lagoinha 和 Bonfim 文化走廊计划以积极保护该市最古老和最传统的地块内的文化资产。空间转换是保护文化资产、推动创意产业的核心之举。

3. 营造环境，引入艺术涂鸦美化城市空间

艺术被视为帮助重建社区中易被忽视的美化城

市空间的工具。为了帮助将城市环境中不友好的部分转变为更受欢迎和更怡人的场所，并更好地将城市与市民联系起来，当地于2019年发起了“良善Lagoinha”项目（Gentileza Lagoinha）。100多名当地艺术家参与了在社区不同地区绘制壁画和涂鸦的工作，通过艺术改造城市的外观。这一项目为城市的重要场所和公共空间留下了大量重要作品，例如社区文化中心的内墙、立交桥的柱壁、建筑物的外立面等（图5.4）。尤其瞩目的是，为了尊重意大利历史与文化在社区内的传承与演变，意大利城市艺术家Alice Pasquini受邀在一条400米长的人行道上作画；另有三位艺术家联手“妆点”了一座连接公交车站的人行天桥，使其化身为一处露天的艺术画廊。

资料来源：Publica Art

图5.4 “良善Lagoinha”项目中的街头艺术作品

4. 与民互动，增进社区文化的广泛能见度

为了提高公众对文化遗产价值的认识和理解，当地市文化局和市文化基金会与巴西的内容制作公司NITRO Histórias Visuais于2019年6—7月合作推出了“居民——人类遗产”项目。该项目设计了一个跨公共空间的艺术装置，将视听制作、摄影展览与口述历史相结合，旨在促进文化遗产教育。项目组织方在社区五个不同的公共空间里支起帐篷和摄影摄像器材，邀请现在和以前的居民、从业者、游客进入其中讲述各自关于本地历史的回忆、故事与感受。组织者将拍下的全部素材（照片、视频、建言等）转化为一个大型的主题摄影展，包括

12 幅“Lagoinha 人物”肖像画、一部短纪录片、一条挂着全部照片的摄影绳，以及对社区街道和建筑物的几次参与式活动（图 5.5）。这一项目旨在唤醒人们对 Lagoinha 的集体记忆，并鼓励他们成为社区的宝贵守护者。为了不断加强人们对于文化遗产的认同感，2019 年 9 月 5—15 日，当地组织成立了 Cura Lagoinha 文化历史节，并计划将此形式一直延续下去。节日中包含了美食博览会、表演和展览等，还组织市民观看城市壁画的创作过程。

资料来源：Marcus Desimoni/Nitro

图 5.5 市民欣赏“居民——人类遗产”项目拍摄的照片

5. 创造就业，撬动文化资源帮扶市民获得体面工作

贝洛奥里藏特在创意经济领域拥有 104 000 个工作岗位，是巴西第三大创意中心；占全国创意经济工作岗位总数的 2.26%（占贝洛奥里藏特企业的 21.5%）[9]。作为一个迅速崛起的部门，通过创意产业促进当地创业、利用文化遗产来吸引投资成为 Lagoinha 社区经济发展的核心举措。通过“创意地平线”计划，市政府于 2019 年 6 月绘制了“创意经济地图”，梳理了当地的创意企业和就业机会，同时为市民（特别是弱势群体）开设了创意课程和讲习班，以加强就业机会。作为“创意美食之都”，当地主打的餐饮职业课程于 2020 年 12 月覆盖至整个食品行业，来自餐饮业、糖果业、烘焙业的小微企业纷纷向通过职业培训课程的市民提供上岗机会（具体到糖果行业有 40 个职位空缺，美食行业有 50 个职位空缺，烘焙行业有 60 个职位空缺等）。市政府还开设了 Raimunda da Silva Soares 职业学校，提供 831 个专业资格课程名额。为了优化社区内的资源配置，许多因年久失修却又具有保护价值的房屋被政府改建为职业服务机构，例如建立了一处女性市民服务中心，专门为当地女性提供 80 个创业培训和职业资格课程。

经验借鉴

1. 诊断本地文化优劣势，有助于因地制宜地推进城市“修复 – 复兴”方案

作为城市和城市生活不可分割的组成部分，文化遗产和创意活动已成为贝洛奥里藏特 Centro-Lagoinha 社区发展基于创意经济的再生模式的跳板。然而，城市再生需要经历一个从修复到复兴的复杂过程，只有充分了解当地掣肘文化发展的因素与障碍，才能更准确地找到创伤之地，并有针对性地设计相应的“修复 – 复兴”方案。因此，在当地识别和诊断文化的优劣势，绘制和了解当地文化遗产价值的过程，不仅对促进更符合当地人民和社区价值观的城市发展至关重要，而且也更有利于推导出因地制宜的本地化可持续发展路径。

2. 加强本地“人 – 空间”互动，有助于强化城市居民与城市的情感连接

此案例在推进可持续发展的本地化实践过程中，极度重视发挥基于遗产和城市开放场域改造的

9 数据来源：联合国人居署。

文化空间的作用。一方面鼓励当地居民参与空间的微改造，并让他们充分理解“未开发资源”强调“有人在场的空间才是真正意义上的文化空间”的理念，通过文化情感的软连接增进了社区归属感；另一方面用街头壁画填充城市肌理中未被充分利用或被忽视的部分，提高了城市空间的质量以及城市居民的用户体验，激发城市居民与其环境之间的互动。这条经验尤其值得那些对文化之于城市更新作用仍知之甚少的地方借鉴。城市和城市决策者应该超越传统的自上而下的城市文化战略，重新发现与地方文化相关的空间，充分动员地方居民并与之互动。通过这样的过程，可以帮助社区成员充分理解那些与文化相关的典型“未开发资源”的价值，自然而然地参与到城市可持续发展的未来进程之中。

3. 借力创意职业培训，有助于实现为所有人创造平等机会的包容性增长

“创意地平线”项目在提高市民对于文化价值的认知与认同的基础上，大力推进了创意职业培训，为更广泛人群尤其是妇女等弱势群体创造更多体面就业的机会。更值得借鉴的是，这类创意职业培训起步于创意美食领域，这本就是这座城市引以为傲的创意资本，天然对市民具有吸引力，大大提高了政府介入举措的有效性。同时，也因为本地食品相关的微小企业的发展具有一定基础，有助于完成职业培训的市民快速进入劳动力市场。从这个意义上说，发展本地创意职业培训，应首先结合地方创意市场的具体情况，找到最有助于实现劳动技能向劳动力转化的领域，并先试先行。

中国上海：建筑可阅读[10]

案例背景

上海的特殊之处在于，多元文化的激烈碰撞被这座城市巧妙地转化成为城市发展的驱动力，形成了极富特色的“海派文化”。这种具有较强兼容性的文化，反映在建筑上就是一种多元混合、叠加和折中的文化，使上海具有复杂而又多样的建筑形态。然而，这座城市对于建筑文化遗产的保护也经历了一个缓慢的调适过程，也曾为此而付出拆除大量旧建筑的代价[11]。经历了 20 世纪八九十年代城市大规模的快速建设阶段之后，上海开始理性地思考建筑文化遗产的保护问题。但由于文化传统、管理机制、建筑法规、建筑材料等因素的差异，以及历史形成的现状，上海的建筑文化遗产有其特殊性，城市文化遗产保护的国际宪章很难完全适用，迫切需要寻找符合上海情况的本地化保护模式。

经过近三十年的探索，上海已经形成了符合当地历史建筑特点和现实的文化遗产保护机制与方法。但伴随着保护行动的深入，上海也面临着一个必须要解决的问题，即如何让生活在传统街区的本地居民认识到维护建筑文化遗产的重要性；如何让他们自觉自愿地参与其中、延续历史街区的生命活力。与现代生活相比，城市中传统街区必然会在一定时期内面临基础设施不配套、建筑老化、功能性和结构性衰退等居住困难。对此，居民会产生两种选择：一是因为居住条件过差而产生怨言，对保留保护老街区的行动产生怀疑；二是选择外迁流向新城区，使得即便得到了妥善维护与修缮的老街区也

---

10 感谢上海市文化和旅游局对本案例提供的素材支持。

11 郑时龄 . 上海的建筑文化遗产保护及其反思 [J]. 建筑遗产，2016(01):10-23.DOI:10.19673/j.cnki.ha.2016.01.008。

会因为原住民的流失，而使其所承载的独特的地域民俗文化和集体记忆趋于断裂，乃至消失。

这需要对历史街区和老建筑在“修旧如旧”的基础上，实现居住功能的提升。与此同时，上海也需要筑牢市民与历史文化遗产之间那道深厚而绵长的情感连接，让市民更懂老建筑，更爱老建筑，更愿参与续写老建筑生命力的新篇章。这显然不是历史建筑保护条例或城市规划方案所能做到的。基于此，上海选择了用文化的方式来解决历史文脉的接续问题，提出了“建筑可阅读”项目。

实践过程

“建筑可阅读”项目正式推出前，上海已经划定了 44 片历史风貌保护区，并承诺有 64 条马路将“永不拓宽”。这些马路将保持原有道路的宽度和相关尺度，并严格控制沿线开发地块的建筑高度、体量、风格、间距等。这一举措引发了上海本土作家的创作热情，他们参考查阅了许多史料，用虚实相间的文字追溯了这些街道所承载的集体记忆与上海故事。一些市民读者也开始按图索骥地走访、游历这些街道，在旧的故事里加入新的个人记忆。正如上海女性作家陈丹燕 2008 年出版的《永不拓宽的街道》一书中所言，“这样，这个城市的记忆和历史就成为城市生活中可触摸的、可感受的一部分，而不再会消失得无影无踪了”[12]。

在一段时间的情感铺垫之后，2017 年 5 月，上海首次提出“建筑是可以阅读的，街区是适合漫步的，城市是有温度的”。“建筑是可以阅读的”，这个富有文学色彩的、对城市历史表达了高度尊重的表述，激起了广泛人群的共鸣与兴趣。专业人士和广大市民自发掀起了“上海建筑”“上海马路”的写作热，由此诞生了大量有关上海历史建筑与遗迹的书籍和网络文章。在各界对历史建筑的保护形成情感共识的基础上，2018 年，政府正式启动“建筑可阅读”工作，由市文旅局主导推进。此项目迄今已由点到面、由浅入深，完成了若干次迭代升级：

1. 从扫码阅读、建筑开放着手，开启全市“建筑可阅读”之旅

“建筑可阅读”范围涵盖了上海各个历史时期的各类建筑，主要包括各级文物保护单位建筑、优秀历史建筑和保留建筑、现当代建造的地标建筑等三类建筑，包括私家花园洋房、里弄民居、外滩经典建筑等。2018 年起，“建筑可阅读”从 6 个中心城区逐步向 16 个区推进：一方面让更多经过修缮的老建筑对外开放，允许市民免费进入参观；另一方面为老建筑设计“介绍二维码”，即可用手机扫码，通过中英文导览、语音介绍、视频播放、VR 互动等方式，阅读建筑背后的故事。至 2022 年初，开放参观的建筑数量从近百处增至 1 056 处，二维码数量从 400 余处增至 2 957 处。

2. 从社会参与、全民互动着手，推动“建筑可阅读”的广泛覆盖

“建筑可阅读”项目通过开展“五个民”活动，引导更多的市民和企业参与其中：

（1）“全民评”：与美团（从事本地零售和生活服务的电商平台）合作，线上征集市民对“建筑可阅读”的建言。活动话题累计阅读量达 8 860 万人次，吸引近万人参与。

（2）“全民讲”：与蜻蜓 FM（网络音频平台）

12 陈丹燕，俞小夫. 永不拓宽的街道 [M]. 上海：东方出版中心，2008。

合作，邀请市民创作与上海老房相关的音频故事，逐步建立建筑故事数据库。参与活动者年龄最小的仅 4 岁，最大的 80 岁。

（3）“全民拍”：与腾讯合作，通过微信平台向市民征集上海建筑的摄影作品，挖掘上海建筑蕴含的动人故事，逐步建立建筑图片数据库。活动页面阅读量近 70 万人次，累计参赛 1 万余人。

（4）“全民游”：与小红书（网络购物和社交平台）合作，联动线下建筑与线上话题，由此产生了多条网红建筑打卡路线。此话题在小红书上累计阅读量达 4 347 万人次，吸引 2 000 余人参与（图 5.6）。

资料来源：新民晚报

图 5.6　市民参与“建筑可阅读”系列城市行走活动

（5）“全民创”：与本地的实体书店——大隐书局合作，举办“建筑可阅读”伴手礼创意设计大赛，评选出十佳“建筑可阅读”伴手礼。

开展的这“五个民”活动吸引了 321 家单位或个人参赛，征集到参赛作品一千余件。

3. 从大胆创新、寻求突破着手，形成“建筑可阅读”的文旅合作

2021 年，上海旅游节以“建筑可阅读、城市微旅行”为年度主题，由二十余家本地视听平台、新闻媒体、社交媒体等共同策划推出了《“建筑可阅读”十二时辰全媒体大直播》。直播以上海晨昏日夜的十二个时辰为经线，以深入申城各处的“城市微旅行”脚步为纬线，以多元的艺术表现手法向观众和听众介绍了全市 150 多处优秀建筑。直播活动中，穿插了多位中外著名建筑设计师的采访，新天地设计师本杰明・伍德、船厂 1862 设计师隈研吾、龙美术馆设计师柳亦春等一一讲述了他们对上海“建筑可阅读”的独到见解。旅游节期间，一些旅游巴士化身成为“建筑可阅读”专线巴士（图 5.7），线路覆盖黄浦江两岸，途经上海经典的城市地标，配备专业讲解员。“建筑可阅读”正在成为上海重要的文化新 IP。基于此，上海尝试撬动此 IP 所能带来的创意价值：其一，每年举办“建筑可阅读”文创市集，过去两年已推出近千种相关文创产品（图 5.8）；其二，挑选部分经典建筑开展“一楼一‘套餐’”试点工作，如围绕武康大楼已推出口袋书、雪糕、咖啡、饼干、香薰、主题邮局等创意衍生产品。

4. 从资源整合、顶层设计着手，推动“建筑可阅读”服务体系建设

为了强化资源整合，提高服务管理水平，上海政府层面搭建了“建筑可阅读”的服务体系：

（1）设置统一信息入口，即官方唯一认可的“建筑可阅读”微信小程序，使市民通过一站式平台查询所有信息。

（2）成立“建筑可阅读”联盟，联合六十余家相关建筑业主单位、建设企业、文商旅企业、科研机构、文博单位、社会组织、新媒体平台等，共同推动“建筑可阅读”的创新发展。

（3）发布“建筑可阅读”官方形象标识。

（4）发布服务标准，即《上海市“建筑可阅读”工作规范》，统一建筑开放、二维码设置等相关标准，未来还会出台市级层面“建筑可阅读”相关管

资料来源：上海市文旅局

图 5.7 “建筑可阅读”专线巴士

资料来源：上观新闻

图 5.8 围绕“建筑可阅读”IP 开发的文创产品

理办法。

（5）打造全民参与的志愿者队伍，由文化遗产、建筑、旅游、传媒等领域专家、市民和讲解员组成。

5. 从资源整合、反哺城市着手，推动建筑故事赋能“一江一河”滨水公共空间

“建筑可阅读”的运作理念逐渐被引入更广泛的城市公共空间治理领域。尤其值得关注的是上海推进多年的“一江一河”重点工程，这是一个旨在不断优化城市“母亲河”——黄浦江与苏州河的周边滨水空间的环境品质的项目。考虑到“一江一河”是让人们重拾记忆、感受和展望城市情怀与魅力的最佳载体，该工程借鉴了“建筑可阅读”的理念，在滨水区域的开发建设历程中，一边深入挖掘沿岸的历史遗存，一边高度重视可阅读的历史建筑和现代生活的衔接——最主要的方式就是在历史遗产中嵌入新的文化艺术功能。例如，徐汇滨江一直坚持“文化为先导”的建设原则，通过改造、活化老厂房打造系列美术馆、艺术设计机构，码头废弃地改建公共绿地，原上海水泥厂旧址利用、改造飞机制造厂车间，形成上海西岸音乐节、艺术与设计博览会等系列文化活动；浦东新区注重以工业遗存为载体，努力打造黄浦江东岸文化集聚带，原有煤仓及其廊架改造成的艺仓美术馆，上海船厂造机车间改造成时尚艺术中心，民生码头 8 万吨筒仓作为 2017 上海城市空间艺术季主展馆已改造完成并对公众开放；杨浦滨江注重充分挖掘百年工业文化底蕴特征，通过加快完成永安栈房、毛麻仓库、烟草仓库、明华糖厂（图 5.9）等历史建筑的修缮利用，提升旅游、文化、体育、博览等复合功能。这些改造后的工业遗产与滨江沿河的历史景观有机融合，在提供游憩功能的同时，更唤起大众对于上海的自豪感和归属感。

经验借鉴

SDGs 11.4 提到了文化和自然遗产。该目标凸显了遗产保护的重要性，但也可能让遗产的形象趋于狭隘化，简单地等同于快速城市化的“被动受害者”，始终需要得到保护，而不是社会发展的催化

资料来源：同济大学建筑设计研究院（集团）有限公司原作设计工作室

图 5.9 改建后的明华糖厂

剂。从这个角度来看，上海对历史建筑等遗产的保护，进行了创新性的本地化努力，强调遗产应该被充分置于人们的生活情境之中，并用文化的方式成功激起了本地市民对遗产保护与开发的兴趣。

1. 通过广泛参与，引导市民认可遗产价值形成情感连接

通过“建筑可阅读”活动，上海本地的作家、艺术从业者、专业学者、市民、企业等不同程度地参与了建筑史料的收集、汇编、写作与传播工作。专业人群采用了文献调研、田野调查、口述历史等多样化的方式记录建筑的真实设计信息与历史信息；非专业人士则在这些史料基础上不断添加与建筑相关的生活记忆和情感信息；还有许多市民化身成为为外来游客讲述建筑故事的志愿者。来自民间的广泛参与是尤为重要的，有助于本地居民对建筑遗产的价值产生发自肺腑的认可与尊重。他们可能在阅读故事的过程中唤起对家园的归属感，也可能在“逛马路、穿弄堂、讲故事”的过程中与老建筑构建起全新的情感连接。市民从建筑的“参观者”“阅读者”，逐步转变为建筑的“守护者”“解读者”，最终成为活化和振兴历史街区的“推动者”，他们在参与过程中积累的“信任资本”，可以成为城市治理的有效社会资源。

2. 塑造阅读氛围，提高市民的审美修养和人文情怀

上海本身是具有浓厚阅读文化的城市。2021 年市民阅读状况调查显示，上海市民纸质阅读率为 92.63%，数字阅读率为 91.90%；76.54% 的受访者认为阅读能提高他们的幸福感[13]。加上近年来“大阅读”概念日渐普及，人们越来越认可阅读已从单纯的文字纸本阅读扩容至多维度的阅读方式体验。基于这些本地化的前提铺垫，上海市政府选择将阅读对象从书本推演至建筑，很顺利得到了广泛市民的认可，也激发了他们的兴趣。通过多维度的阅读方式，包括与建筑相关的书籍的阅读、与建筑相关的音频的“听读”、与建筑相关的网络互动，上海进一步加深了全民阅读的氛围。在这个过程中，由于大量本地作家、艺术家、建筑设计师、史学家等专业人士的参与创作和传播，因此大范围地加深了市民对历史文脉的理解和建筑美学的熏陶，有助于提升市民的文明素质、审美修养和人文情怀。

3. 构建创意 IP，兼顾文化旅游发展和城市形象宣传

“建筑可阅读”活动逐渐形成了一个新的文化 IP，产生了很大的溢出效应，与旅游产业、创意产业进行了结合，为城市的经济发展做出了贡献。上海市政府一方面利用此 IP 构建特色旅游路线、开发周边文创产品；其中值得一提的是，疫情影响了旅游产业的发展，而基于本地遗产的老房子旅游线成为特定情境下的补充产品，使当地社会和个人受益。另一方面，上海通过发布“建筑可阅读”官方形象标识，提炼出了体现独特内涵的上海城市形象视觉符号，树立起了新的文化品牌，也为讲好城市故事提供了新的渠道，为上海的对外宣传提供了新的可能。“建筑可阅读”活动始终强调上海的老建筑是应该被置于整体街区之中、置于市民的日常生活场景中、置于城市从过去到未来的发展框架中来加以“阅读”和欣赏的。从这个意义上说，推广和宣传上海的建筑，就是在宣传上海这座城市，得以让全世界了解这座城市的渊源、精神和品格。

---

13 上海市新闻出版局 .2021 年上海市民阅读状况调查 [EB/OL]. [2022-04-30]. https://www.thepaper.cn/newsDetail_forward_17762805。

东耶路撒冷：从濒危历史建筑群到宜居文化中心[14]

案例背景

厚重的文化底蕴和持续的纷争，令东耶路撒冷既充满了吸引力，也被来自多方的力量牵扯着、拖慢了城市发展的进程。当地面临最大的挑战是居住空间的不足，尤其是在老城（Old City）、西尔万（Silwan）和谢赫贾拉（Sheikh Jarrah）地区，仍有家庭处于人均住房面积紧张甚至无正式居所的窘境[15]。除缺乏住房外，东耶路撒冷居民区还缺乏良好的公共服务和基础设施，包括公共空间、交通系统、教育和卫生设施等。此外，东耶路撒冷76%的居民生活在贫困线（Israel-Defined Poverty Line）以下，学生辍学率为13%[16]。多方面的限制深层次地阻碍了当地的社会、经济和环境的发展。如何改善当地居民的人居环境、提供所需功能、培养青年能力以及促进可持续的经济发展成了重点议题。

在联合国人居署的助力下，当地基于文化的维度找到了一种有利于实现SDGs 11的解决方案，致力在进一步努力保护和捍卫世界文化遗产的同时，确保人人获得适当、安全和负担得起的住房与基本服务。2011年4月，联合国人类住区规划署理事会第23届会议通过的第23/2号决议[17]明确了东耶路撒冷老城的修复和城市更新工作，特别关注其人居环境的改善。2014年起，人居署牵头实施了历时八年的Dar Al-Consul建筑群（简称“DAC建筑群”）的修复项目。DAC建筑群坐落于东耶路撒冷老城的中心，具有独特的建筑和考古意义。其地基建于马穆鲁克时期（1250—1517年）(Mamluk Period)。自1856年起，该建筑群被用作普鲁士领事馆（Prussian Consulate），并于1882年被转交给东耶路撒冷的拉丁宗主教（Latin Patriarchate）[18]。自1982年起，东耶路撒冷老城被列入联合国教科文组织的濒危世界遗产名录[19]（World Heritage List in Danger），亟须得到保护与复兴。

基于此，DAC建筑群的修复项目应需而生，尝试修复濒危的历史性文化遗产地，使其成为符合现代居住需求的住宅，并嵌入充满活力的新文化功能空间，以此改善当地居民的人居环境，让居民拾起对于古城的信心，让古城拾起可持续发展的活力。

实践过程

DAC建筑群的修复项目由建筑物的所有者——圣地保管人（Custody of the Holy Land，CTS）发起，

---

14 感谢联合国人居署推荐并对本案例提供素材支持。

15 UN-OCHA. East Jerusalem: key humanitarian concerns[EB/OL]. (2017)[2022-06-30]. https://www.ochaopt.org/content/west-bank-east-jerusalem-key-humanitarian-concerns。

16 UN-HABITAT. Right to develop: planning Palestinian communities in East Jerusalem[M/OL]. 2015. https://issuu.com/thepalestinedevelopmentmonitor/docs/planning_communities_in_ej。

17 UN-HABITAT. Governing Council. Report of the Governing Council of the United Nations Human Settlements Programme, 23rd session (11-15 April 2011)[R/OL]. (2011)[2022-06-30]. https://digitallibrary.un.org/record/706831。

18 Dar Al Consul - Jerusalem. Dar Al Consul: Growth & Opportunities[R]. 2021。

19 TAWEEL A K. Dar al-Consul: from ancient ruins to a modern Palestinian Youth Hub[J]. This Week in Palestine, 2021, December(284): 26-31。

并由 CTS、联合国人居署和圣城大学（Al Quds University，简称“AQU”）共同管理并予以实施。2014 年，欧盟通过联合国人居署加入其中，开启了为期八年、分三阶段推进的修复项目，共投入 647 万欧元[20]。

CTS 的主要任务是保护圣地内的资产，并通过不同的住房项目为当地社区服务。AQU 作为高等院校，主要工作包括开展高质量的研究、为重要问题提供解决方案，并通过其不同的项目和部门培养有能力的青年。两者目标一致，致力于共同推进 DAC 修复项目，以改善东耶路撒冷老城内巴勒斯坦家庭的人居条件，增强巴勒斯坦人的文化认同与身份认同，并助力 DAC 建筑群转型成为当地的文化和社会中心。

1. 修复 DAC 建筑群，改善人居环境

项目第一阶段（2014 年 1 月—2017 年 9 月）的主要工作是修缮占地约 750 平方米的建筑群底层。这一层空间曾经为 DAC 的居民与周边邻居提供安全庇护，但在项目启动时已经遍地碎片，梁柱的结构欠缺稳定性，反而存在许多安全隐患。项目团队对其进行了结构性干预和加固，并在此基础上重新修复了所有底层的隐蔽房屋、通道和壁龛，将底层面积扩展到 1 200 平方米。同时，楼上的 23 套住房单元和 3 个公用庭院也得到了全面修复和改造。

在此基础上，第二和第三阶段自 2018 年 5 月开工，至 2021 年 10 月结束。第二阶段又修复了 13 套住房单元，使 39 个家庭可以在古老的建筑空间中享受舒适的现代居住条件。大部分居民过去常年在此地遭受潮湿的空气、危险的瓷砖、破旧的木工、老化的电气机械装置与管道所带来的困扰。而今彻底摆脱了这些烦恼。共用的社区庭院也得到了修复，绿化景观经过了美化，同时配备有安全警卫的看护，让居民得以安心享受新的居住环境。

第三阶段也是最终阶段，重点完成了建筑群内部的历史遗迹的挖掘与保存。有五大主要发现被保留在了 DAC 建筑群内，正是这些见证了马穆鲁克等历史时代的遗迹赋予了这片“废墟”以生命，如水箱、马赛克地板、私人浴室和水管道等。除了完全结束底层装修工程外，第三阶段还为建筑群加装了现代化而独特的环保系统，并旨在通过简朴而宜居的室内装修，为游客提供一种有别于东耶路撒冷老城常规风格的场所。因此，项目团队在房间的石拱顶部安装了消防系统，在地面增加了地暖系统，为墙体留出适当的通风空间，还嵌入了智能电气控制系统。除此之外，团队在墙体修复过程中运用了独特的抹灰与勾缝技术，以最大限度地减少湿度，并使该建筑群成为独一无二之所（图 5.10）。

2. 定位“市民中心”，实现可持续运维

2021 年下半年，本地的团队开始负责 DAC 建筑群的运维，主要负责将底层空间定位为市民中心，内设三个区域分别提供主题不同，却又相互关联的服务内容，让市民获得独特的学习、辅导与实践体验。市民中心刚运营三个月，便有 1 000 余人享受了 DAC 提供的社区与公民服务。市民中心内设的三个区域分别是：

（1）旅游、IT 和媒体中心（Tourism，IT and Media Center，简称“TIMe”）整合了旅游中心、博

---

20 HILAL R. Final report for end-term project evaluation of the rehabilitation of Dar Al-Consul into a residential and civic center - Phases Ⅱ / Ⅲ [R]. 2022。

资料来源：Studio Muhaka /Al Quds University

图 5.10 DAC 建筑群中修复前（左）和后（右）的某个庭院

物馆画廊空间、虚拟博物馆、零售和购物区、书店，以及多媒体工作室，配置了完备的先进信息和通信技术设施（图 5.11）。该中心在最初运营的三个月中，为约 250 人提供了服务，主要是让大家体验专为 DAC 和老城开发的虚拟现实与增强现实产品。这类产品的开发，主要是一家名为 Intertech 的技术公司在联合国人居署的帮助下完成的。

（2）教育和职业创新中心（Education and Professional Innovation Centre，简称“EPIC”），已为 650 人提供就业指导服务，其中大部分是青年人。

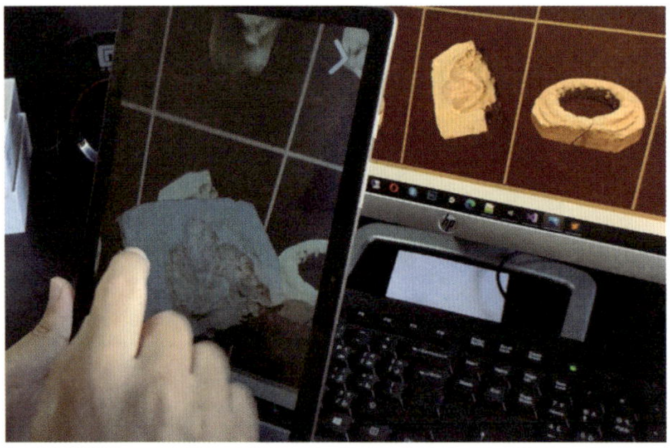

资料来源：Nmotion Studios / Intertech Co.

图 5.11 DAC 文物的 AR 展示

主要的服务形式是提供数字营销和社会创业相关的培训、研讨班与夏令营。这部分服务主要由圣城大学的企业孵化器 B-CITE（Business Incubation Unit）负责策划与推进。

（3）烹饪和美食体验中心（Culinary and Food Experience Centre，简称“CAFE”），由当地著名的巴勒斯坦美食厨师开设为期 20 次的烹饪课程，为年轻的厨师提供实践指导。所有这些获得培训的年轻厨师会在中心的组织下，为康复机构、老人院、孤儿院提供餐饮服务，也会在 TIMe 与 EPIC 举办各类活动的时候提供餐食互动。这部分内容主要由 CTS 厨师 Tony Zarour 负责策划与推进。

3. 组织职业培训，培养青年能力

项目高度重视青年们的能力建设，帮助他们获得新的知识和学习技能，使他们能够进行一系列市民和商业活动（图 5.12）。经申请环节，项目组建了由居住在老城的六名当地学生组成的团队，让他们亲自进行商业运营和管理。通过与项目管理团队的每周会议，学生们在 AQU 和联合国人居署的指导下，领导了 DAC 项目的调研工作。在该项目的运营初期，有五名青年受雇于 EPIC、TIMe 和

资料来源：HILAL

图 5.12 TIMe、EPIC 和 CAFE 的相关活动

CAFE 的运营职位。随后在项目的第二和第三阶段，大量学生和青年参与了现场修复工作，考古系、建筑系、商业经济系等部门的学生参与其中并得到了能力培养。例如，AQU 建筑系的学生，在建设阶段完成了建筑群的 3D 物理模型制作工作（图 5.13）。据统计，共计 37 名学生参与了项目改造，325 名学生参与了项目运营。这些实践活动锻炼了青年们的能力，并展现了其工作成果。参与 DAC 项目的学生还获得了联合国人居署认证的结业证书，有利于他们的未来就业。除学生外，对参与工程中的额外未接受过专业培训的劳动力，福利协会（Welfare Association）也为其提供了关于历史建筑修复的培训。

AQU 还量身定制了青年发展计划，指导青年们就业，并帮助他们专注于职业生涯的规划。AQU 的企业孵化器 B-CITE 已经为近 700 名学生提供了职业发展咨询服务以及技术课程方面的培训，例如数字营销、Python 编程、物联网、网页开发和微软人工智能基础等课程（图 5.14）。AQU 的联合培训伙伴有 Informatica 公司、Otermans 研究所、东耶路撒冷高科技论坛和 Intertech 公司等多样化组织。

DAC 项目的成功经验值得在当地得到进一步的复制与推广。联合国人居署决定继续牵头实施为期 5.5 年的欧盟资助项目“可持续干预的优质城市发展——以修复促振兴”（Quality Urban Development for Sustainable Interventions-Rehabilitation for Revitalization，简称“QUDSI-R4R”）（2022—2027 年），旨在借鉴 DAC 项目在修复与运维方面所展现出的可持续性，进一步改善东耶路撒冷老城的社会经济条件。

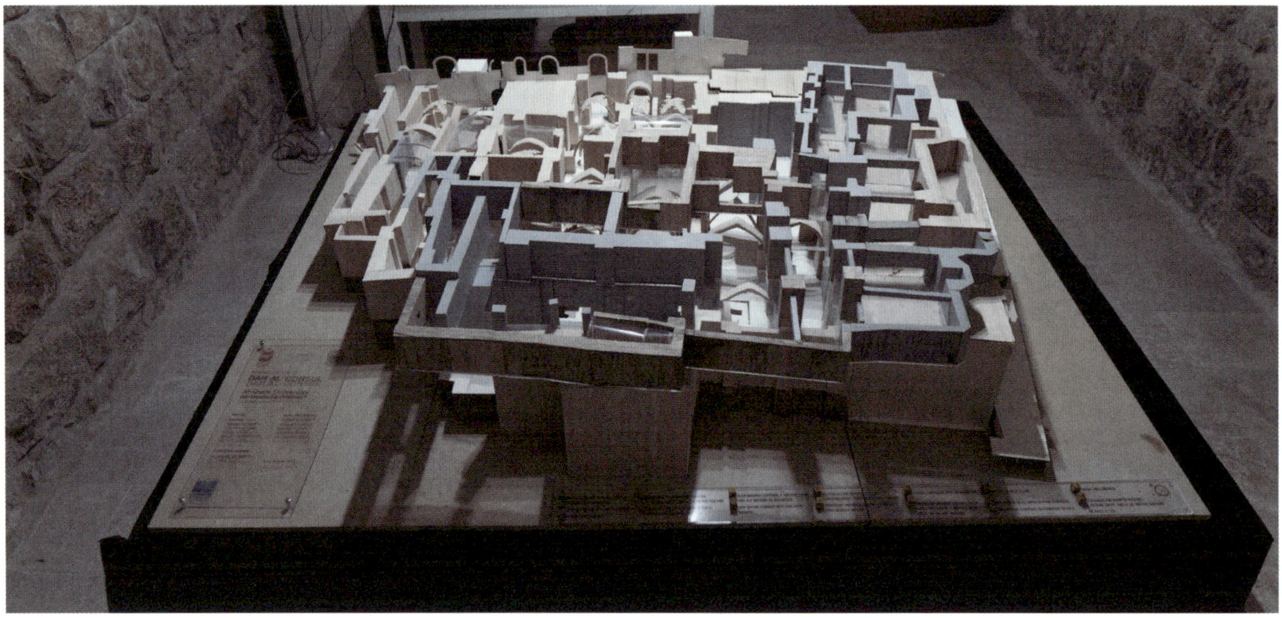

资料来源：联合国人居署

图 5.13　AQU 建筑系工作室制作的 DAC 的 3D 物理模型

资料来源：TAWEEL

图 5.14　B-Cite 组织的数字营销讲座

经验借鉴

1.“保房也留人”的遗产保护模式有利于老城区的可持续发展

DAC 的修复工程首先保存并重叙了历史遗产建筑的文化价值，使 DAC 成为当地的文化枢纽，标志着东耶路撒冷老城的象征性转变。对于类似的历史文化遗产的修复工程，也应首先高度重视其历史建筑的价值，遵循原有的传统历史建筑的实体设计进行修复。拥有宝贵的历史文化价值的遗产具有强大的发展潜力。可以通过博物馆的建设、AR 等前沿技术的运用等多手段、多方位地展示其经久不衰的历史文化，增强空间叙事，进一步提升当地社区居民的文化和身份认同。

与此同时，案例在实践过程中没有忘记本地亟须解决的现实居住需求，特别强调了对原住民的尊重与保护。因为原住民和他们的日常生活也是历史遗产建筑文化中最紧要也最鲜活的组成部分，是遗产之所以具有传承价值的“源头活水”；所以基于此理念，DAC 的修复不仅关注建筑本身，还强调人居环境的优化。这种优化是在充分了解了居民和游客的现实需求之后，通过引入大量现代化的基础设施和公共空间来完成的。“保房”只是保护遗产的基础，只有“留人”——留住当地的居民，让他们继续成为老城区的创建者和守护者，才有可能真正走上可持续发展的道路。

2. 老建筑群里镶嵌新文化空间有利于老城区的包容性发展

修复后的 DAC 建筑群为城市的年轻人提供了一个学习、获得技能并通过多元文化交流和互动来自由表达自己的现代化空间。在普遍存在社会边缘化和孤立问题的地方，像 DAC 这样的成熟的市民中心，为所有年龄、背景和性别的当地社区成员提供了一个宝贵的场所。市民们可以利用空间里的现代化设施，组织参与多种活动，交流想法并相互学习。这既能帮助市民和游客更好地了解城市内的文化遗产和多样性，也有助于促进可持续的文化交流和社会发展。

3. 遗产修复的广泛知识共享有利于提升当地青年的综合能力

本案例在推进过程中强调了有关文化遗产的修复、保护等方面的能力与知识的转移。这种知识转移源自专家、学者、一线从业者、本地青年等各方面的充分交流、对话与协作。国际和当地专家组成的团队在当地提供了持续的知识交流与分享活动。参与工作的学者将工作经验整合成案例研究分享到多样化的建筑修复课堂上。参与结构性工作的工程师也将 DAC 案例形成一篇会议论文发表[20]。此外，项目实施过程也鼓励当地学生的参与，让他们进行专业的实践和活动的实施。这些实践机会促进了当地青年的继续教育、职业发展和创业活动，有助于减少贫困、增强韧性。学生和多样化团队的参与也增加了市民和游客对 DAC 和老城的联系。其中许多人后续访问了这里，并与当地社区合作。DAC 和老城的知名度也因此得到了进一步的提高，当地的文化也得到了进一步的传播。

20 Casarin F, Di Marco L, Mocellini M. The Dar al Consul complex in Jerusalem: improving the living conditions and the structural capacity[C/OL]//12th international conference on structural analysis of historical constructions. 2021. DOI:10.23967/sahc.2021.284。

政策建议

建议 1：根据地方文化背景制定具有文化敏感性的可持续发展战略

（1）城市应以包容性审查的方式厘清地方文化资产与社区需求，综合考量文化多样性、当地习俗、城市的特点与能力，在此基础上制定自身的可持续发展战略。

（2）城市的可持续发展战略与细化目标应以符合当地特定文化、传统、默会知识的表述传递给本地社区和市民，逐渐形成情感共鸣。

（3）城市文化遗产可以成为推进可持续发展战略的“生活实验室”，开展各类创新性方法试验，最终使文化遗产的保护要求与生活品质的提高相结合。

建议 2：基于文化遗产开启创造就业机会、发展当地经济的新途径

（1）城市可充分借助文化遗产的修复与运维之机，以“以工代赈”等方式为本地社区和市民，尤其是边缘群体、贫困人口等提供更多的灵活就业岗位。

（2）城市应在提供就业机会的同时，为本地社区和市民提供广泛的与文化相关的技能培训、职业教育乃至与文化经济相关的创业辅导等。

（3）城市可在文化遗产的基础上探索更广泛的文化产业、表演艺术、创意经济等方面的机会，让文化成为发展内生资源、创造可持续创收的一种方式。

建议 3：引导本地居民成为文化遗产保护的知情者、执行者和受益人

（1）城市应在保护文化遗产外观的同时，保护遗产和本地社区之间的情感联结，保护仍居住于历史建筑中的市民的记忆、习惯与正常的生活功能。

（2）城市应在保护工作中努力取得本地社区和市民的理解和参与，并在生产、生活中不断加强对文化遗产价值和意义的了解。

（3）城市可动员市民成为本地文化遗产故事的记录者、讲述者和传播者，倾心、持久、自觉地守护文化遗产。

建议 4：充分发挥文化作为社会黏合剂的作用，协调多方推进可持续发展目标的本地化

（1）城市应积极运用文化的方式，协同多领域、广泛人群之间的对话与沟通，充分发挥文化作为社会黏合剂的作用，为实现可持续发展目标而营造基于归属感和信任感的协作关系。例如，在历史建筑和街区嵌入新的文化空间就有利于促进包容性发展、增进文化对话与社会凝聚力，最终实现可持续发展目标。

（2）城市应充分运用文化的方式，向本地社区与市民宣传、普及可持续发展的理念、本地化挑战与解决方案。

（3）城市应充分开展文化间对话，借助文化多样性开拓、创新城市实现可持续发展目标的路径、方法与工具。

第六章 | # 治理篇

引言[1]

伴随着全球化不断演进，对于地方发展有管理协调功能的城市治理体系也日趋复杂和多样化。城市治理不仅要适应地方人口的快速增长以及经济、社会和环境条件的变化，也需响应多个城市利益相关主体的多元需求。当下，新冠肺炎疫情席卷全球，冲击着地方的治理体系，它也像一面镜子，反映出不同地方治理路径的多样性。不同国家采取了差异化的治理路径，国家内部和国家之间的不平等也暴露出来甚至加剧，其中贫穷和健康状况欠佳的人感染病毒的风险更大或难以接种新冠疫苗，会首当其冲地受到经济影响[2]。

因此，城市治理也愈加重要。在应对和防范全球变暖、新冠肺炎疫情等自然灾害和社会风险等方面，地方需要做好充分准备并制定快速应对预案[3]。城市治理行为涉及政府和利益相关者决定如何规划和管理城市地区，以及如何分配社会资源、物质资源和政治权力。而这些在城市应对突发事件和风险中都至关重要，恰当的城市治理将有助于地方主体有效应对全球新冠肺炎疫情等突发挑战。那么当今时代，什么才是恰当的城市治理?

人是经济社会发展和地方风险挑战的直接利益相关者，因此，以人为本的城市治理理念应该是首要且关键的。而当下城市治理体系的服务供给普遍与人民需求存在差距。这一点尤其体现在社区治理层面，许多城市居民缺乏社区层面的参与。只有不让任何人掉队，健全的治理体系包容和支持所有个体，才能在地方层面实现可持续发展目标。因此，良好的城市治理应考虑地方多元化主体的诉求，并注重公众参与以促进包容性发展，探索灵活适用的体制机制，以实现治理效能的发挥。

另一个关键因素是加强超越行政边界的地方治理体系的合作。面对全球气候变暖、新冠肺炎疫情等全球性、区域性的公共问题，已经无法通过一个国家或地方的单边行动来解决，各个地区发展主体必须团结协作，承担“共同而有区别”的责任，促进区域间互动交流，形成共建、共享、共赢的命运共同体。联合国提出的可持续发展目标，其本质上是从全球系统视角出发的一场集体治理行动，旨在促进全球合作和世界各地方主体超越行政边界限制，共同分工合作，以应对风险和挑战并支持全球可持续发展。

如何采取具体行动以切实促进城市治理？本篇基于全球实践选取了四个相关案例，详细介绍每个案例的实践背景、过程和经验，希望为政府和相关政策制定者提供参考。

（1）加拿大温哥华大观林地社区（Grandview Woodland Community）关注社区多样性和公平性、社区经济以及环境保护，注重维护现有社区网络，特别关注社区中弱势群体的诉求，同时鼓励公众多方式全过程参与社区规划，促进可持续的社区发展。

（2）伊朗德黑兰为应对快速的人口增长、城市化以及随之而来的环境污染、交通拥堵等问题，启动了智慧德黑兰计划（Smart Tehran Programme，简称“STP”），通过数字化潜力挖掘搭建以人为本的城市管理框架，

1 本章作者为同济大学彭震伟、陈晨、黄怡、李凌月、唐伟成、王海晓、王滇、王列。

2 联合国．2021 年可持续发展目标报告 [R].[2021].https://unstats.un.org/sdgs/report/2021/。

3 王洌瑄，王崑声，黄华津．系统论视野下城市治理的复杂性分析 [J]. 计算机仿真 ,2022,39(03):1-6，45。

重塑城市提供关键城市服务以及市民参与日常生活的方式。

（3）长三角绿色生态一体化发展示范区（The Yangtze River Delta Eco-Green Integrated Demonstration Zone）探索跨行政区划共建共享的区域一体化治理机制，并采用综合性的策略提升区域的产业经济、生态文化、人居环境的综合治理水平，以建设世界级滨水人居文明典范。

（4）美国洛杉矶为全球可持续发展目标（SDGs）本地化行动的代表案例，将自身发展战略与 SDGs 发展框架相结合，开展多方合作并广泛利用开源技术，探索出一套相对完善的发展体系与行动指南。

总体而言，这些案例从不同空间尺度揭示了如何构建以人为本的、系统的城市治理体系。值得注意的是，城市仍是最重要的治理主体，它最接近社区治理，并在全球治理起到关键作用。可持续发展目标（SDGs）的实施也表明，目标的落实成效在很大程度上取决于城市层面的行动[4]。此外，我们呼吁各级地方主体应立即采取行动，关注人民需求，按空间尺度分配治理任务和责任，调整具体治理方式，提高地方治理能力，因为提升城市治理水平在某种程度上就是提升地区发展的综合实力。

参考案例

加拿大温哥华：与历史和解，让社区前行——大观林地社区的可持续发展之路

案例背景

1. 社区历史背景

大观林地社区（Grandview-Woodland Community）是加拿大不列颠哥伦比亚省温哥华的一个社区，位于温哥华地区的东北部（图 6.1），是聚集在温哥华中心城周围的几个社区之一，也是温哥华最古老的定居者的社区之一，是温哥华三个第一民族传统领地的构成部分。社区所在的领土是沿海萨利希人（Coast Salish People）祖传的、未被割让的领土，社区所有的居民目前正是在他们自己的领土上工作、生活和休憩的。马斯魁（Musqueam）、斯阔米什（Squamish）、茨莱尔·沃图思（Tsleil-Waututh）这三个东道民族是最早居住在此并利用大观林地及其以外地方的民族。伴随着 19 世纪 90 年代城际有轨电车线路的发展，在城市早期的交通史中就已扎下根来，叮当作响的有轨电车刺激了大观林地社区发展成为温哥华东部“郊区”的一个充满活力的社区。直到 20 世纪，它进一步发展成为一个高度可步行和互联的社区，也是居民和游客喜爱的目的地。

然而，该社区和温哥华以及加拿大面临着同样的历史问题，那就是欧洲殖民地留下的破坏性遗产，尤其是在建设现在的温哥华过程中，当地第一民族被驱散到有限的保留地上，并且对当地原住民的传统食物采集、仪式、文化以及治理体系造成了无可挽回的侵蚀。

4 邵超峰，陈思含，高俊丽等．基于 SDGs 的中国可持续发展评价指标体系设计［J］．中国人口·资源与环境，2021，31（04）：1-12。

资料来源：Grandview Woodland Community Plan[EB/OL]. chrome-extension://cdonnmffkdaoajfknoeeecmchibpmkmg/assets/pdf/web/viewer.html?file=https%3A%2F%2Fvancouver.ca%2Ffiles%2Fcov%2Fgrandview-woodland-community-plan.pdf.

图 6.1 大观林地社区位置

2013 年，温哥华市与加拿大和解组织（Reconciliation Canada）合作，宣布这一年为“和解年”（Year of Reconciliation）。这包括承认负面的文化影响和加拿大寄宿学校制度（Canada's Residential School System）产生的陈规定型观念。这是一个和解与疗伤的过程，促进了对迄今为止定型了原住民体验的历史影响的更广泛的、可分享的理解。然而，和解是一个持续不断的进程，将一直持续到未来。2014 年，温哥华被宣布为和解之城（City of Reconciliation），因为认识到这项工作不仅限于某一年，而是一项长期的、世代的努力。温哥华市申明，将与当地第一民族和城市原住民（Urban Aboriginal Residents）合作，继续承认其长期存在，应对殖民主义的不利影响，并尽可能建立新的、积极的和建设性的关系，这对社区的所有居民都有好处。

很显然，大观林地社区作为一个历史悠久、种族多元的社区，社区的整体可持续发展对于温哥华来说有着特殊的历史象征意义。大观林地社区目前仍拥有大量的遗产资源以及多元的社会结构，社区中大约三分之二的社区居民是租房居住[5]。据 2016 年加拿大统计局人口普查数据显示，该社区总人口为 29 175 人[6]。

2. 所面临的挑战和旨在解决的问题

长远回顾表明，随着城市不断发展，社区所面临的问题也在发生变化。加拿大社区在不同时期重点解决与面临的问题有所不同。二战后的 20 年里，加拿大城市社区关心的是如何容纳不断增长的人口，如何为他们提供住房、公共设施，以及如何应对他们对汽车的迷恋；20 世纪 60 年代开始，人们主要担心社区内环境的恶化，社区的更新成为人们期望的解决方案，直到用来实现这一目标的“推土机”方法受到质疑；20 世纪 70 年代，人们经常担心新的大型项目可能会对现有住宅和公共区域产生影响，例如公寓、建筑群、高速公路、机场和购物中心；20 世纪 80 年代，对于增长的管理和经济适用房占据了社区规划者的大部分注意力；进入 21 世纪，气候变化和自然环境的潜在恶化是突出问题，社区的可持续发展受到高度重视[7]。

5 Grandview Woodland community plan[EB/OL]. chrome-extension://cdonnmffkdaoajfknoeeecmchibpmkmg/assets/pdf/web/viewer.html?file=https%3A%2F%2Fvancouver.ca%2Ffiles%2Fcov%2Fgrandview-woodland-community-plan.pdf。

6 Social indicators profile Grandview Woodland[EB/OL]. chrome-extension://cdonnmffkdaoajfknoeeecmchibpmkmg/assets/pdf/web/viewer.html?file=https%3A%2F%2Fvancouver.ca%2Ffiles%2Fcov%2Fsocial-indicators-profile-grandview-woodland.pdf。

7 Gerald Hodge, David Gordon, Pamela Shaw. Planning Canadian communities (seventh edition)[M]. Top Hat, 2020。

如何保持社区的宝贵品质，并不断改善其可负担性、可持续性、包容性、活力和宜居性？具体而言，与温哥华的其他社区一样，大观林地社区也在努力应对当今的挑战，如环境和气候变化、社区中多元人群的住房需求、提供更多可负担实惠的住房机会、商业活力、人口增长停滞、年轻人和学龄儿童人数减少、老龄化问题、应对气候变化等问题，以及社区自身独特的城市原住民和第一民族诉求的问题。

实践过程

大观林地社区的实践展示了地方社区如何在政府的支持协助下形成本地化的可持续发展目标，尤其是地方政府如何与当地第一民族和城市原住民合作，通过支持经济适用房，鼓励以社区为基础的零售商业活动、绿色建筑设计与建筑节能改造以及可持续的交通方案等措施，努力建立新的、积极的和建设性的关系，实现社区的可持续发展。本着和解的精神，他们正在并将继续积极塑造这个社区的未来。

1. 社区规划的编制与实施

针对复杂的历史背景和社会形势，大观林地社区通过编制社区规划，提出系统的问题和解决方案，并确保能够得到实施。大观林地社区规划也是温哥华社区规划体系的组成部分。20 世纪 70 年代中期，为了应对城市各种增长和发展的压力，温哥华市议会批准在部分社区制定地方规划（Local Area Planning，简称“LAP”）。此后不久，市议会开始了一项名为 City Plan 的全面规划倡议，这是最初的 1928 年巴塞洛缪规划（1928 Bartholomew Plan）以来的第一个全面的城市规划倡议。而后，《城市规划：温哥华的发展方向》(CityPlan: Directions for Vancouver）于 1995 年获得批准，并确认温哥华是“一个由邻里社区组成的城市”，作为这个规划进程的一部分，城市认识到 City Plan 只有“扩展”到邻里社区层面才真正有效。于是，到 1997 年，“社区愿景计划”（Community Visions Program）开始实施，该计划涉及社区与市政府工作人员合作，根据城市规划的方向和社区的需求和愿望，创造社区对于未来的愿景，大观林地社区规划也正是在这样的背景下制定的[8]。

大观林地社区规划与温哥华其他的社区规划一样，编制过程主要分为“启动社区规划—制定规划和政策—规划草案—规划批准”四个阶段。在规划编制过程中，社区规划重视多方参与规划编制，听取社区成员以及其他主要利益相关者的声音，确保规划过程的包容性，反映社区的多样性[9]。

大观林地社区规划中与可持续发展相关的规划对策主要涉及社会可持续与环境可持续两个方面。社会可持续着重社会的包容性、公平性和韧性特征，主要包括对于城市原住民和第一民族诉求的回应以及对于社区多元住房需求的满足。环境可持续着重环境保护与环境问题应对，主要体现在社区的绿色可持续交通规划以及能源和未来气候变化的应对。

大观林地社区规划开始于 2011 年。2012 年 3 月，温哥华市议会批准了指导四个新的社区规划进程的职权范围，并启动了其中之一的大观林地的规

8 Backgrounder Community Planning [EB/OL]. chrome-extension://cdonnmffkdaoajfknoeeecmchibpmkmg/assets/pdf/web/viewer.html?file=https%3A%2F%2Fvancouver.ca%2Ffiles%2Fcov%2Fnext-comm-plan-background.pdf。

9 Vancouver C. How we plan liveable and sustainable neighbourhoods [EB/OL]. https://vancouver.ca/home-property-development/neighbourhood-planning-projects.aspx。

划进程。社区规划进程最初预计需要两年的时间，在规划开展一段时间后发现，在一些关键问题上没有达成共识，市议会决定召开公民大会[10]，将公民大会作为探索多种选择、应对挑战和解决社区中出现问题的重要工具，该规划最终于2016年得到市议会批准。

大观林地社区的社区规划为应对社区未来的变化制定了精心的管理框架，该规划回应了社区所面临的挑战，指导社区在未来继续发展成为宜居且可持续发展的社区，具体包括下列议题：

（1）支持一系列的经济适用房。提供不同类型的住房和不同尺寸的单元，关注市场租赁住房的保留、管理及更新。

（2）培育稳健、有韧性的经济。鼓励以社区为基础的零售商业活动，增强与支持社区活力和经济。

（3）鼓励绿色建筑设计、建筑节能改造。鼓励新建筑采用被动式节能设计方法，对现有建筑进行节约能源措施改造。

（4）支持一系列可持续的交通方案。优先考虑步行、骑行和公共交通等可持续交通方式；有效管理道路交通网络，提升交通安全；支持货物和服务高效的流动和递送。

2. 关切历史遗留问题，回应社区原住民和第一民族诉求

第一民族问题是加拿大的历史问题，所谓“第一民族”，是指除因纽特人（Inuit）和米提人以外的以印第安人为主的加拿大各原住民的总称。尽管加拿大是发达国家，但是“第一民族”的生活条件艰苦，人均寿命远低于全国平均水平。“第一民族”面临的危机有复杂的原因。他们多散居在远离城市、交通不便、人烟稀少的“保留地”内生活，自然条件异常恶劣。同时，这些社区的基础设施陈旧破败，无法获得可靠、清洁的饮用水，缺少电力通信，教育资源缺失，住房紧张。由于社区内经济不振，工作机会甚少，毒品犯罪等活动十分猖獗。贫困一度成为“第一民族”社区的代名词，不少居民对未来感到绝望。自杀是困扰整个“第一民族”的严峻问题。目前“第一民族”人口有85万人，占加拿大总人口的2.6%，但自杀比例较其他非原住民族高5至6倍。

“第一民族”的生存危机也是近代以来加拿大原住民苦难的延续。1867年加拿大联邦成立后，原住民的命运并没有改变。加拿大在过去150年间进行的社会实践灾难深重，几乎摧毁了一个民族和一种文化。其中，强制“第一民族”的儿童离开父母，进入“寄宿学校”，强迫他们接受所谓的白人教育，让其脱离家庭和原有文化的影响，这种寄宿学校制度不仅摧残了这些儿童的身心健康，导致大量儿童死亡，还造成传统文化的传承断裂。2008年，加拿大政府正式就此道歉，但创伤已难以弥合。寄宿学校制度是加拿大政府对原住民进行种族灭绝的黑暗历史之一，给第一民族带来的毁灭与长期影响仍继续存在，不列颠哥伦比亚省乃至全加拿大的原住民的社区和家庭都无法避免。

20多年前，加拿大皇家原住民委员会就提出要改善第一民族生活状况，但一届又一届政府没能直

10 公民大会（Citizens' Assembly），是一个由人民组成的代表机构，其任务是就公共政策问题进行研究、审议和达成共识。通常，公民大会的成员是从承诺代表社区所有成员并对公民代表大会工作感兴趣的公民中随机挑选的。公民大会建议产生的过程采用的协商一致决策和多数决定原则。这种方法被认为是一种民主参与的创新模式，有助于当前问题的直接解决和平衡。

面根源问题采取实际措施。巨大的资金投入，其他加拿大人需要放弃部分利益等，都令政府“左右为难”。因此，帮助“第一民族”走出困境，重新燃起人们对未来的希望，需要真实有效的行动。

不列颠哥伦比亚省由于物产极其丰富，是原住民最喜欢的地方，也是第一民族人口最多的地方，大约占了全国第一民族人口总数的一半。这里有超过 30 种土著语言，是世界上语言最密集的地区。大观林地社区中居住着大量的城市原住民，包括马斯魁、斯阔米什和茨莱尔・沃图思第一民族的成员，以及来自不列颠哥伦比亚省和加拿大其他地区的第一民族，如梅蒂斯人（Métis）和因纽特人。根据 2011 年的数据，该社区的 2 195 名原住民居民几乎占温哥华非保留地城市原住民人口的五分之一（18%），是温哥华原住民数量最大的社区之一。

大观林地社区在社区规划在价值观上，是尊重传统文化习俗，突出代表性与多样性，听取社区中居民的声音，关注社区中第一民族和原住民诉求，注重保持社区住房、设施、土地使用和经济机会等的多样性。

在规划原则上，提出与原住民社区合作实现和解的目标。采用独特和尊重的方式，承认和庆祝原住民在大观林地的历史和当前存在，通过利用传统地名、地名制作和地点标识等活动，寻求机会提及社区中的三个第一民族。

在社会福利战略上，结合原住民需求进行更新与规划，对社区中三个原住民服务设施的所在地进行更新扩张以及增加功能，满足社区日益增长的需要（图 6.2）。

在艺术与文化上，支持第一民族和城市原住民的艺术与文化表达与活动。加强对社区第一民族和城市原住民文化活动的投资，并通过文化景观塑造、文化活动以及与当代文化相结合，支持社区中的三个第一民族和城市原住民艺术与文化的表达、活动和公共艺术。

经验借鉴

1. 兼顾社区可持续发展的社会、经济和环境等方面

社区的可持续发展主要涉及社区的经济增长、社会发展与环境保护三个方面。大观林地社区同时注重社会公平与包容、社区经济以及环境保护与应对方面的策略。首先，关注社区多样性和公平性，注重维护现有社区网络，特别关注社区中弱势群体的诉求，相应地在社区住房、就业、商业发展、社区服务等各方面保障多样供给。社区不仅仅考虑吸引新居民的到来，还同样关注现有居民的保留与关切，提升社区居民的归属感，延续现有社区网络。其次，关注绿色规划策略、节能技术的应用，以及制定与未来气候变化对应的规划对策，对社区在未来发展中容易受气候变化影响的方面进行评估与研究，为应对气候变化做准备。

2. 鼓励公众多方式全过程参与社区规划

大观林地社区注重公众积极参与社区规划的编制、实施、监督全过程，主要通过公民大会，以及借助展览日、研讨会、问卷等多种形式听取社区居民的意见，关注社区居民的切身利益，与地方当局，以及专业人员等共同分析与诊断社区现状情况，将有限的资源高效配置和投入社区关键或者严峻的问题中，共同构绘社区发展远景，从而实现对社区规划和社区事务的民主、透明和包容性的公众参与，促进可持续的社区发展（图 6.3）。

3. 对社区规划及具体项目实施进行计划、评估与反馈

温哥华未来发展目标是成为宜居、可持续发展的城市，大观林地社区的实践对于存在原住民的城

资料来源：Grandview Woodland Community Plan[EB/OL]. chrome-extension://cdonnmffkdaoajfknoeeecmchibpmkmg/assets/pdf/web/viewer.html?file=https%3A%2F%2Fvancouver.ca%2Ffiles%2Fcov%2Fgrandview-woodland-community-plan.pdf

图 6.2 社区中的原住民友谊中心

资料来源：Grandview Woodland Community Plan[EB/OL]. chrome-extension://cdonnmffkdaoajfknoeeecmchibpmkmg/assets/pdf/web/viewer.html?file=https%3A%2F%2Fvancouver.ca%2Ffiles%2Fcov%2Fgrandview-woodland-community-plan.pdf

图 6.3 社区主题工作坊

市和地区的可持续发展而言具有特定意义。在社区规划及具体项目实施中，注重进行公开、计划、评估与监督，同时结合未来发展变化及时更新社区规划，以达到可持续发展的目标。

（1）社区住房策略与项目实施

为所有收入水平和规模的社区家庭提供住房选择，有利于保持社区的多样性和韧性，对于城市和社区的社会和经济可持续发展至关重要。大观林地社区遵循温哥华市现有的可支付住房政策，提出社区相关住房策略：①增加房屋供应及负担能力，通过政府拨款或提供额外密度，支持开发额外的支持性住房；鼓励增加市场租赁住房、非市场租赁住房和自有住房数量；与非营利组织、住房服务提供者、城市原住民等形成战略伙伴关系，最大限度为弱势社区居民增加住房供应。②提供多样化的社区住房选择，满足人口的多样化需求，包括适合家庭、单身人士、老年人以及残疾人可获得的住房。

（2）社区绿色可持续交通模式

社区交通网络从根本上影响社区的特征以及社区内发生的互动。优先考虑步行、骑行和公共交通等可持续交通方式，有助于社区及温哥华市在不增加道路空间的情况下应对未来持续发展的挑战，创造更有活力的地方，从而实现可持续发展的目标。具体模式包括：①采用“完整街道”的原则和设计。②提升交通安全。③优化步行环境。④改善骑行条件。⑤鼓励公共交通。⑥道路网络及停车。

（3）社区的能源与应对未来气候变化

为助力实现温哥华最绿色城市的目标，减少生态足迹，大观林地社区采取了积极的对策：①土地使用政策。通过集聚发展、混合土地利用、交通和能源的整合，最大限度减少社区的能源消耗和温室气体的排放。②能源与改造。社区建设中鼓励使用可再生能源和技术，对现有建筑进行节能改造提高建筑效率和健康性能。③应对未来气候变化。注重加强社区内的社会联系，鼓励管理树木、绿地和绿色雨水基础设施，提高社会对事件的反应和恢复能力。发展绿色交通降低 CO_2 的排放。采用环保材料建造新建筑，使其环保性能达到最佳。

（4）社区公共利益战略（Public Benefits Strategy，简称“PBS”）

考虑社区现有设施以及社区外的地区服务和城市服务设施，为社区未来的长期资本投资确定战略方向，制定社区公共利益战略，涵盖支持宜居、健康和可持续社区发展的关键领域：经济适用房、儿童保育、公园和开放空间、社区设施、基础设施、交通、公用事业和遗产。结合城市的优先级和资金考虑，对未来社区长期、中期以及短期的投资进行了规划，促进可持续社区规划的实施。

专栏　旧房改造中的治理智慧：如何引导居民有序自治、高效决策

城市更新是城市发展到一定阶段的必然之举，也是推动城市品质不断提升的重要手段。旧房改造，包括居住环境与基础设施的改善、电梯与停车位等配套设施的优化、养老抚幼等公共服务设施的嵌入等，因这一切皆与市民的生活品质息息相关，而成为城市更新中的焦点环节。又因其牵涉到经济、社会、空间、环境等多方面复杂交错的掣肘因素，由此造成了较多治理性难题。尤其具有挑战的是，如何维护权益分配的社会公平性、如何保障每户居民的合理诉求都能得到解决。

上海杨浦区殷行街道为老旧小区加装电梯的案例，在实践过程中通过有效鼓励、引导居民参与，展现了精细化治理的智慧。殷行街道是上海具有代表性的大型居民区之一，人口老龄化情况突出。截至 2020 年 4 月，60 岁以上老人约占户籍人口的 46% [11]，导致广泛存在加装电梯的需求。然而加装

11　吴百欣．一起来听听杨浦这个街道加装电梯背后的故事！[EB/OL].（2022-07-24）[2022-09-16]. https://sghexport.shobserver.com/html/baijiahao/2020/07/24/230331.html。

电梯是一个以居民自治为核心（因为加装费用需由居民共担），但实施过程又高度依赖专业人士的旧改工程，由此引发了一系列难题。例如，需求不同的居民之间如何有效协商？达成共识的居民如何高效完成加装审批流程？如何预判不同居民楼是否具备加装电梯的客观条件？

殷行街道推出了一系列引导与辅助居民自主协商、有序决策的举措。

第一，街道成立“加装电梯指导服务中心”，帮助居民召开自主协商会议、告知审批流程、辅助工程落地，形同居民自治过程中的“军师”。

第二，为了让居民了解各楼栋加装电梯的基础条件，街道委托由建筑、基建和工程方面专家组成的专业团队，对 28 个小区 246 栋单元楼的周边环境、结构形式、户型特征、道路布局、绿化分布、管线条件等因素进行踏勘分析，绘制成《殷行街道既有多层住宅加装电梯可行性地图》。该地图用绿、蓝、黄、红色块分别表示楼栋加装电梯的“条件良好”“条件一般”“条件困难”和“不具备加装条件”情况。符合条件的楼栋居民可以加快协商进度；条件欠佳的楼栋居民则可以向专业机构寻求升级版的解决方案。

第三，街道在聆听居民需求和建议的基础上，发布了《殷行街道加装电梯自治指南》和《殷行街道影响加装电梯的十大因素及处理对策》，手把手教居民怎样开展民主协商、怎样就加装项目签订“居民协议”、怎样筹措资金、怎样填报申请表格、怎样遴选电梯供应商等。根据这些指南，居民自治便拥有了清晰的路线图。一栋楼成功加装电梯，居民基本要召开十次左右的协调会，正是这些指南令每场会议变得目的性更明确、决策更高效。也是在这些指南的引导下，居民们萌发了更多的创意解决方案，例如试行“免费安装、有偿使用”的分期支付模式来解决资金问题；试行“不同楼层、不同出资比例”的方法来解决高低楼居民的矛盾；试行“转账、记账、监督”三人三权分立的模式来保障资金的安全等。

此案例展现了以人为本的精细化治理思维。这种思维强调城市治理者不仅要广泛了解居民诉求，也要引导居民参与协商。其创新处在于，治理者为居民提供了一套有序自治、高效决策的方法和路径，减少了居民自治的试错成本，也更有利于激发居民参与治理的积极性。

中国长三角：长三角生态绿色一体化发展示范区——建设世界级滨水人居文明典范

案例背景

中国长江三角洲地区（简称“长三角”）范围涵盖上海、江苏、浙江、安徽全域三省一市，是中国经济发展最活跃、开放程度最高、创新能力最强的区域之一。长三角以占中国 1/26 的地域面积、1/6 的常住人口，创造了中国近 1/4 的经济总量，被列世界经济版图中公认的六大城市群之一。在区域经济繁荣增长的同时，长三角也面临诸多问题挑战。

一方面，如何在经济高速发展的同时保护好生态环境。长三角处于长江的下游区域，受到上游水流污染的同时，更因为地区内的工业经济发展而环境问题突出。另一方面，快速的经济一体化过程中，区域产业经济不断外延扩展，地区内部发展的不平衡问题也显露出来，区域生产力布局重复存在盲目性，产业结构趋同化现象依然比较突出。地区发展主体存在一定程度的地方保护，各自为战，尚未充分发挥整体联动效应。

如何突破行政区划限制，加快完善区域合作机制，并促进区域发展的生态化转型？作为中国重要的发展动力极，长三角地区的发展受到国家层面的直接关注。2018 年，中国国家主席习近平在首届中国国际进口博览会上宣布，支持长江三角洲区域一体化发展并上升为国家战略。事实上，随着区域经济生态相互关联的日益加深，加强地方合作实现一体化发展已经成为区域经济转型升级的迫切内在需求[12]。这意味着，长三角一体化战略将由中央和地方共同推动。

面向更深层次的发展需求和国家战略落实，中央和各地区主体如何协同推进更高质量的长三角一体化发展？考虑到长三角地域面积辽阔且经济社会发展差异性大，建设长三角绿色生态一体化发展示范区（简称“示范区”）方案被提出，作为长三角一体化发展战略实施的突破口。方案希望通过划定示范区，在集中空间区域内谋划创新发展体系和建设项目，对跨行政区划的一体化综合治理模式先行先试，并探索将区域生态优势转化为社会经济发展优势的途径。试点成功后，示范区发展经验将在更大范围内推广，引领区域高质量发展。

实践过程

2019 年 10 月，国务院批复同意《长三角生态绿色一体化发展示范区总体方案》（简称“方案”），标志着示范区的创建工作正式启动。方案支持沪苏浙两省一市联合成立一体化示范区理事会，作为一体化示范区建设重要事项的决策平台，研究确定一体化示范区发展规划、改革事项、支持政策，协调推进重大项目。同时，方案支持两省一市设立一体化示范区执行委员会，作为一体化示范区开发建设管理机构，负责一体化示范区发展规划、制度创新、改革事项、重大项目、支持政策的具体实施。

1. 跨行政区域选址规划

作为中国区域一体化发展战略重要载体，示范区在选址建设、整体定位和空间布局上进行高标准系统设计，为区域协同高质量发展的治理奠定基础。示范区选址处于长三角两省一市的交汇区域，横跨沪苏浙，包括上海市青浦区、江苏省苏州市吴江区、浙江省嘉兴市嘉善县全域。该地区生态环境和历史文化资源优势明显，具有长三角发展的独特基因，地区内湖荡水网密布纵横，江南文化底蕴深厚。在发展定位方面，示范区以打造“一体化制度创新试验田”“生态优势转化新标杆”“绿色创新发展新高地”“人与自然和谐宜居的新典范”为战略定位，以“世界级滨水人居文明典范”为总体发展愿景，以共建共享、共担共赢为治理方式，以生态优先、绿色发展为发展理念。

基于“生态绿色”的整体发展理念，示范区于 2020 年出台《长三角生态绿色一体化发展示范区国土空间总体规划（2019—2035 年）》（简称“《规划》”）。该规划由示范区执行委员会牵头沪苏浙两省一市共同编制保障各地方主体积极参与示范区建设，这也是中国首个由省级行政主体共同编制的跨省域国土空间规划。

在具体规划研究时，规划也从区域生态协同

12　刘志彪，孔令池．长三角区域一体化发展特征、问题及基本策略[J]．安徽大学学报（哲学社会科学版），2019，43（3）：137-147。

角度出发，考虑示范区内的淀山湖环境的整体性，在示范区规划范围外特别设置了协调区，对淀山湖周边地区进行统一规划研究。规划中，示范区统筹安排全域“山水林田湖草”全要素保护，开展全域环境治理和生态修复，构建示范区整体生态安全格局（图 6.4）。示范区空间组织布局上也追求绿色转型发展，不搞集中连片式开发，构建多中心、组团式、网络化、集约型的城乡格局，并以统一规划指标体系和全域国土空间管控、全过程的土地一体化管理等支撑手段保障规划实施[13]。规划基于地区的文化特色、经济基础和区位选择青浦区金泽镇、朱家角镇，吴江区黎里镇，嘉善县西塘镇、姚庄镇作为一体化示范区的先行启动区，率先开展建设。

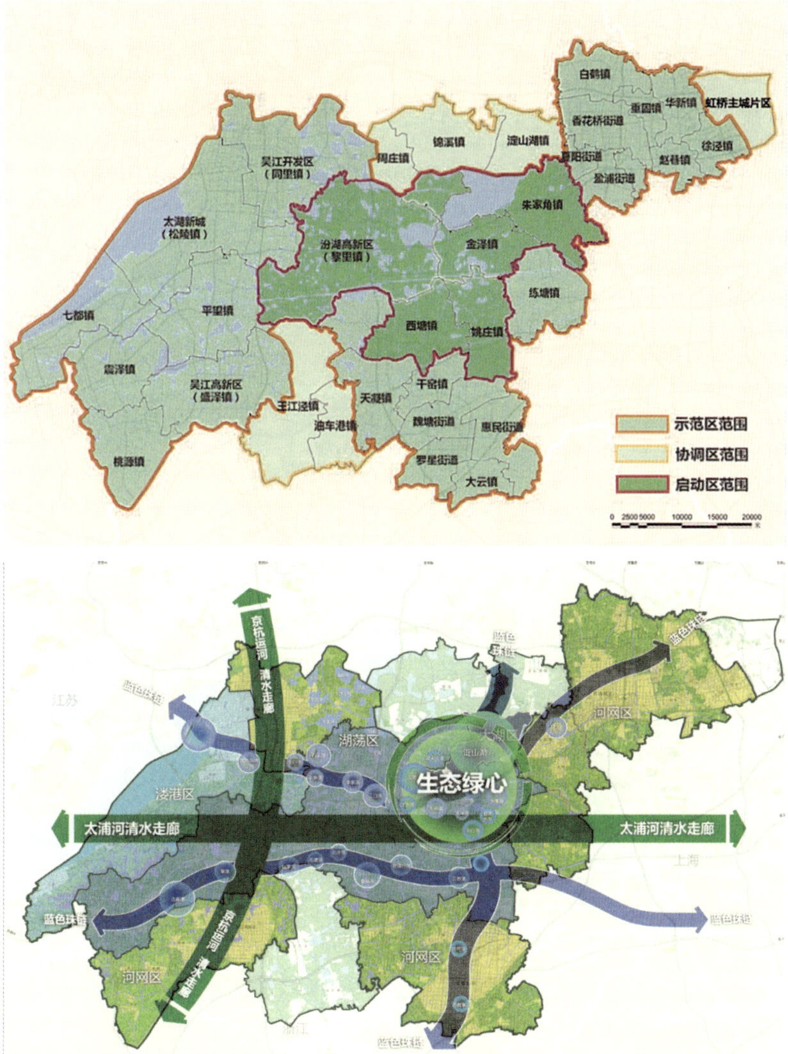

资料来源：《长三角生态绿色一体化发展示范区草案公示稿》

图 6.4　上：示范区规划范围示意图；下：示范区生态格局示意图

13　张仁开，周小玲．长三角生态绿色一体化发展示范区协同创新实践与思考［J］．科技中国，2021，(8)：78-82。

2. **制度探索和项目建设协同实施推进**

在具体实施建设中，示范区围绕区域一体化的实际制度政策问题和生态绿色发展目标，坚持“制度创新 + 项目建设”双轮驱动，通过制度创新驱动重点项目建设，为制度创新提供更为生动的应用场景和实践案例，实现有序推进。

（1）制度创新

如何打破区域发展主体之间的行政分割和市场壁垒，是促进长三角区域的一体化发展的首要现实问题。示范区基于按照“打破行政边界、不破行政隶属”的原则，在既定的行政区划条件下，探索创新构建不同地区一体化发展体制机制[14]，从政策机制层面促进区域协同发展。

示范区以区域发展的问题导向，重点围绕八个方面进行制度创新：①探索建立统一编制、联合报批、共同实施的规划管理体制；②探索统一的生态环境保护制度；③探索跨区域统筹土地指标、盘活空间资源的土地管理机制；④探索项目跨区域一体化管理服务机制；⑤探索促进各类要素跨区域自由流动的制度安排；⑥探索跨区域投入共担、利益共享的财税分享管理制度；⑦探索共建共享的公共服务政策；⑧建立统一的公共信用管理制度等。如在生态保护方面，示范区进行生态环境标准统一、环境监测统一和环境监管执法统一，为生态环境联保共治奠定制度基础；在促进市场要素自由流动的机制方面，探索形成了一批促进各类要素跨区域自由流动的制度安排，如企业登记标准全统一、人才资格资质全互认、金融服务同城化等。

（2）项目建设

具体机制探索需要实际载体支撑，同时示范区原先为中国江南传统乡镇地区，要为地区发展注入发展活力，谋划创新驱动的项目建设成为示范区建设的重要抓手。2021 年 5 月，示范区发布了《长三角生态绿色一体化发展示范区重大建设项目三年行动计划（2021—2023 年）》，明确了示范区近期重大建设项目，以项目建设落地承载示范区“共商、共建、共管、共享、共赢”的治理理念，并提升示范区自身高质量发展水平。

重点项目建设分为集中示范和分类示范两大类。集中示范为示范区先行启动区内重点区域建设，其中集中示范的重点区域包括“一厅三片”（图 6.5）的高标准建设（图 6.6）。“一厅”指“水乡客厅”，是示范区生态绿色理念的集中实践地和功能样板区，实行跨省域统一规划，不分地区隶属，作为长三角的公共空间，项目建设由两省一市共同组建公司，采用共建共投的机制，未来也将用一套标准管理。“三片”为示范区先行启动区内的青浦西岑科创中心、吴江高铁科创新城、嘉善祥符荡创新中心片区[15]。这些片区的项目建设围绕创新驱动为主题，如青浦西岑科创中心重点推进华为研发中心建设，吴江高铁科创新城重点加快苏州南站高铁枢纽建设，嘉善祥符荡创新中心重点聚焦创智水乡建设，建设形成集高等院所、人工智能、文旅文创为一体的特色创新中心。

分类示范则聚焦区域一体化发展关键方面，具体涵盖四类：生态跨域共治、轨道交通等基础设施互联互通、优化营商环境推动产业创新、民生服务共建共享。以生态跨域共治为例，示范区内的元荡生态治理过程是其中一个典型实践。元荡是上海市与江苏省的重要省界湖泊，在自然地理上与淀山湖

14 赵晓雷. 长三角一体化发展示范区制度创新研究 [J]. 科学发展，2020（03）：17-27。

15 http://sh.xinhuanet.com/2021-11/14/c_1310310269.htm。

资料来源：https://mp.weixin.qq.com/s?__biz=MjM5NTA5NzYyMA==&mid=2654437332&idx=1&sn=ad04179b7f3fc097f5848abc4f83cdda&chksm=bd3e62af8a49ebb90aa4a8013fe0598c72fec41cab272ecb3f78430224b4d92a95a56e1c361d

图 6.5 示范区先行启动区重点区域“一厅三片”区位示意图

资料来源：https://mp.weixin.qq.com/s/ABYBy1IjW9Wpb88ROKI14g

（a）“水乡客厅”建设效果图

资料来源：https://www.sohu.com/a/467611395_120823584

（b）青浦西岑科创中心效果图

资料来源：https://www.sohu.com/a/467567157_349645

（c）吴江高铁科创新城建设效果图

资料来源：https://weibo.com/ttarticle/p/show?id=2309404697567307890841

（d）嘉善西塘镇祥符荡科创绿谷建设效果图

图 6.6 “一厅三片”建设效果示意图

一脉相承，但在行政区域划分上却分属上海青浦、苏州吴江这两个平行的行政区域。在示范区成立之前，元荡的水体分由行政主体各自管辖，各主体都往往优先追求经济效益，对环境治理则较少行动，元荡水质常年停留在劣五类。2020 年，由示范区执委会牵头各地方主体，共同推进元荡生态修复和功能提升项目启动，对元荡的治理从“各管各”向共商、共建、共享的“大家管”转变。分属两省市的元荡，在水系连通、河道清障、清淤疏浚、岸坡整治、水源涵养等系列治理中实现了一体化。经过两年建设，元荡已建成了 10.5 公里生态岸线，通过联保共治，水质也得到了明显改善。在元荡的基础上，示范区总结形成《跨界水体生态修复与岸线贯通工程一体化实施指导意见》和《跨界水体生态修复和功能提升工程一体化实施标准》，为跨域生态环境一体化联保共治提供样板（图 6.7）。

资料来源：https://mp.weixin.qq.com/s/nAZcffcNw8yqSzVPodCZGw

图 6.7　元荡生态岸线贯通工程效果示意图

3. **试验成果积极总结推广**

示范区坚持示范引领，边探索边推进边总结。2021 年 10 月，示范区两周年发布会介绍，在促进市场要素跨区域流动、规划管理等区域一体化重要领域示范区推出了“32（第一年）+41（第二年）”项制度创新成果，同时全力推进世界水乡客厅建设等 65 个重大项目，为全国区域协调发展提供可借鉴的工作方法。推动长三角一体化发展领导小组办公室曾先后两次印发文件，向整个长三角和全国有条件地区复制推广示范区制度创新经验，并实地举办示范区制度创新经验复制推广研讨班。未来，更多来自示范区的制度创新经验将在中国进行实践。

经验借鉴

1. 跨行政区划开展治理行动，为区域一体化发展奠定基础

示范区基于国家战略使命，以示范带动长三角区域更高质量一体化发展为整体功能定位，整体推进由中央和地方协同配合，在示范区的管理体制、规划编制、开发机制等方面以战略性眼光整体谋划，跨行政区划开展各项治理行动，为一体化发展奠定基础。在管理体制方面，示范区搭建“理事会+执委会+发展公司”的“三层次”管理架构，在资源统筹、跨区域协调、标准规划制定等方面发挥作用，并引导相关地区的具体工作执行，体现了上接国家战略、下达区镇发展的作用，形成“业界共治+机构法定+市场运作”治理格局。

其中理事会由两省一市相关政府部门和示范区属地政府组成，理事会的理事长由两省一市常务副省（市）长轮值，三地统一谋划决策的同时突出政府作用和属地责任。同时，为充分吸纳社会建议，理事会邀请了知名企业家和智库代表作为理事会特邀成员，发挥类似公司独立董事的作用。此外，在示范区开发建设中，也注重处理好政府和市场的关系，让示范区和地方政府各司其职，政府和市场两种力量充分协同并进。示范区于2020年8月成立了长三角生态绿色一体化发展示范区开发者联盟（简称“开发者联盟”），联盟成员主要是企业和高校等专业机构，以联盟为纽带，示范区积极引入市场主体以促进资源有效配置，激发企业、高校等社会主体的积极性，助力长三角更高质量一体化发展。

2. 共建共享、共担共赢的跨域协同治理模式，支撑区域一体化发展路径

示范区在空间形态上跨省级行政区划，但又不能变更行政区划，要在既定的行政区划条件下打破行政分割壁垒，打破地区原有“各自为政”的地方发展导向，形成发展合力，这需要在达成发展和治理上的共识基础上，还要有一体化的具体制度安排，为地区协同合作提供可行的发展路径。示范区在区域协同的生态跨域治理、公共服务共建共享和市场要素自由流动等共性问题方面，进行制度创新和系统改革实践，总结形成“五个一”跨域共建共治新模式——“一张蓝图管全域”“一个主体管开发”“一个平台管实施”“一套标准管品质”“一体化制度管治理”。其中，“世界水乡客厅”区域项目的开发建设就是该模式创新实践案例和应用场景。

“世界水乡客厅”由沪苏浙两省一市共同出资，成立同比例出资、同股同权的长三角一体化示范区新发展建设有限公司；作为开发者联盟成员之一的三峡集团与长新公司再合资成立了水乡客厅公司，实现“一个主体管开发”。同时，该项目由多层级多地方主体共同编制城市设计方案、“水乡客厅”控制性详细规划，实现“一张蓝图管全域”；成立该项目联合指挥部，实现“一个平台管实施”；制订“水乡客厅”建设三年行动计划，加快实施先行启动区规划建设导则，实现“一套标准管品质”；在规划管理、土地管理、财税分享等重点领域，实现“一体化制度管治理”。

3. 以生态绿色理念为引领，促进区域高质量创新发展

示范区希望打破以牺牲环境为代价的区域传统同质低效竞争的发展模式，协调生态保护和经济发展，协调环境品质和项目开发建设，促进生态好经济社会高质量发展。示范区提出培育创新链与产业链共进的产业体系，构建具有全球影响力的新经济，主打数字经济、创新经济、总部经济、服务经济和湖区经济等五大环境友好型经济体系，把生态优势转化为吸引集聚各类高端创新要素的软环境优势。在空间组织方面，示范区统筹生态、生产、生活三大空间，把生态保护放在优先位置，不搞集中连片式开发，尊重地区江南水乡特色发展基底，构建多中心、网络化、融合式的布局形态。

伊朗德黑兰市：智慧德黑兰——以智慧城市功能促进更包容、综合和可持续的城市管理

案例背景

德黑兰市是伊朗首都（图 6.8），占地 615.62 平方公里[16]，近年来发展迅速，2018 年总人口约 890 万人，预计 2030 年人口将达到 1 024 万人[17]。快速的人口增长和前所未有的城市化速度加剧了德黑兰环境污染、交通拥堵等问题，对城市生活质量造成影响，亦对城市管理提出挑战。为应对这些挑战，德黑兰市政府于 2019 年启动了智慧德黑兰计划，旨在将这座大都市打造为对市民、游客和企业更具可持续和宜居的智慧城市。该计划设想在以人为本的城市管理框架下，以更高效的交通系统、互联互通的基础设施和动态活力的经济体系支撑更高质量的城市生活。计划中的六个核心战略目标包括提高透明度和公众参与度、提高市民满意度、推动可持续城市发展、促进伙伴关系和共同创造，以及促进

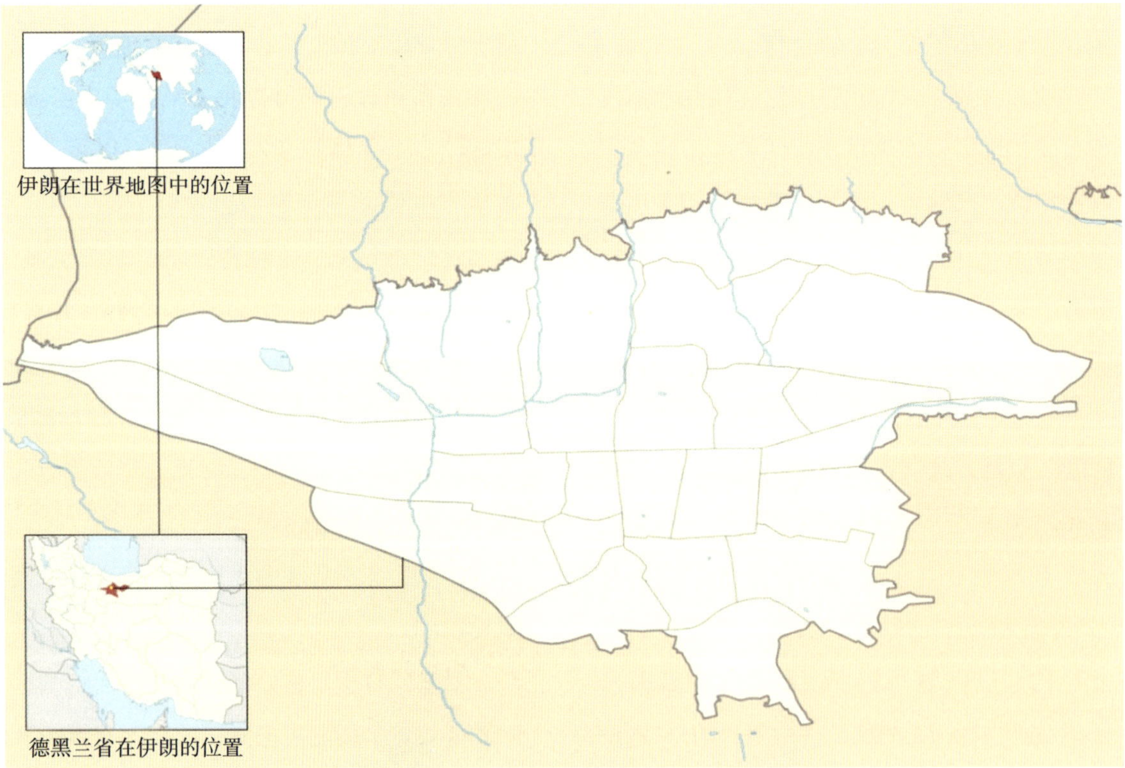

图 6.8　德黑兰市在伊朗德黑兰省的位置示意图

16 International Department of Smart Tehran, Tehran municipality. Smart mobility in Tehran. URL: http://www.smartcity-dialogues.com/wp-content/uploads/2019/12/DAY-01-FARJOOD-BINA-Tehran.pdf。

17 联合国经社部世界城市化展望 2018. https://population.un.org/wup/Publications/Files/WUP2018-Report.pdf。

数字化转型和城市创新。同年，德黑兰市与英国布里斯托尔、巴西库里蒂巴、乌拉圭蒙得维的亚、韩国首尔和瑞典斯德哥尔摩一同入围世界智慧城市奖（World Smart City Awards）城市奖类别。

STP 寻求实施全市综合战略促进可持续城市发展，利用高效的信息和通信技术（ICT）使市民更有效地贡献城市管理。此外，该计划还致力于将高科技文化、可访问的数字平台融入德黑兰基础设施和服务，为市民开发优化的具备自动化流程的电子服务系统。在这方面，以知识为基础的 ICT 平台被视为确保更具包容性的城市决策的重要组成部分。因此，STP 促进了智慧城市生态系统中所有利益相关者的协作。企业、政策制定者、监管机构、决策者、投资者和创新团体等参与并贡献德黑兰城市服务事务。然而，值得注意的是，德黑兰不仅旨在通过 ICT 基础设施提升城市，还力求通过六个维度的智慧发展达成“智慧城市”愿景，即实现：智慧经济、智慧出行、智慧环境、智慧基础设施、智慧治理和智慧生活。

作为一种革命性的城市管理方法，STP 改变了整个城市提供关键城市服务，以及市民参与日常生活的方式。利用智能技术潜力，STP 将公众更好地融入关键决策过程，扩大并加强了公众参与，同时实现更具响应性和代表性的治理模式（图 6.9）。因此，该计划为可持续城市化和相应的可持续发展目标做出了巨大贡献，德黑兰市也变得更可持续，并在社会经济、环境和文化领域产生了积极影响。

图 6.9　国际创新技术大会公开论坛及公众参与

实践过程

1. STP 计划包（内容）及项目演进

“智慧德黑兰”建立在德黑兰市议会（Tehran's City Council）制定的主要挑战和优先事项基础上（图 6.10）。智慧德黑兰中心（Smart Tehran Center，简称“STC”）负责规划、实施和监测 STP 项目，智慧德黑兰战略委员会（Smart Tehran Strategic Council，简称“STSC”）领导智慧城市决策，德黑兰市 ICT 组织（Tehran Municipality ICT Organization，简称“TMICTO”）则领导 ICT 相关基础设施和战略开发。

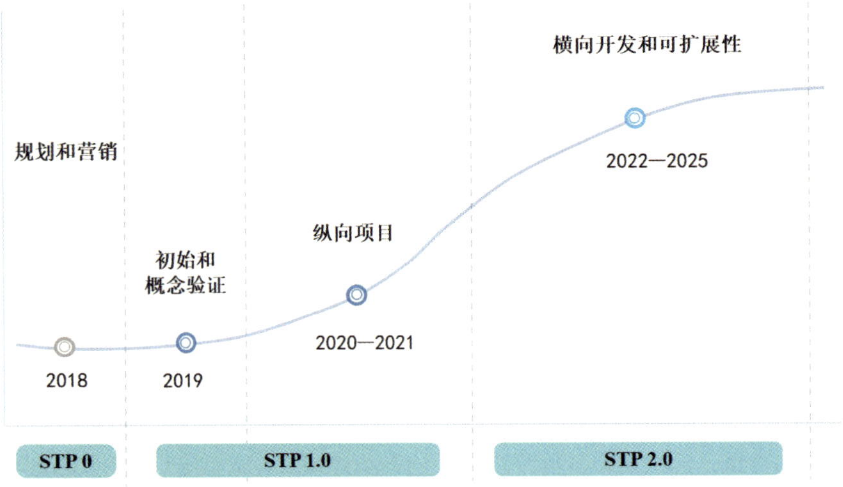

图 6.10 “智慧德黑兰”项目演化

2018 年，STP 启动预规划阶段（STP 0.0），专注智慧城市规划及相关政策和宏观战略制定。此阶段制定并实施了智慧城市试点项目，提高了居民、企业、政府官员等参与者的公众意识。STSC 和 STC 也在 STP 0.0 阶段正式成立，以推进集中决策。STP 1.0 于 2019 年启动，实施了 5 项倡议（Initiatives）和 12 个相关计划（Plans）。目前，STP 2.0（2022—2025）正在进行，着眼于对既有服务增质增量，在宏观上实现智慧服务纵深发展，并计划对 STP 1.0 进行评估。STP 2.0 强调智慧城市生态系统的长期投资机制，以确保私营部门预算，以及基于协作监管的 5G 智能服务。由于大部分已实施的倡议、计划和项目都属于 STP 1.0（阶段），因此下文将详述 STP 1.0 的倡议和计划。

2. STP 1.0 阶段的主要倡议和计划

STP 1.0 包括一个为期三年（2019—2021）的推广计划，重点关注由 12 个计划组成的 5 项核心倡议（表 6.1）。第一项倡议是 STP 1.0 的基础，其中，MyTehran 旨在将多种数字城市服务整合集中到单一应用程序，而 BAHAM 则是一个推动智慧城市发展的城市创新参与平台。第二项倡议推出的两项计划有助于整合增强创新生态系统，推广智能技术和设备，并生成创新解决方案，以实现德黑兰的“城市即平台”愿景。第三、四项倡议推动绿色可持续的交通方式和能源使用。第五项倡议是改革关键，致力于促进共享、开放数据的使用，以及智慧建筑服务、智慧市政服务 / 解决方案的融合和智慧城市基础设施发展。该倡议聚焦改善利益相关者的数据可访问性，汇集了城市开放数据（包含 1 400 多个数据集）、开放 API、市政透明度门户网站和基于智慧城市数据的决策支持系统等项目，辅助优化城市管理。此外，智慧城市应用程序和

表 6.1 STP 1.0 的五个核心倡议和 12 个关联计划

倡议（举措）	计 划
智慧公民与数字服务	公民服务平台（MyTehran）
	邻里和公众参与（BAHAM）
创新德黑兰	城市创新市场平台
	智慧城区和中心
智慧出行	智慧出现服务
	绿色出行
智慧环境、能源和安全	智能废物、能源和环境管理
	安全与城市危机快速警报
市政数字化转型	共享和开放数据
	智慧城市建设服务
	智慧市政服务与解决方案
	智慧城市基础设施建设

城市电子服务也部署其中，以打造“虚拟城市区域”。这五项举措包含 12 个计划和 63 个相关项目。下文选取 STP 1.0 中实现智慧德黑兰的三个主要计划，即 MyTehran、BAHAM 和绿色出行进行介绍。

（1）市民服务平台（MyTehran）

“智慧市民和数字服务”倡议率先推出市民服务平台（图 6.11），该平台是一款手机应用程序，在城市智能技术支持下，建立了一个完全集成的用户友好界面，方便市民访问，在中东地区独具特色。事实上，MyTehran 的想法始于 2018 年 4 月，旨在为进入德黑兰低排放区市民提供账户注册服务。随后，超过 40 项服务被迅速添加至该 APP，短短 2 年内就实现了整套支付服务集成。MyTehran 用户很快超过 300 万，每日交易量超过 450 000 笔，成为中东地区最大的智慧城市运营数字平台之一。

MyTehran 主要关注金融、市民权利、基于位置的服务（如街边智能停车）和电子服务（如住房和

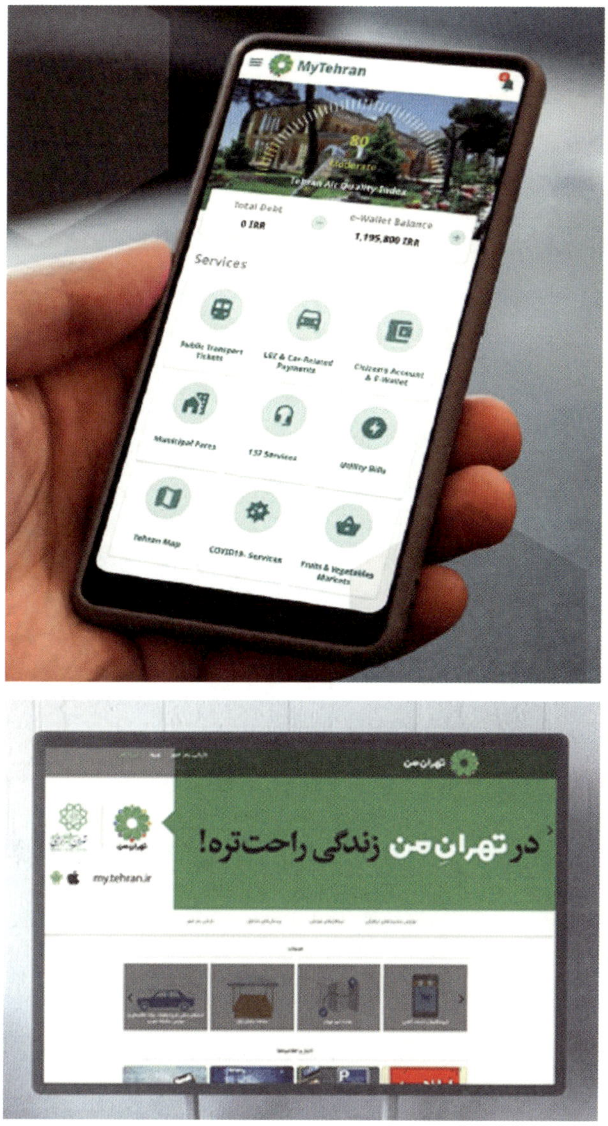

图 6.11 MyTehran APP

建筑服务）。例如，基于位置的服务集成了通过精确的政府数据收集提供的 GIS 数据层，为本地服务供应商提供个性化的多模式路由和业务优化。虚拟德黑兰之旅（Virtual Tour Tehran）和德黑兰交互式地图和路线系统（Tehran Interactive Map and Routing System）实时更新 GPS 定位和交通（状况），公共场所和建筑物的信息均在此基础上发展。电子服务为市政官员和市民之间的直接沟通和互动提供渠道，而金融科技服务和电子钱包使远程支付则更加顺畅（如水电煤气费、市政费用、低排放区收费、

城市小额电子支付、电子票系统，以及路边停车和电子收费）。

为确保最优化表现，该 APP 可以接收用户反馈、请求和反对意见，并内置警报和通知，而“Citizen Cartable”功能则提供了有关市民与市政府互动的透明信息。MyTehran 通过消除地区中亲临现场的必要性减少实际出行，所提供的远程服务对降低污染产生积极影响，并在新冠肺炎疫情期间减少人群暴露风险起到正面作用，对德黑兰地区具有革命意义。总之，该计划大幅提高了政府效率和居民满意度（满意度为 68%）[18]，且正持续开发新应用以更好地服务市民参与（如 BarBarg APP，用于在线发布货运文件、叫车服务、直接借记、虚拟旅游以及通过二维码扫描的公共汽车和出租车费用移动支付）。

（2）邻里和市民参与（BAHAM）

BAHAM 是另一个“智慧市民和数字服务”倡议下市民和政府间进行直接互动和参与的计划，创建了一个更负责、更关注公众需求的系统（图 6.12）。该计划促进了市民、加速器、科技园区和孵化器、初创企业、投资公司和政府实体之间的创新合作，并赋予私营部门（尤其是初创企业）权力，帮助其应对新挑战，旨在建立城市与其创新生态系统间从创意创造到 PoC（概念验证）和商业化的协同效应（如使用企业 – 企业的配对）。在 BAHAM 已整合到 MyTehran 的地方，传统和现代工具得以结合，用于收集项目设计和实施阶段的当地意见。它不仅提高了市政项目的知名度，也得到社区发展计划（Neighbourhood Development Plans，简称“NDPs”）支持（其中 170 个已编制，183 个正在编制中[19]）。BAHAM 提供了德黑兰所有 353 个社区项目的技术细节，市民可对项目进行排序、投票、打分，还可通过 137 热线向当地社区提问或提议社区发展计划项目。人工智能会对请求进行分析并提供机器人聊天等特殊功能，满足有听力障碍或其他残疾人群需要。这种包容性的在线服务有助于更为公平、自下而上的决策过程，促进了市民参与和与城市官员的对话，改善了贫困社区的社会经济和文化。

图 6.12　BAHAM 和在线预约平台

18　Metropolis urban sustainability exchange. MyTehran APP. https://use.metropolis.org/case-studies/mytehran-app--1。

19　BAHAM: Smart Tehran together. https://smartehran.medium.com/baham-smarter-tehran-together-99d2e38e1547。

（3）绿色出行

绿色出行是“智慧出行”倡议下的第二个计划，由六个项目组成。该计划部署了电动汽车充电站、电动巴士车队开发和轻轨交通，促进了噪声和空气质量传感器网络，以及专用自行车道的开发，同时推出了交互式自行车 APP “Docharkheh”。

交互式自行车 APP 为用户提供了寻路、选路和追踪功能，并通过推广活动激励更多人骑自行车，在德黑兰很受欢迎。为方便骑行者寻路，该功能被开发为可根据个人需求在四个主要类别中进行调整：快速（Fast）、有吸引力（Attractive）、轻松（Easy）和安全（Safe）。通过追踪功能，用户可查看其旅程概要，帮助市民管理不同路线用车情况。APP 对用户选择推广活动不设限制，鼓励人们更多参与骑行活动（表 6.2）。

德黑兰市政府及其领导对绿色出行和交互式自行车应用程序开发起到推动作用。例如，由德黑兰市长本人赞助和推广的“无车星期二”，以及政府支持的“Safar-e Eshgh”“Naqsh-e Charkh”等倡议都得到了推广。领导层良好的社会网络关系和交际能力也促成其与荷兰 MoveMobility 集团的合作，并吸取了该集团在多个国家运营众多自行车应用程序的经验（图 6.13）。由于创建用户友好的应用程序需要了解当地居民的偏好和需求，德黑兰政府与当地一家名为 Rajman 的公司签订了应用程序开发合同。2020 年 12 月，该 APP 上已有 5 900 多名注册用户，全市新增自行车道 600 公里、自行车站点 200 个、智能自行车 2 000 辆。与其他智能移动服务和管理系统相结合，Docharkheh 极大缓解了交通拥堵，减少了环境污染和能源使用等问题，有助于绿色都市的打造。

表 6.2　交互式自行车应用程序的开发时间表

时间表	行　动
2019 年 7 月	选择品牌和 logo
2019 年 12 月	在第三届智能德黑兰大会上发布交互式自行车 APP
2020 年 6 月	Android 版手机 APP 的公开发布恰逢世界自行车日
2020 年 9 月	iOS 版手机 APP 的公开发布恰逢世界无车日
2020 年冬季至 2021 年冬季	推出和开发 APP

图 6.13　交互式自行车 APP（左）和世界无车日（右）

经验借鉴

1. 利用数字化潜力，提高市民在城市决策中的参与度和责任感

数字化转型正在使德黑兰的城市治理现代化。在市民经常对政府决策不信任的情况下，确保以透明和方便的方式提供市政服务，对于弥合市民与市政官员间的信任缺失至关重要。通过STP增加市民在城市事务中的参与度对推动更具社会公平和包容性的城市治理具有重要意义。一方面，它允许产生更多样化的解决方案来应对挑战；另一方面，它有助于在机构层面注入更多问责制。城市服务的数字化也是提高地方政府行政效率的关键，其有助于在城市关键层面建立更具弹性的基础。在私营部门提高客户体验和参与标准的领域，政府亦希望保持同步。因此，地方政府应该认识到，数字公共服务对于推进目标的实施和实现可持续治理解决方案至关重要。

2. 利用智能技术促进城市可持续发展

与技术相关的基础设施部署无疑增强了德黑兰的可持续性。首先，通过推广绿色交通应用（如Docharkheh），市民正在转向更轻松、更绿色的交通方式，从而减少环境污染、能源消耗和交通拥堵。其次，智能垃圾收集电子应用程序正在通过智能分类、收集、控制和处置，重塑传统的固体废物管理方法。再次，通过提高关键服务的可及性和连通性，得以深刻影响社会可持续性，从而建立一个更具包容性和公平性的城市。地方政府应鼓励使用新技术，形成应对各个城市政府所面临挑战的创新解决方案，并借用其作为推动符合2030议程（2030 Agenda）的可持续城市化的关键工具。

3. 提高突发公共卫生事件下的治理韧性和危机管理能力

凭借已逐渐成形的智慧城市基础设施，德黑兰市政府有能力有效抗击新冠肺炎疫情。六大关键工具包括“MyTehran”市民服务平台、“Shahr-Pay”支付平台、旨在促进社会距离的自行车发展计划、智能垃圾收集管理、Behesht Zahra在线葬礼服务和应用于疫情防控的开放数据。这些工具大幅提升了危机下的治理能力。新冠肺炎疫情的爆发加速了技术在城市中的广泛应用。数字服务以多种方式改变和适应市民行为，从而提高后新冠肺炎疫情时代市民的生活质量。在应用智能技术的城市，后新冠肺炎疫情时代的未来充满希望，因为在市民、企业和城市管理层之间数据共享水平提高的支持和辅助下，城市治理干预的水平已得到极大提高。

美国洛杉矶：多方合作与开源技术驱动的SDGs地方行动

案例背景

2015年9月联合国可持续发展峰会在纽约联合国总部举行，会上通过了《改变我们的世界：2030年可持续发展议程》。该议程提出了17个可持续发展目标，旨在综合解决经济、社会与环境问题，指导未来15年的全球集体行动。在2030年议程的推动下，各个国家开始思考如何去有效应对当今面临的各类问题与挑战，为实现可持续发展目标建立清晰的实施路径，同时加快地方层面的行动。在国家尺度以下，城市是落实可持续发展目标的基础力量。城市的积极、深度参与能够加快地方行动，并在达成目标共识、促进公众参与方面起到关键作用。此外，全球发展中国家的快速城市化进程，也将进一步提升城市在深化全球治理行动中所扮演的角色。但很少有人预测到，在联合国可持续发展峰会举行后的短短几年时间内，部分城市基于2030年议程探索出了一套相对完善的发展体系和行动指南，在推进议程目标实现进程中扮演着先锋的角色。

2017 年，在市长埃里克·加希提（Eric Garcetti）的承诺与推动下，洛杉矶将 SDGs 作为城市发展的指导框架。在此背景下，洛杉矶的绿色新政（LA’s Green New Deal）等战略文件以及不同部门的发展计划得以与新的发展框架结合，洛杉矶成为全球首批在地方实践可持续发展目标的城市之一。洛杉矶推进 SDGs 本地化的主要设想为：衡量城市可持续发展目标的进展情况，探索动态监测 SDGs 的方法途径，利用数据分类发现群体可能掉队的方面，积极改善居民生活；让各类相关利益者均能够参与其中，与合作伙伴建立联系和协同机制，为达成目标采取新的举措、促成新的项目。随着实践的开展和深入，洛杉矶不仅形成了切实可行的本地化方案与路径，还开发了开源平台工具，后者为加速可持续发展目标的本地化提供重要技术支撑。SDGs 在城市层面的实践应用潜力巨大。洛杉矶的实践经验具备在国家乃至全球范围内传播及应用的条件，由此为全球发展议程的深化探索做出了积极贡献。

实践过程

1. SDGs 地方行动的演进

洛杉矶的 SDGs 行动经历了一个发展演变的过程（图 6.14）。2017 年，在康拉德·N·希尔顿基金会（Conrad N. Hilton Foundation）的赞助以及洛杉矶市长基金（Mayor's Fund for Los Angeles，MFLA）的拨款与执行下，洛杉矶 SDGs 地方行动启动。2018 年 2 月，洛杉矶与首个学术机构西方学院（Occidental College）签订合作协议。随后，洛杉矶相继和亚利桑那州立大学（Arizona State University）、南加州大学（University of Southern California）、加州大学洛杉矶分校（University of California，Los Angeles）、波莫纳学院（Pomona College）建立合作伙伴关系。一大批来自这些大学的学生参与数据收集工作，为地方行动提供了智力支持。

为了加速 SDGs 的本地化行动，洛杉矶率先推出了在线开源平台。2019 年 7 月，Open SDG 平台上线，洛杉矶成为全球首个使用开源平台并在指标层面报告 SDGs 数据的城市。此举也强化了洛杉矶的行政问责制，增加了城市管理的透明度，在共享技术的同时让市民、社会组织能够更多地参与城市治理。2019 年，洛杉矶首次发布自愿性地方审查报告，成为全球第六个发布自愿性地方审查报告的城市。2020 年，可持续发展目标活动索引（SDG Activities Index）上线，它涵盖了社区范围的可持续发展目标项目和倡议。以上是洛杉矶本地化实践的基本时间节点，下面将展开介绍其中的主要内容。

2. 主要实践内容介绍

（1）建构 SDGs 本地化评测标准。

洛杉矶将 SDGs 目标的本地化映射与调整作为关键优先事项。2016 年 6 月，在联合国人居署、开

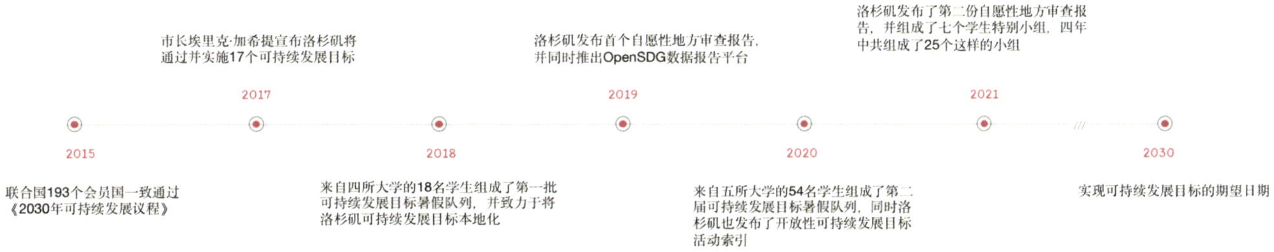

资料来源：https://sdg.lamayor.org/2021VLR

图 6.14 洛杉矶 SDGs 地方行动演进

发计划署的支持下，地方和区域政府全球工作组发布了《可持续发展目标本地化路线图：地方层面的实施和监测》。受此报告的启发和影响，洛杉矶试图制定一份与 SDGs 目标相匹配的城市计划清单，将相关的城市活动、计划、政策和数据映射到 SDGs 框架内，由此构建有效跟踪项目进展的评测标准。这项工作的开展有助于识别目前城市政策或是运营方面存在的不足之处，帮助确认取得目标进展的关键利益相关者。由于 2030 年议程中提及的部分指标无法直接应用于地方层面，洛杉矶在确认相关目标适用性的基础上，修改与完善未能反映地方实际情况的发展指标，特别是用于衡量社区发展需求的指标。总之，SDGs 目标的本地化过程有助于生成一份城市活动清单，通过该清单可以了解城市的基本状况和政策差距，吸纳更多地方部门参与（图 6.15），并为建立更广泛的合作伙伴关系、深化本地化实践打下坚实基础。

资料来源：https://sdg.lamayor.org/about/sdgs-la

图 6.15　采纳 SDGs 的洛杉矶城市部门

（2）开发 SDGs 在线开源平台。

第一，Open SDG 平台。Open SDG 平台目前对 159 项指标进行报告，并持续将相关数据收集后存入到集中式的数据库。其中，超过 30 项指标允许生成分类数据集。通过启用数据过滤、切换功能，完成对特定人口特征（性别、种族、年龄等）或地理信息的统计。分类统计数据的生成可以让洛杉矶在更微观的尺度分析城市发展中面临的复杂挑战，识别可能掉队的群体，在解决贫困和饥饿等问题方面起着非常重要的作用。虽然可持续发展目标数据报告平台最初是为国家统计而开发，但在开放数据企业中心（Center for Open Data Enterprise，简称“CODE”）、市信息技术局（Information Technology Agency，简称“ITA”）和洛杉矶市长基金的支持下，洛杉矶将其改进并创新性地用于地方报告。报告的数据和指标不仅限于洛杉矶市，在某些情况下会涉及洛杉矶县或加利福尼亚州等更大的司法管辖区。

Open SDG 平台采用机器可读数据和数据可视化方式，兼具多种语言功能（提供六种联合国官方语言的翻译），因此能够通过定制供给全球各个城市使用（图 6.16）。由于该平台并非专属于某个机构或个体，使用时无须支付许可费用。其他城市可以通过访问一个开放的 Wiki 来开发与部署城市平台，当然开发平台需要一定的技术知识。基于此，作为一个共享信息与技术的开源平台，Open SDG 带来了一种更为透明包容的数据传播方式。同时，作为一种原型趋势分析工具，Open SDG 协助预测直至 2030 年的定量数据。近期，西班牙巴塞罗那、英国布里斯托尔和利物浦等城市，基于 Open SDG 平台代码开发了本地 SDG 数据平台，更多城市的居民因此而受益。

第二，SDG 活动索引。SDG 活动索引是一个生动的众包式百科全书，记录着在洛杉矶推广可持续发展目标的个人和组织。该索引工具可以进行搜索和导出，允许居民了解可持续发展目标，建立与提高共享能力。发展至今，SDG 活动索引已经帮助洛杉矶建立了一个关键参与者的网络。在城市开展

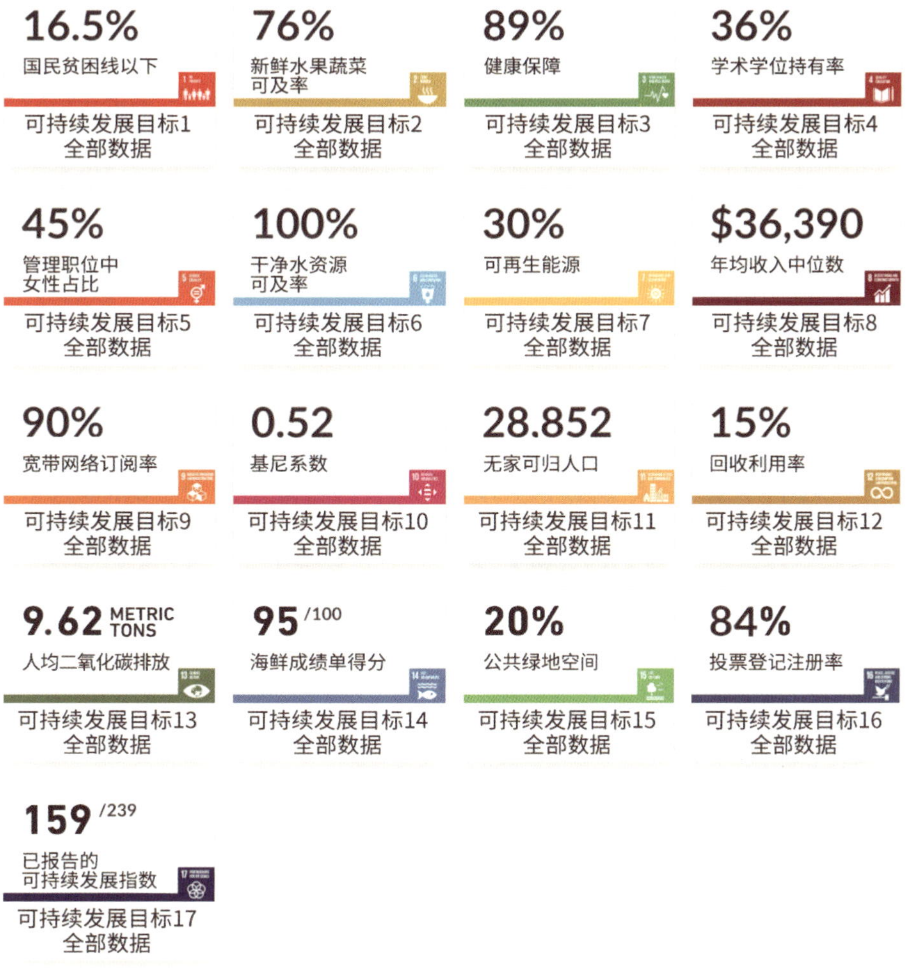

资料来源：https://sdg.lamayor.org/our-work/data-reporting-platform

图 6.16 洛杉矶对 SDGs 数据的动态监测

SDGs 行动的任一组织可以将他们的项目输入数据库。随着项目与活动内容在开源平台上的汇总，数据库的规模也在不断扩大。SDG 活动索引目前涵盖了 160 多个本地项目，吸引超过 1 000 位用户参与，有力地促进了 SDGs 本地化实践进程。

（3）发布地方自愿审查报告。

除了推出线上开源平台，洛杉矶在发布自愿性地方审查报告方面也形成了相应贡献。洛杉矶在 2019 年首次发布自愿性地方审查报告，2021 年第二次发布自愿性地方审查报告（图 6.17）。在报告中汇总了相关的本地化指标，并详细阐述了对应于 17 个可持续发展目标的具体地方政策与措施。自愿性地方审查报告成为城市跟踪报道 SDGs 本地化进展的关键材料，也印证了洛杉矶对于实现 2030 年议程的承诺。这项工作能够帮助城市了解自身的优劣势以及存在问题，在评估体检的基础上协助管理部门制定新的政策，从而有利于推进项目进展，促进城市可持续与公平发展。

促进性别平等是洛杉矶推进 SDGs 项目进展中高度关注的议题。市长办公室进行相应的政策设计并开发了性别平等工具包（Gender Equity Toolkit），采用量身定制的方法来启动、管理与监测促进性别平等的工作。一系列的政策与行动得到部署，例如，在人口贩卖率高的街角安装额外的监控摄像头和照明设备；增加项目与资金投入，促进女孩参加当地体育运动；设立职业发展计划，旨在培养女性的未来领导能力。此外，市长办公室还将洛杉矶市最低工资提高至每小时 15 美元的标准，该市接近一半的女性职工得到了加薪[20]。

经验借鉴

1. 对可持续发展目标的本地转译

对于有意愿推进 SDGs 本地化进程的城市，如何将 2030 年议程中提及的 17 个总体目标以及相关子目标转化为具备可操作性的城市可持续发展目标将会是首要难题。洛杉矶在实践中探索出了一套方法，大致包含以下两大原则。第一，将现有城市战略、计划与数据资源等，匹配到 SDGs 框架与指标

资料来源：https://sdg.lamayor.org/our-work/voluntary-local-review

图 6.17　2019VLRs 和 2021VLRs 封面

20　Altman M J. Using data for good: how Los Angeles is achieving the SDGs through gender equity[EB/OL].(2021-08-25)[2022-06-22]. https://unfoundation.org/blog/post/using-data-for-good-how-l-a-is-achieving-the-sdgs-through-gender-equity/。

体系，生成城市活动清单。通过比较分析，识别城市与各项目标存在的差距，以及取得进展所需的关键合作者与利益相关者。第二，针对 2030 年议程提出的 SDGs 目标进行本地“转译”与语境转换，主要工作包括：保持目标初衷的前提下修正或替换不适用于城市的指标，补充在全球框架中被忽略的发展目标，基于人口、地理等多维度的数据分类提出更为精准的目标策略以及指标体系等。这套经过实践形成的目标转换流程，克服了 SDGs 本地化过程中的一些制约性因素，更为准确地反映了地方的实际情况，可以为全球其他城市提供参考与借鉴。

2. 建立多元稳定的合作伙伴关系

SDGs 地方行动能否取得实质进展很大程度上取决于地方新型合作关系的建立。洛杉矶的案例表明，项目有效推进的基础是对内外部利益相关者进行广泛的动员，项目本身是政府、慈善组织、私营部门和学术机构等多部门合作的产物。其中，城市和大学之间能否形成紧密合作关系具有独特的价值。学生和学者深度参与 SDGs 项目，可以给城市带来专业知识和创新性解决方案。在这一过程中，更多的年轻人接触与了解了 2030 年议程，投身于本地化实践。例如，在洛杉矶，来自多个学术机构的 160 多名本科生和研究生参加了 SDGs 工作，完成了大量数据收集工作以及超过 22 个研究项目。考虑到在很多城市的决策与行动中缺乏青年代表参与，城市与大学的合作有助于赋予学生在地方响应与引领 SDGs 的机会，将更多样的观点融入城市的可持续发展战略。同时，两者间的深化合作也能够为城市培养更多秉持可持续发展政策目标及理念的倡导者。

3. 利用开源平台赋能 SDGs 地方行动

洛杉矶在地方行动中开发的开源平台可以灵活应用于国家以下的地方尺度，为 SDGs 框架在全球范围内的深化提供了一条清晰路径。开源平台可以将公共、私人等多部门的项目汇集起来，并与城市“转译”后的可持续发展目标进行有效连接。在实时监测与评估 SDGs 进展的基础上，协助城市制定更具针对性的政策，从而顺利达成应对地方挑战、改善社区居民生活以及促进可持续发展的目标。Open SDG 和 SDG 活动索引两个平台都具备多人协作的超文本系统，平台均由开源代码构建，技术门槛较低，其他城市可以免费使用。在技术共享的前提下，开源平台使得全球各地区的城市根据地方需求进行本地化应用，反馈最新的实践内容和数据。此举还有助于逐步建立起城市间的合作伙伴网络，重新界定城市在全球发展议程中的新角色。然而需要指出的是，仅仅应用 Open SDG 等开源平台是不够的，创新性举措的出台以及地方政府治理能力的提升对于 SDGs 实践仍具有重要意义。

政策建议

建议 1：寻求城市和社区问题的地方化的可持续解决方案，并通过社区规划的编制与实施使其制度化

大观林地社区案例的实施效果给城市可持续发展带来的积极影响是逐步显现的，尤其是在创建社会包容的城市方面的实践贡献具有典型且突出的象征意义。对于存在历史种族问题的城市和社区，在城市社区层面探索以更加公平和包容的态度对待城市边缘群体做出的贡献，具有可推广、可应用的价值；对于不同规模、人口、环境、文化的城市普通社区而言，在注重保持社区住房、交通、设施、土地使用和经济机会等的多样性方面同样具有普遍的参考价值，包含了从经济、社会、环境或文化角度促进城市发展的可持续性方法。而在城市层面推广

社区规划，使其制度化，通过社区规划，具体实现下列目标：推动社区多种类型住房供给、管理和更新，满足社区的多样化住房需求；促进社区经济，提供一系列零售和商业活动；支持多模式、可持续的绿色交通方案，提升交通安全，改善交通运输能力；进行绿色建筑设计和改造，支持节能，使所有新建筑的环保性能达到最佳；修复历史问题，社会可持续；推动包容、韧性和可持续，治理角度。

建议 2：面向区域协调可持续发展，持续推进区域生态、经济、社会一体化治理

面向愈加紧密的区域竞争协作，地方发展需要破除行政区经济的封闭性造成的流动受阻和市场分隔，激活要素合理化配置，也要强化区域间对绿色发展理念与生态共治理念的认同，构建跨区域利益协调共享机制与权责清单机制以及优化跨区域生态共治制度体系，促进区域一体化治理。

同时，区域一体化治理在激活地方发展潜能的同时也势必会突破以往既定地方发展逻辑，因此需要从中央和地方两个层面协调配合，制定清晰、更具操作性的目标和行动路径，也要注重引入市场和社会力量，发挥多主体治理效能。具体操作实施上可通过设置政策区先行先试，探索构建成本分担、利益分享、合作共赢的协调发展新机制，以保证区域一体化协调发展的有效性和可持续性。

建议 3：以多方合作和完善的信息建设机制，推进智慧城市管理

针对 STP，提出以下几项主要的政策建议以促进未来发展：一是巩固公私伙伴关系，发挥民营企业的创新精神，并在完善公共政策的同时，更好地解决公共利益问题；二是强调物质和非物质文化遗产保护，以避免可能由于技术的快速发展而对珍贵的当地文化造成潜在威胁或破坏；三是建立信息共享、信任和保护机制，即在信息公开和个人隐私之间取得平衡，采取适当的政策和法规来维护和保护隐私，有助于依靠数据共享和分析实现可持续的数据治理。

建议 4：基于地方经济社会发展实际和地区的首要风险挑战，有序开展 SDGs 地方行动

针对 SDGs 地方行动的开展，主要提出以下三点政策建议：第一，考虑国别差异。城市在国家尺度下运行，国家的制度环境与社会经济结构是 SDGs 地方行动的重要前置条件。由政府、社会和企业等主体构成的多方合作治理格局，其成效取决于特定体系、结构下的组合关系。

第二，考虑城市发展阶段。城市处于不同的发展阶段，面临的社会经济问题同样存在差异。洛杉矶作为美国第二大城市，具有较高的项目实践起点。但当前阶段发展中国家产业转型普遍较为缓慢，发展资金缺口较大，数字技术使用以及互联互通存在一定障碍[23]，因此在实施 SDGs 本地化行动时可能会面临更为严峻的挑战。对于不同的城市，都需要在 SDGs 目标与地方财政预算之间取得平衡。

第三，考虑外部不确定因素。新冠肺炎疫情对全球的可持续发展进程带来严重影响，许多地区和城市的目标实现可能因此而推迟。面对未来诸多的不确定性因素，城市应加强动态监测与评估，不断提升应对各类风险和挑战的能力。

23 中国国际发展知识中心．全球发展报告[R/OL].(2022-06-20) [2022-07-19]. http://www.cikd.org/detail?docId=1538692405216194562。

第七章

可持续发展目标本地化全球计划、进程和网络

引言 [1]

自 2015 年 9 月可持续发展目标提出以来，其实施方式不断演变，为城市引领可持续发展开辟了一条独特的道路。本章阐述了提出可持续发展目标和本地化概念的全球进程，以及可持续发展目标本地化进程中涉及的核心要素。本章还介绍了一些最著名的全球项目和网络，包括联合国人居署正在积极努力建设城市和地方政府能力以落实《2030 年可持续发展议程》的项目和网络。

可持续发展目标本地化全球进程

可持续发展目标的制定

可持续发展目标以联合国可持续发展大会、"里约 +20" 峰会和联合国千年发展目标（MDG）的成果为基础，并力求与《2015 年后可持续发展议程》(Post-2015 Development Agenda) 保持一致。关于《2015 年后可持续发展议程》的磋商表明，我们需要进一步努力，以千年发展目标为基础并吸取其经验教训，建立一个可持续的世界。2013 年，联合国发展集团（UNDG）的《一百万个声音：我们期望的世界（*Million Voices: The World We Want*）》报告记录了关于 2015 年后发展框架愿景的全球对话成果，涉及来自世界各地的 100 多万人，其中许多群体的声音第一次被全世界听到。在教育、医疗保健、治理、就业、环保、性别和人权、政治和科技等方面，贫穷、平等、公正和安全问题被摆在了最突出位置，突显了在这些重要发展领域采取有力行动的必要性。作为核心对话，这有助于为制定可持续发展目标铺平道路。

在这些讨论之后，联合国发展集团关于落实《2015 年后可持续发展议程》的报告提出了在国家层面支持和阻碍议程落实的国情因素，并强调了国家和地方政府在确保议程"本地化"方面的关键作用。最重要的是，报告表明需要加大投资，提升地方一级的能力和资源，促进目标落实，增强主人翁意识，加强监测和问责。因此，本地化被确定为多层次高效治理的关键因素之一，使 2015 年后的讨论在更大自主权框架下与当地民众紧密相关。随后，联合国发展集团与联合国人居署、联合国开发计划署以及地方和区域政府全球工作组（GTF）合作，以 2014 年关键地方和国家对话为基础，编写了《2015 年后可持续发展议程本地化报告》。这促进了《2015 年后可持续发展议程》全球战略合作伙伴联盟的建立，并进一步强调了国家和地方政府之间为落实该议程而进行合作的必要性，强调了地方政府在全球发展合作方面的积极作用，这是取得发展成果、落实有效援助议程和增强地方主人翁意

1 本章作者为上海国际问题研究院团队和联合国人居署团队。上海国际问题研究院团队包括朱云杰、于宏源、关成龙、王小悦、张致博、刘璐莹、李铭泽、张爱一、赵涵音，同济大学李光明、孙铭泽。

识的一个重要进程。因此，地方和区域政府（Local and Regional Governments，简称“LRG”）不仅在可持续发展目标制定方面发挥了重要作用，而且还被视为将实地释放可持续发展目标价值的实体。因此，可持续发展目标的落实与各城市的表现相互依赖。通过运用多层次和多利益相关方的实施方法，它们可以成为可持续发展目标本地化进程的核心推动者。

随着2015年9月联合国通过了17项可持续发展目标，其中可持续发展目标11“可持续城市和社区”旨在建设包容、安全、有复原力和可持续的城市和人类住区，其15项指标中的9项由联合国人居署负责监管。联合国人居署与其合作伙伴之间的辩论也促进了可持续发展目标16“和平、正义与强大机构”和目标17“促进目标实现的伙伴关系”的制定，从而对《2030年可持续发展议程》产生了重大影响。联合国人居署的影响进一步体现在其作为《新城市议程》（New Urban Agenda，简称“NUA”）管理机构的作用上。

2019年2月通过的《塞维利亚承诺》（Seville Commitment）重申了可持续发展目标本地化在很大程度上依赖于与当地社区的合作，为应对全球挑战寻求真正本地化的解决方案。因此，《塞维利亚承诺》旨在推动地方和全球行动，在地方行动者和民间团体的支持下实现可持续发展目标本地化。2019年9月，联合国秘书长安东尼奥·古特雷斯（António Guterres）呼吁全社会共同努力，在三个方面开展“行动十年”计划：

（1）全球行动：为实现可持续发展目标提供更强的领导力、更多的资源和更智慧的解决方案。

（2）地方行动：将必要的过渡措施纳入政府、城市和地方当局的政策、预算、制度和监管框架。

（3）人民行动：发起一场势不可挡的运动，推动青年、民间团体、媒体、私营部门、工会、学术界和其他利益相关方进行必要的变革。

联合国秘书长于2021年发布的《我们的共同议程》（Our Common Agenda）报告进一步加强了这方面的努力，该报告为履行《联合国宪章》（Charter of the United Nations）并实现更绿色、更安全和更美好未来的下一步行动，制定了共同路线图。最关键的是，这一愿景建立在纪念联合国成立75周年宣言的基础上以及会员国做出的12项承诺。这包括：不让任何一个人掉队；保护我们的地球；促进和平，防止冲突；遵守国际法，确保维护正义；将妇女和儿童放在中心位置；建立信任；加强数字合作；对联合国进行升级改造；确保可持续融资；促进伙伴关系；听取青年的意见并与青年合作；为未来的危机做好准备。与此同时，该愿景进一步强调了为落实《2030年可持续发展议程》采取强有力行动的必要性。

2021年11月，联合国人居署执行局指示人居署“通过规范指导、技术援助和战略伙伴关系，积极推进可持续发展目标本地化，加快实施‘行动十年’计划”[2]。这一要求体现了对联合国人居署与地方和区域政府之间取得的长期合作成果的认可，以及对人居署为加快实施《新城市议程》，近期在可持续发展目标本地化方面所做出努力的赞赏。因此，作为与地方政府接触的领导机构，人居署的任

2　联合国人类住区规划署。2022–2023年优先事项：适当住房、城市和气候变化，以及可持续发展目标本地化。[2022-06-25] https://unhabitat.org/sites/default/files/2022/05/priorities_2022-2023_adequate_housing_cities_and_climate_change_and_localising_sdgs_04142022.pdf。

务是协调一系列动态进程和机制，这些进程和机制对联合国可持续发展目标本地化工作至关重要。其中包括：①联合国城市未来特别工作组；②改组后的“地方2030”联盟；③联合国地方当局咨询委员会（the United Nations Advisory Committee of Local Authorities，简称“UNACLA”）；④二十国集团可持续发展目标本地化平台。

联合国人居署还开发了一套综合方法和工具，从数据规划到项目开发和融资等方面，支持国家和地方政府实现可持续发展目标本地化。人居署的支持确保了《2030年可持续发展议程》及可持续发展目标的普适性、相互关联性和不可分割性等创新特征的本地化。可持续发展目标本地化工作以基于伙伴关系的地域方法为指导，以“不让任何一个国家、任何一个人掉队（Leaving No One and No Territory Behind）”为核心原则，以多层次治理和多利益相关方伙伴关系为特征。当务之急是，按照以下联合国人居署的“三管齐下（Three-pronged Approach）”法，通过基于创新和以行动为导向的举措，将这些原则转化为实践：①全球城市监测框架；②自愿性地方审查报告；③可持续发展目标城市旗舰计划。

通过这种综合方法，联合国人居署为可持续发展目标本地化所有阶段提供支持：从数据创新到战略规划、政策制定、能力建设、高影响力项目交付、监测、报告和认证城市在实现可持续发展目标方面的卓越成就。联合国人居署一直致力于为全球合作伙伴提供技术知识、发挥自身在前沿性研究开发中的主导作用、赋能负责可持续发展目标本地化工作的地方和区域政府、提高地方政府和地方行动者在主要的国际性可持续发展目标论坛和联合国主导的可持续发展目标论坛中的话语权，从而不断推动可持续发展目标本地化。

地方层面的可持续发展目标本地化

在可持续发展目标本地化进程中，地方和区域政府、地方和区域政府协会（Local and Regional Government Associations，简称“LRGA”）、各国政府、民间团体组织（Civil Society Organizations，简称“CSO”）、私营部门、学术界、区域性组织和国际组织以及公民之间的伙伴关系得到了越来越多的认可。随着“本地化”成为关注重点，人们认识到，地方政府可以应对各种日益严峻且相互关联的挑战，包括新出现的经济危机和日益严重的不平等现象，以及气候紧急状态和新冠肺炎疫情等突发公共健康危机。在意识到地方行动对落实《2030年可持续发展议程》的重要性后，越来越多的地方和区域政府正在采取行动，促进可持续发展目标本地化。

城市利益相关方必须清楚地了解可持续发展目标本地化的全球进程，以下各节将详细介绍在地方层面实现可持续发展目标本地化所涉及的核心要素。总的来说，一般认为本地化进程涉及三个核心步骤：首先，城市等各级地方政府应努力提高对可持续发展目标的认识，并启动具有包容性和参与性的实施过程；其次，他们应该建立可持续发展目标本地化议程——确定当地的可持续发展目标优先事项并规划其实施过程；最后是监测和报告，确保可持续发展目标在城市和地区的进展顺利。这三大要素中的每一个都将通过地方政府的视角来呈现，为城市发展参与者提供可持续发展目标本地化指南。

加强对可持续发展目标的认识和宣传

从国家和地方政府、私营部门和学术界到民间团体组织和公民个人，社会各界都应了解可持续发展目标的变革潜力，并积极参与可持续发展目标的规划、实施、监测和报告。作为推动可持续发展的基础，提高全体社会成员对可持续发展目标的认识和了解是推进本地化进程必不可少的第一步。提高认识不仅可以提升民众和社区对落实《2030年可持续发展议程》的参与度，还可以为他们赋能，让他们建立对可持续发展目标的主人翁意识，鼓励他们参与实现可持续发展目标并在地方层面取得成果。此外，加强可持续发展目标宣传有助于建立国家共识，以自下而上的方式实现可持续发展目标，并为可持续发展目标本地化营造有利环境。

国家和地方层面均应加强对可持续发展目标的认识和宣传，其中动员伙伴关系、开展公众意识运动和促进跨部门合作都将发挥重要作用。地方政府应提高社区对可持续发展目标的认识，弥合国家政府与地方社区之间的差距，从而将不同利益相关方联系起来，包括民间团体、私营企业（中小微企业）、非政府组织、社区组织和当地公民。相应地，他们应根据当地民众的文化、性别和出身，设法优化知识结构、合法性、参与度和效率。地方政府有责任引领地方发展，为可持续发展目标本地化铺平道路，并因此对社区繁荣负有责任。值得注意的是，地方政府不仅应提高人们对可持续发展目标的认识，还应关注当地社区的参与度，提高当地人民对可持续发展目标的主人翁意识。通过建立公民与可持续发展目标之间的直接联系，地方政府可以促进公民个人在日常生活中推进可持续发展目标行动。因此，地方政府可以将建立赋能机制，鼓励公民参与实现可持续发展目标作为目标领域之一。

法国拉罗谢尔城市社区：提高对可持续发展目标的认识

2021年11月25日，由法国拉罗谢尔城市社区（La Rochelle Urban Community）组织的两年一度的“转型行动者参与论坛（Participatory Forum for Actors for Transition）”举行，该论坛是“全球城市目标”合作伙伴之一。围绕“可持续发展目标”，该论坛旨在提高人们对可持续发展目标和《2030年可持续发展议程》的认识，对可持续发展目标进行细分，并努力增强当地利益相关方对这些目标的主人翁意识。

研讨会鼓励与会者从个人角度思考可持续发展目标，并帮助形成以可持续发展目标为发展框架的共同文化。通过本次活动，与会者更好地了解了各自对可持续发展目标的贡献，同时以可持续发展目标为框架有助于促进与会者正在开展的现有项目。活动采用可持续发展目标卡片、方块、转盘和手册等工具，吸引与会者并向与会者传递知识。此外，还采用了可持续发展目标图片展和项目海报等其他视觉元素，吸引与会者参与其中（图7.1）。

这一活动代表着在众多行动者中进行可持续发展目标宣传的一种手段，有助于建立一种共享文化，在这种文化中，可持续发展目标可以充分融入城市和地方发展以及当地环境。最重要的是，该活动使拉罗谢尔城市社区能够整合并借鉴与会者的见解。之后，社区组织者向与会者分发了后续宣传材料，如研讨会成果，延续良好发展势头。

资料来源：Cêcile Avril，Inprodtv

图 7.1 拉罗谢尔城市社区举办可持续发展目标认识提升活动[3]

如果已经在可持续发展方面取得了进展，那么地方政府可以利用现有的可持续发展伙伴关系和网络。这不仅有助于最大限度地扩大可持续发展目标的推广范围，还可以在已经建立联系的情况下节省大量时间。在参与落实千年发展目标的国家中，地方和区域政府应以先前千年发展目标进程的既有网络和组织，以及《21 世纪议程》项目和其他可持续发展战略为基础。同时，他们应该利用可持续发展目标与更广泛的行动者接触，建立新的合作和参与形式。

可持续发展目标领袖城市网络

2019 年，布鲁金斯学会成立了可持续发展目标领袖城市网络，覆盖全球 17 个雄心勃勃的先驱城市（图 7.2），这些城市致力于在地方层面实现可持续发展目标。该网络为伙伴城市提供了一个机会，让他们可以相互交流迄今为止在可持续发展目标本地化进程中积累的经验，解决问题，确定可持续发展工具，并分享地方可持续发展目标领导力方面的经验教训和最佳实践。

成员包括：加纳阿克拉、英国布里斯托、哥伦比亚波哥大、阿根廷布宜诺斯艾利斯、南非德班（eThekwini）、美国夏威夷、芬兰赫尔辛基、美国洛杉矶、西班牙马德里、瑞典马尔默、德国曼海姆、墨西哥墨西哥城、意大利米兰、美国纽约、美国奥兰多、美国匹兹堡和日本横滨（图 7.2）。

3 旨在促进可持续城市发展的欧洲交流与学习计划（URBACT），提高对可持续发展目标的认识——以拉罗谢尔城市社区为例.［2022-08-11］https://urbact.eu/awareness-raising-around-sdgs-%E2%80%93-practical-example-la-rochelle-urban-community。

资料来源：布鲁金斯学会．可持续发展目标领袖城市网络和工具．

图 7.2　可持续发展目标领袖城市网络成员

这个由高级政府官员组成的全球实践社区强调了城市领导力在实现可持续发展方面的关键作用。创新工具、经验教训和战略的产生有助于进一步为全球更多城市实现可持续发展目标奠定基础。

最近，该网络于 2022 年 3 月 3 日至 4 日举行了第六次会议。这次圆桌会议提出了一些关键议题，包括为实现可持续发展目标提供新的可持续资金来源，促进公民参与和改善可持续发展目标传播，建立可持续发展目标伙伴关系和信任，承认城市外交和集体行动是迈向 2030 目标的关键因素。

值得一提的是，可持续发展目标认识提升活动的成功与否最终取决于是否制定了有效的传播策略。针对目标受众量身定制传播方式，可以揭开抽象概念的神秘面纱，提高对可持续发展目标和可持续发展的清晰认识。因此，应该让世界各地的公民更易理解关于可持续发展目标的信息，让公民个人参与一系列主题活动，如不平等、贫困、住房、就业和服务，以及气候变化、环境可持续性，促进可持续发展目标获得社会各界的关注。作为核心传播渠道，地方政府可以充分发挥传统媒体和社交媒体的作用，最大限度地扩大信息在全社会的传播范围。此外，正规教育方式有助于提高儿童和年轻人对可持续发展目标的认识，其中包括教师培训、学校直接提供的可持续发展目标教育项目以及相关专业课程开发。非正规教育也是有效策略之一，包括青年团体、在线学习工具，以及图书馆等公共中心举行的活动。

可持续发展目标认识提升活动还带来了发掘当地文化潜力的宝贵机会——可以通过各种方式举办相关活动，如举办研讨会等活动，在音乐会、自行车骑行赛、竞选巴士、博览会、颁奖典礼上展示成功故事，并与知名人士（如演员、音乐家、运动员、作家和摄影师）或可担任可持续发展目标宣传大使的基金会合作。相关活动还应纳入性别视角，确保女性及其他弱势群体不被排除在外，对于确保活动包容性和公平性至关重要——这是《2030年可持续发展议程》的重要组成部分。

目前，一些地方和区域政府显然仍不清楚他们在可持续发展目标本地化方面的作用，也缺乏专业知识和能力（如人力、技术或财政资源）来充分推动这一进程。通过地方和区域政府协会以及相关网络开展的意识提升运动，将是动员这些实体及其成员并提高其技能水平的关键，从而加深他们对自身在实现可持续发展目标方面作用的了解，并推动他们在实地采取强有力的可持续发展目标行动。在各国政府和国际组织的支持下，加强地方政府（无论其规模大小或资源水平如何）对可持续发展目标的认识和主人翁意识是至关重要的一点。因此，地方和区域政府协会应确保地方和区域政府始终了解其在落实可持续发展目标、制定和评估国家和地区战略方面的作用，并确保他们采取措施提升其成员的制度能力和业务能力。

通过国际日和活动提高知名度

作为负责可持续发展目标本地化工作的主要机构，联合国人居署在促进对话、知识交流和宣传方面发挥着关键作用。联合国人居署还是世界城市论坛（World Urban Forum，简称“WUF”）的共同组织者。世界城市论坛是关于可持续城市化的首要全球会议。这项重要活动旨在提升城市行动者和利益相关方对城市发展和可持续发展目标落实情况的了解程度。论坛还鼓励主要城市利益相关方和支持者就最佳实践、政策和经验教训开展合作。计划于2024年在开罗举行的第十二届世界城市论坛（WUF12）将允许各城市探索推进可持续发展目标本地化的新方法，提供来自世界各地的城市和城市行动者的见解和经验。自1986年以来，“世界人居日（World Habitat Day）”在每年10月的第一个星期一举行，开启“城市十月（Urban October）”。围绕全球主场活动，2022年世界人居日（10月3日）以“关注差距，不让任何个人和地方掉队（Mind the Gap，Leave No One and Place Behind）”为主题，旨在应对全球城市、人类住区中日益加剧的不平等现象。借此机会，城市和城市专家可以就《2030年可持续发展议程》中的这一关键原则展开讨论，分享洞察与解决方案。

2010年上海世博会首次聚焦城市生活质量，以“城市，让生活更美好（Better City，Better Life）”为主题，巩固、分享国际社会在城市可持续发展方面的成果。通过世博会，参与者分享了关于城市的先进概念，探索在21世纪改善人类居住地、生活方式、工作条件的新方法。在2010年上海世博会闭幕之际，国际展览局、上海世博会组委会共同发布了《上海宣言》(Shanghai Declaration)，与会代表提出将10月31日（中国2010年上海世博会闭幕日）定为世界城市日（World Cities Day，简称“WCD”），以维持和传播2010年上海世博会的理念与实践，激励人们坚持不懈追求城市创新与和谐发展。

《上海宣言》是建立在上海世博会各参展方对全球城市可持续发展问题共识基础上的一份重要文献，表达了城市时代全球公众对和谐美好城市生活的共同愿景[4]。《上海宣言》提出了以下几项倡议，包括：

- 创造面向未来的生态文明

4 吴学华. 上海世博会高峰论坛举行 温家宝发表主旨演讲《上海宣言》和《青年倡议》发布. 新安全·东方消防［J]，2010（10）：18-19。

- 追求包容协调的增长方式
- 坚持科技创新的发展道路
- 建设智能便捷的信息社会
- 培育开放共享的多元文化
- 构筑亲睦友善的宜居社区
- 促进均衡协调的城乡关系

《上海宣言》高度概括了本届世博会的目标，即以“城市，让生活更美好”为主题，描绘了城市发展的美好蓝图。此外，它还归纳了在主题论坛和高峰论坛上提出的关于可持续城市发展的基本要素和关键行动，为可持续发展吹响了进军号。《上海宣言》呼吁所有城市采取以下行动：政府和企业界共同行动起来，发展更清洁的产业，使用低碳技术和可再生能源。运用科技手段实现双赢，让所有的城市居民真正受益。推动城市的包容性，接纳不同的文化和谐共处。为公众提供机会，让他们能够参与城市治理，为所有居民创造友好、负责和包容的社会环境。同时加强城乡之间的对话与融合，推动城乡均衡发展。

在《上海宣言》发布后，让·皮埃尔·蓝峰（时任国际展览局主席）发表讲演表示：“《上海宣言》是一项积极成果，它再次提醒我们要注意粗放式的城市化带来的各种后果，包括不安全感、气候污染、交通堵塞、贫富分化、人际疏远等。科技进步可以帮助我们找到补救的方法，但是要取得进步，我们每一个人都必须要拿出正式意愿。我们只有重视《上海宣言》，并且持续跟进，我们才能够确保实现其价值。我们希望，能够以国际展览局的名义和中国有关部门一起合作，根据有待进一步确定的各项办法，和基层的工作人员、各城市的市长、各国的建筑设计师、城市的规划师、社会学家以及非政府组织开展经常性的交流。我们要对《上海宣言》在各个国家的实施情况进行定期的评估”[5]。

2013 年 12 月 28 日，第 68 届联合国大会通过决议，自 2014 年起，将 10 月 31 日定为世界城市日，邀请各国、联合国系统、相关国际组织、民间团体和所有其他相关方，特邀人居署，每年就城市化问题进行合作，让这一天成为所有城市重要的“国际庆典日”。大会强调，庆祝活动产生的所有费用应由自愿捐款承担，聚焦通过跨国合作援助发展中国家。世界城市日标志着“城市十月”走向尾声，是国际社会对城市发展和对可持续发展两方面思考的成功交汇，是全球城市化的必然产物[6]。

世界城市日由联合国人居署、中国住房和城乡建设部、上海市共同举办，强调了可持续城市化的必要性，侧重于从城市经济、文化、规划和设计、环境可持续性和复原力到城市管理、科学技术、信息技术等角度，应对当前广泛的城市挑战。通过主题活动、论坛、培训和知识交流，提高政府和整个社会对解决城市化问题的关注，借助城市治理积极应对城市化进程带来的机遇和挑战。设立世界城市日有助于建立城市问题协商机制，鼓励政府聚焦重大城市挑战，在全球范围内制定和实施变革性解决方案。除此之外，世界城市日还能帮助更好发挥个人、民间团体和组织在解决城市问题方面的作用。通过世界城市日提供的交流与合作平台，国际社会可以连接、整合和优化与城市问题相关的各个领域

---

5 上海世博会高峰论坛直播，[2022-06-25] http://www.china.com.cn/zhibo/expo2010/2010-10/31/content_21199742.htm。

6 孙小双．努力办好“世界城市日”，推动上海建设卓越的全球城市 [J]．公共外交季刊，2017(03)：84-91，138。

的资源，从而让发展中国家和发达国家一起讨论城市快速发展带来的优先事项，向彼此借鉴先进经验。除了省市层面的活动外，世界城市日还会举办国内城市论坛等国家层面的活动作为补充[7]。表 7.1 为 2014—2021 年世界城市日全球主场活动和中国主场活动一览表。

表 7.1　2014—2021 年世界城市日全球主场活动和中国主场活动一览表

年　　份	全球主场活动主办城市	全球主场活动主办国家	中国主场活动主办城市	主　　题
2014	上海	中国	上海	城市转型与发展
2015	米兰	意大利	上海	城市设计，共创宜居
2016	基多	厄瓜多尔	厦门	共建城市，共享发展
2017	广州	中国	广州	城市治理，开放创新
2018	利物浦	英国	徐州	生态城市，绿色发展
2019	叶卡捷琳堡	俄罗斯	唐山	改变世界：创新使后代生活更加美好
2020	纳库鲁	肯尼亚	福州	提升社区和城市品质
2021	卢克索	埃及	上海	应对气候变化，建设韧性城市
2022	上海	中国	上海	行动，从地方走向全球

可持续发展目标的落实

虽然许多可持续发展目标（SDGs）下具体目标的实现与地方政府的行动直接相关，并依赖于后者，但根据全球各城市和地区的不同情况，具体目标的针对性有所不同。也就是说，由于不同的政治格局、地理、文化和社会经济条件，每个城市面临的挑战和机遇在根本上具备独特性，地方政府必须根据自身的实际情况评估可持续发展目标。可持续发展目标的落实应反映地方和区域需求，同时保持与国家战略的连贯性和一致性，需求评估将是确定可持续发展目标优先事项和帮助地方政府推进本地化进程的关键。因此，各级政府应具备足够的能力来确定自己的优先事项，从而应对当地眼前的紧迫挑战，并将重点突出的部门政策与地方和区域计划结合起来。因此，审查地方和区域计划和方案仍然是制定地方政策的关键，有助于确定可持续发展目标进展中的差距和不足，从而确定主要需求、城市间的跨部门联系、它们与可持续发展目标及国家优先事项三者的一致性。

地方计划是否与可持续发展目标保持一致，对于有效落实可持续发展目标至关重要。地方规划应建立在对当地环境和条件的基线诊断基础上，为城市制定全面愿景，并将可持续发展目标和子目标与具体政策和战略相结合。通过建立本地化的可持续发展目标优先事项，可以为城市制定共同目标，并与区域和国家规划保持一致。因此，这种方式将有

7　孙小双．努力办好“世界城市日”，推动上海建设卓越的全球城市［J］．公共外交季刊，2017（03）：84-91，138。

助于《2030年可持续发展议程》发展进程停滞和/或衰落的区域制定有针对性的项目干预措施。值得注意的是，在可持续发展目标自建立以来不断取得进展、认识不断加深的情况下，现在强调的是采用综合方法实现可持续发展目标，在目标和子目标的层面上理解可持续发展目标之间的相互联系。与此同时，在建立一套本地化的可持续发展目标优先事项的基础上，综合实施方法将帮助地方和区域政府权衡取舍，最大限度地发挥SDGs具体目标的协同作用，从而在实地采取更有效的行动。这需要城市行动者了解可持续发展目标相互关联的复杂系统，其中，承认实地行动可能会对不同的可持续发展目标产生广泛的影响是关键。

值得注意的是，可持续发展目标优先事项还应确保地方的主人翁意识，充分考虑并服务于地方利益相关方、多层次治理机构以及极度边缘化群体和弱势群体的利益，落实“不让任何一个人掉队”的公平发展政策。作为《2030年可持续发展议程》和可持续发展目标的核心前提，“不让任何一个人掉队”原则是实施真正变革行动的关键，确保所有人都能感受到发展带来的积极影响。这一原则反映了联合国所有会员国对消除一切形式的贫困、消除排斥和歧视、减少使人们落后的不平等和脆弱性、帮助实现共同繁荣的明确承诺。因此，地方和区域政府以及其他主要城市行动者必须确保将这一原则纳入所有可持续发展目标本地化工作中。

协同治理也是建立利益相关方共同优先事项的关键，其中地方政府应建立多层次治理和包容性的多利益相关方机制。地方和区域政府的动员，以及他们与国家政府的接触，促进了关于共同的可持续发展目标优先事项的更多对话。这种多层次治理体系提高了各级政府部门优先事项的凝聚力和一致性。地方政府尤其应积极促进城市间合作，帮助制定以可持续发展目标为重点的地区计划，与区域政府合作，促进地方城市全面发展。这反过来又可以加强服务和基础设施交付方面的合作，并通过更广泛地集中资源来提高能力。此外，正式和非正式的多利益相关方机制有助于促进民间团体组织、私营部门、学术界和研究机构以及社区组织的参与，在可持续发展目标本地化过程中提高利益相关方的主人翁意识，鼓励他们承担共同责任。这些机制对于最大限度地提高包容性很重要，社会各阶层都应能够利用这些机制，提高透明度和平衡度，确保所有人都做出平等贡献，从而使决策过程更具代表性和问责性。与此同时，地方和区域政府必须带头推动这种涉及多利益相关方的方法，承认和尊重非政府行动者的独立性。建立可持续发展目标工作组或特别工作组可以更好地将地方政府部门与地方/区域政府机构联系起来，调动关键部门和实体的兴趣和承诺。

因此，能力建设和资源调动是有效开展战略行动的关键。在财政资本方面，地方预算必须与城市确定的优先事项保持一致，市政府必须通过精心管理的财政执行战略，部署干预措施，适当分配预算。建立新的合作伙伴关系也有助于产生资源，如与私营部门、学术界和社区合作。还应酌情考虑筹资和捐赠等其他融资渠道，而各级政府之间的合作（城市间合作）有助于获得更多资源，利用规模经济节约成本。

另外还需注意，可持续发展目标的落实需要必要的基础设施、人力资源、技术和创新潜力，因此有效、主动领导能力的建设便对城市和机构至关重要。各组织和机构可以努力提高其管理技能，更有效地利用现有资源，如参与式预算编制、税务管理和公共采购，同时提高政府工作人员的技能水平。地方和区域政府内部能力建设对加强政策评估和发展管理极为重要，尤其是低收入国家，应提高他们应对长期发展挑战的能力，同时提倡采取更主动而不是被动的城市发展方式。城市还可以鼓励点对点学习，帮助改进与可持续发展目标承诺和优先事项相关的政治和技术决策，提倡基于问题的动态学习，改善服务交付。这些进程需要发展合作伙伴提供资源、专门知识和经验，支持政治和财政权力下放，并加强地方和区域政府的体制和业务能力[8]。

可持续发展目标加速工具包

作为 100 个有用工具的在线汇总，可持续发展目标加速工具包帮助参与全球发展进程的行动者和利益相关方分析可持续发展目标之间的相互联系，提高政策连贯性，识别风险并建立复原力，确保在发展过程中不让任何一个人掉队。该工具包于 2017 年由联合国可持续发展集团（UNSDG）创建，并于 2021 年更新，旨在为联合国国家工作队、政策专家和各国政府提供现有工具，加速落实《2030 年可持续发展议程》。它为分析可持续发展目标之间的相互联系提供了方法和指导，从而使利益相关方能够利用系统杠杆点，更好地识别和消除障碍，以便制定战略、确定优先事项和加快实现可持续发展目标，同时还将可持续发展目标作为发展计划的关注重点。

该工具包分为三大主要类别和 14 个子类别：

——集成工具

- 评估可持续发展目标的进展和一致性
- 加速——系统思维和动态仿真模型
- 共同创造、协作和参与
- 可持续发展目标的制度 / 政策一致性和协调性
- 可持续发展目标融资

——“不让任何一个人掉队”工具

- 评估谁掉队以及为什么掉队
- 制定不让任何一个人掉队的战略和计划
- 确定应该做什么
- 实现有意义的参与

——知情开发工具

- 风险评估、预警和灾害信息管理
- 减少灾害风险和建立复原力
- 适应气候变化和降低环境风险
- 和平与冲突分析及人道主义应援
- 传染病和流行病应对与恢复计划

这些工具还可为新冠肺炎疫情提供及时的社会经济应对措施，确保制定和实施有效的恢复计划。该工具包在联合国可持续发展集团综合政策支持工作组的主持下，由联合国儿童基金会和联合国开发计划署共同管理。

8　世界城市和地方政府联盟与联合国人居署. 可持续发展目标本地化路线图：地方层面的执行与监测.［2022-07-04］https://sustainabledevelopment.un.org/content/documents/commitments/818_11195_commitment_ROADMAP%20LOCALIZING%20SDGS.pdf。

监测和报告

为了有效跟踪可持续发展目标的实施进度，对所有可持续发展目标进行监测和报告仍然是整个本地化过程的重要组成部分。监测可持续发展目标不仅可以让城市更好地了解其在落实目标方面取得的进展，还可以帮助他们借鉴相关经验，指导完善政策。

许多地方和区域政府缺乏在地方层面上收集信息所必需的机制，地方数据集往往与国家数据收集系统不一致。因此，促进地方和区域政府参与国家监测工作非常重要。地方和区域政府应与国家政府合作，对可持续发展目标的实施进行跟进和审查。他们应确保整个过程的透明度，使地方和区域政府以及其他利益相关方对结果负责，并向其他城市、区域和国家传播经验和知识。在城市和地区层面建立健全数据收集系统，可以为可持续发展目标监测和报告提供所需的各种信息。因此，只有提供高质量的数据，才能实现可持续发展目标。应优先考虑各级政府与学术界、私营部门以及非政府组织之间的合作，以交流信息和制定关于可持续发展目标的综合数据集。

自愿性地方审查报告

自愿性地方审查报告是监测过程中的核心工具。这是一场日益发展的全球性运动，城市自愿评估其在实现可持续发展目标和《2030 年可持续发展议程》方面的进展。2018 年，在纽约市的牵头下，自愿性地方审查报告受到了自愿性国别审查报告的启发。作为官方后续行动和审查进程的一部分，各国通过国家自愿审查，向联合国报告其在可持续发展目标成就方面的进展。自愿性地方审查报告使城市能够全面、连贯地展示其在实现《2030 年可持续发展议程》方面的进展，并提供一个强有力的叙事工具，将其地方战略与全球议程联系起来。鉴于可持续发展目标侧重于衡量具体成果，自愿性地方审查报告也可以成为加强循证决策（Evidence-based Decision-making）的工具，利用数据作为确定差距和调动新政策、伙伴关系和资源的手段。作为可持续发展目标的共同参考框架，自愿性地方审查报告还使世界各地的类似城市能够学习和交流关于可持续发展目标本地化的思路，使其成为可持续发展目标本地化的有力推动者[9]。

作为可持续发展目标实施过程中的交付机制，自愿性地方审查报告为城市评估各自在实现可持续发展目标具体目标方面的进展情况提供了依据——加强政策一致性、战略规划和多层次协调。因此，自愿性地方审查报告使各市政当局能够发现本地化的挑战和机遇，从而制定有针对性的政策和干预措施。为了实现这一目的，自愿性地方审查报告的成功最终取决于高质量数据的可用性，通过编制和收集分类的高质量本地数据，有助于开发精细的数据集，从而提供更有依据的报告。根据“不让任何一个人掉队”原则，应特别侧重于获得按性别分类的数据，以及其他边缘化群体、年龄、城市内位置和其他类似类型。因此，城市和城市行动者必须认识到，数据是繁荣且有依据的城市发展的关键工具。地方数据可用性是世界许多地区自愿性地方审查报告发展的主要障碍；这些地方政府必须针对这一领域的资源，推进创新的数据收集方法。同样重要的是，在正式的可持续发展目标指标方法通常是僵

9 下一代城市规划：通过自愿性地方审查报告在地方层面实现可持续发展．[2022-06-24] https://zh.jlpt-portugal.com/next-generation-urban-planning。

化的，在某些情况下缺乏的时候，各市政当局应确保自愿性地方审查报告在报告方面具有灵活性；在适当的情况下，使用符合自己的情境或调整后的方法。

联合国人居署与世界城市和地方政府联盟（UCLG）合作，通过举办自愿性地方审查报告－自愿性地方审查报告日（VLR–VSR Days）支持自愿性地方审查报告的发展。2021 年 7 月 14 日至 16 日，可持续发展高级别政治论坛（High–Level Political Forum，HLPF）在地方政府议程框架下举行会议，旨在连接全球合作伙伴，以反思、讨论发展情况并促进相互学习如何利用这些工具。五场地方政府报告会共有 400 余人参加，结果直接反馈至 2022 年第十二届世界城市论坛，帮助提高自愿性地方审查报告的吸引力。

通过自愿性地方审查报告进行可持续发展目标检测和报告的地方和区域政府数量迅速增加，在过去的两年里，自愿性地方审查报告的总数增加了两倍（图 7.3）。截至 2022 年 7 月，全球已编制 150 余份自愿性地方审查报告，其中超过 125 份已经对外发布（图 7.4）[10]。积极的是，越来越多的城市和地区承诺每年编制自愿性地方审查报告。

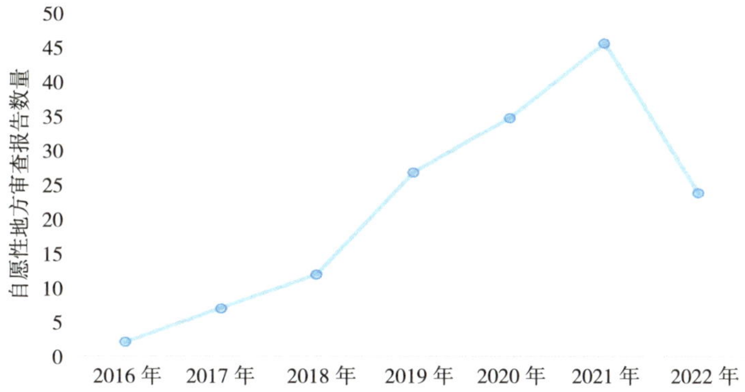

资料来源：联合国人类住区规划署

图 7.3　2016 年至 2022 年 6 月自愿性地方审查报告编制频次

＊注意，2022 年的数值较低，因为计算截至 2022 年 6 月。

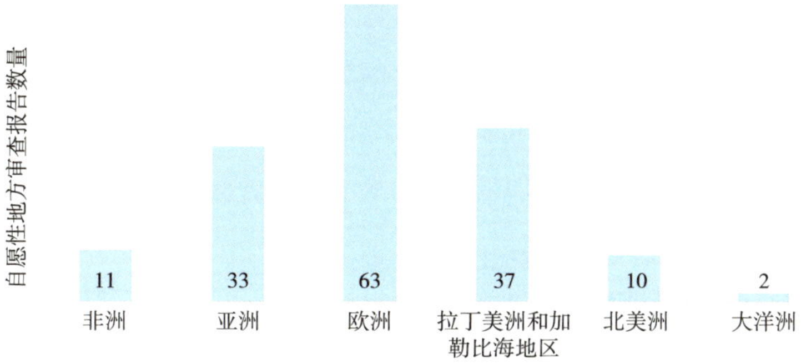

资料来源：联合国人类住区规划署

图 7.4　各地区编制自愿性地方审查报告的数量

＊截至 2022 年 7 月的数据。

10　联合国人类住区规划署．自愿性地方审查报告分类数据 (2022)。

可持续发展目标本地化全球计划、平台和网络

作为地方和区域政府以及其他城市行动者建设能力和推进可持续发展目标本地化进程的工具，为城市提供了许多关于可持续发展目标本地化的全球跨领域计划、平台和网络。本节概述一些最值得注意的资源，这些资源可以帮助城市加快《2030 年可持续发展议程》的进展。

“地方 2030”联盟（The Local-2030 Coalition）

2021 年 9 月 20 日，在联合国大会第 76 届会议可持续发展目标期间，“地方 2030”联盟（The Local2030 Coalition）正式成立。“地方 2030”联盟是地方和区域政府以及地方和区域政府协会网络与各国政府、企业、社区组织和其他地方行动者以及联合国系统相融合的平台。该平台提供共享工具和方法的空间，这些工具和方法能够动员、吸引和赋能地方利益相关方在世界各地推进可持续发展目标。通过此举，该平台旨在促进合作，孵化创新，共享解决方案，并实施推进可持续发展目标的战略。在联合国系统内，“地方 2030”联盟加强联合国机构间的协调，并扩大和深化与地方行动者的伙伴关系，以有效推进可持续发展目标。

在这方面，“地方 2030”联盟的根基是按照《2030 年可持续发展议程》和《新城市议程》的原则，对可持续发展采取全面的地区性方法；利用这些原则作为指导框架，推进可持续发展目标本地化进程；从而实现可持续发展。

通过利用和借助联合国系统和其他利益相关方，“地方 2030”联盟旨在：

- 为地方政府城市网络代表和其他地方行动者创造机会，与联合国主体有效合作，推进可持续发展目标。
- 在与实施可持续发展目标相关的区域性和全球性阶段，为地方参与提供更多空间。
- 支持联合国国别工作队和联合国驻地协调员在地方层面与地方行动者合作，并促进利用联合国资产的联合计划和倡议。
- 制定战略，促进地方行动者更多地获得可持续发展目标融资。

一项关于可持续发展目标本地化的全球基线研究于 2021 年底启动，该研究指出了存在的重大差距，使地方行动者能够推进《2030 年可持续发展议程》，有助于确定“地方 2030”联盟的工作，分为三个不同的领域：

（1）倡导具体参与、自下而上和包容性的过程，以将《2030 年可持续发展议程》作为克服当前疫情及其后续影响的路线图。

（2）建立和培育地方可持续发展目标实施的支持平台，以利用现有和新的倡议、联盟和解决方案进行政策协调和规划，同时为所有行动者创造赋能的环境，努力为可持续发展目标获得资金。

（3）支持包括一线民间团体行动者在内的各种地方行动者努力监测和报告可持续发展目标的实施情况，并交流知识和观点。

“地方 2030”联盟的治理

“地方 2030”联盟由指导委员会治理，该委员会负责做出关键的战略决策，并确保有效的治理监督。“地方 2030”联盟指导委员会最多有七名成员，包括两名共同主席和五名指定协调人。委员会成员

代表不同的群体，即地方和区域政府、地方和区域政府协会和网络、成员国、民间团体组织和私营部门，从而为“地方 2030”联盟的工作带来不同的视角，探讨如何在地方层面落实全球议程和实现可持续发展。此外，“地方 2030”联盟由两个联合国机构的负责人共同担任主席；一名常设联合主席负责领导其秘书处，一名两年轮值主席。一名主席的轮换旨在使“地方 2030”联盟在联合国不同部门的领导多样化，并促进全系统办法。在联合国常务副秘书长的指导下，联合国秘书长执行办公室于 2021 年举行了确定“地方 2030”战略方向的协商。经过这一协商进程，任命联合国人居署为常任主席，并邀请联合国开发计划署担任 2022–2023 年的第一任轮值主席，联合国粮食及农业组织担任第二任轮值主席。

此外，“地方 2030”联盟秘书处通过联合国主任小组，确保联合国主体（而非指导委员会成员）的积极参与。联合国主任小组成立于 2021 年，是“地方 2030”联盟的咨询机构。该小组由联合国各机构、办事处、基金和计划的主任级成员组成，定期举行会议，为“地方 2030”联盟指导委员会的审议提供战略指导和建议。同样，“地方 2030”联盟的活动是与多个伙伴机构和国家和地方各级政府合作开展的，致力于实现可持续发展目标的本地化。

G20 可持续发展目标本地化与中小城市平台

G20 可持续发展目标本地化与中小城市平台，在意大利担任主席国期间得到 G20 的支持，将发挥开放与协作空间的作用，汇集 G20 成员国和其他感兴趣的各方进行同行学习、能力建设、共识达成以及知识共享，以推动实施促进可持续发展目标本地化的有效方法。至关重要的是，G20 可持续发展目标本地化与中小城市平台将促进来自 G20 与发展中国家的主要利益相关方、国际组织与地方政府、市长及其网络之间的定期政策对话。

该平台具有实现可持续发展目标的未开发潜力，将加强中小城市在为区域和国家发展努力作出贡献方面的能力和作用。G20 可持续发展目标本地化与中小城市平台的成立基于认识到采用地域方法对设计和实施推进可持续发展目标本地化的多级治理体系、政策和对话的重要性；该平台还将帮助中小城市在其周边农村地区实现可持续发展目标做出贡献，并加强城乡联动。

联合国人居署和经合组织与 G20 发展工作组合作，与世界城市和地方政府联盟密切合作，根据各自的职责，提供技术援助，并共同主办 G20 可持续发展目标本地化与中小城市平台。

可持续发展目标城市全球倡议

可持续发展目标城市全球倡议（SDG Cities）是对“行动十年（Decade of Action）”期间加速地方落实可持续发展目标的需要的回应。可持续发展目标城市全球倡议围绕着支持1 000多个城市加快实现可持续发展目标的宏伟目标，以及这将对大约10亿人的生活产生的影响。通过可持续发展目标城市认证，该计划认可并激励城市取得卓越成就。

该计划遵循以下四轨步骤：①数据收集和分析；②战略规划；③加强地方机构；④资助和执行高影响项目。最终，该计划增加地方经济机会，同时改善环境可持续性和减少社会不平等。

该计划旨在通过以下方式实现规模化：①为城市提供数据收集和分析以及机构能力评估和培训的在线工具库；②获得“城市投资服务”（Cities Investment Facility，简称“CIF”），该服务为投资准备项目，并为其匹配资金来源；③在可持续发展目标城市周期的每个阶段为参与城市提供技术支持中心。该计划通过由国家技术中心支持的国家多城市计划和全球实施窗口来动员全球倡议。目前正在动员的全球窗口包括妇女领导的城市（由妇女领导的企业和慈善机构支持的城市）、首都城市倡议、青年2030城市、城市网络（计划建立英联邦和法语网络）和信仰社区。为了达到这一水平，可持续发展目标城市将在国家、区域和全球层面与联合国机构、开发银行、私营部门、民间团体、学术界和城市网络建立伙伴关系。

可持续发展目标城市价值链

可持续发展目标城市倡议通过以下步骤支持从确定城市优先事项到确保其实现的整个过程，以形成全面的可持续发展目标价值链（图7.5）。

第1步：加入引导。

首先，城市作为国家城市群的一部分，通过其所属的城市网络或单独加入可持续发展目标城市计划。城市领导者和地方机构负责人承诺满足该计划的要求，包括建立基线评估；开展包容性参与性规划过程，以确定2030年可持续发展目标的优先事项；加强地方机构的能力，并引导投资，以确保实现2030年可持续发展目标的优先事项。

给予可持续发展目标城市银级认证的依据是一个城市对满足该计划的要求所做的努力，包括对现有战略和数据的评估。

第2步：基线评估。

参与城市政府根据全球城市监测框架进行可持续发展目标城市基线评估，该框架包含源自《2030年可持续发展议程》《巴黎协定》和《2015—2030年仙台减轻灾害风险框架》的指标。鼓励城市利用统计数据和空间数据，以便更好地了解城市不同部分在这些议程上的表现，并确定城市中最需要关注的区域。为城市提供全球城市监测框架元数据、全球城市监测框架空间数据、分析工具和相关培训，以进行基线评估。

第3步：战略规划。

随后，基线评估将为参与性愿景展望和战略规划过程提供信息。在该过程中，城市让包括妇女、青年、老年人、残疾人、私营部门、民间团体和学术界在内的利益相关方参与情况分析、愿景展望、目标设定和战略计划制定。这一过程可用于生成自愿性地方审查报告。自愿性地方审查报告评估城市的可持续发展绩效，并最终形成城市发展战略。该战略整合地方和国家发展优先事项，并概述一系列相互关联、优先的干预措施，以在规划和法规、计划和投资领域实现这些目标。

给予可持续发展目标城市金级认证的依据是具

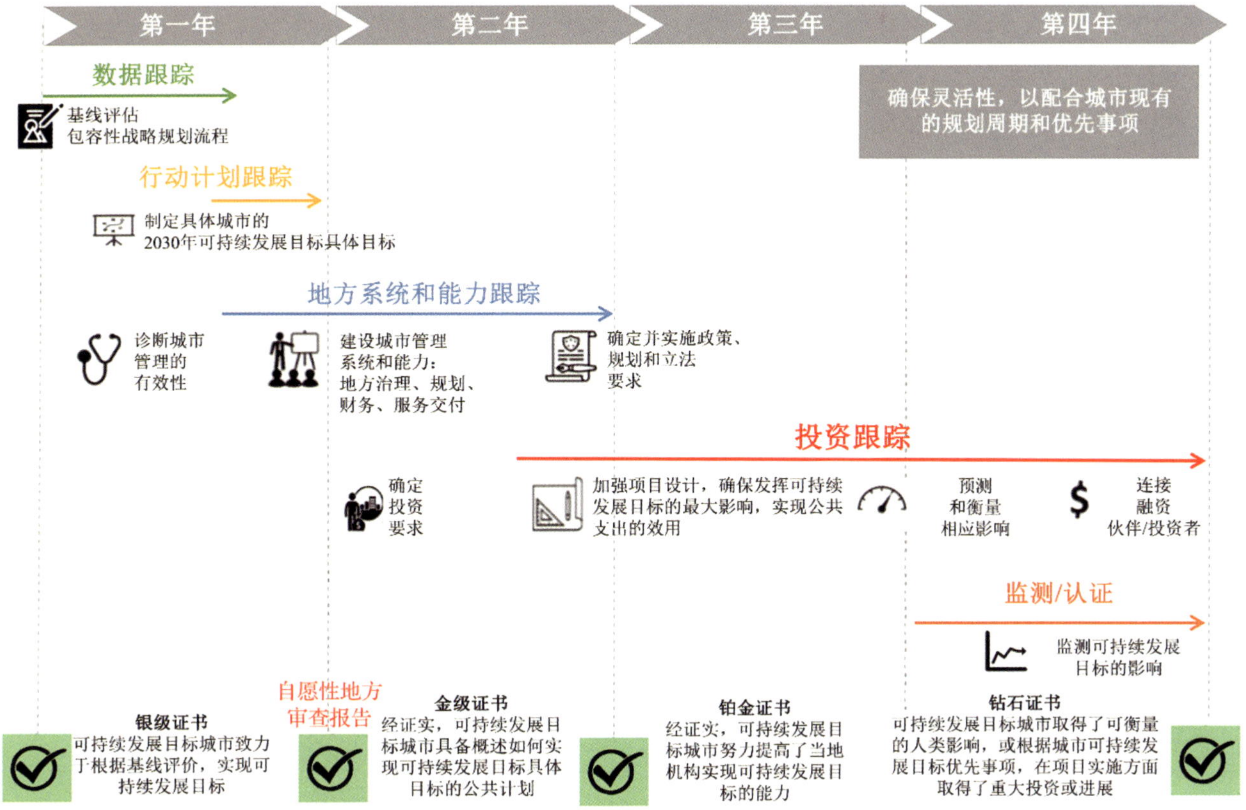

图 7.5 可持续发展目标城市周期和计划组成部分的示意图

备包容性、数据驱动式的规划过程以及由此产生的最终计划。该计划基于现实，并展示一套切实可行的行动，以加速实现可持续发展目标优先事项。

第 4 步：加强地方机构。

《新城市议程》指出，城市需要建立有效的、包容性的治理、规划、收入和服务提供体系，以便物尽其用，达到实现可持续发展的目的。为服务参与城市的地方机构提供了一套自我诊断工具，由此产生的评估确定每个城市的关键能力发展优先事项。然后，这些机构获得能力发展资源、培训和在职资助的支持。在可能的情况下，支持参与城市的国家和全球网络将具有类似能力发展优先事项的机构组成小组，这些共同培训的机构可以继续分享经验。

第 5 步：技术援助。

可能需要根据城市发展战略制定地方规划和更新法规。与相关学术伙伴联动的国家技术中心可以提供技术援助，并根据需要吸收外部专门知识。

给予可持续发展目标城市铂金级认证的依据是根据机构能力诊断评估建议加强机构能力的水平。

第 6 步：影响倡议。

城市领导层通过包容性、参与性的方法，确定一系列源自城市发展战略的高影响力可持续发展目标项目。使用联合国人居署的可持续发展目标项目评估工具为可持续发展目标影响的评估和优化提供支持。该工具是一项用户友好的数字工具，可评估和指导城市项目的设计，以确保其可持续发展目标的影响。支持管道项目通过“城市投资服务”获得资源。

第 7 步：监测。

参与城市进一步部署上述全球城市监测框架工具，监测 2030 年既定战略规划的进展情况，使参与城市能够继续编制自愿性地方审查报告，以记录进展情况。

给予可持续发展目标城市钻石级认证的依据是根据战略规划中所定义的里程碑所产生的人类影响。

通过可持续发展目标城市倡议产生的知识、经验、教训和工具在不同的经验分享平台，包括上海市主办的城市可持续发展全球大会、世界城市论坛，以及区域活动上传播。这使得具有类似背景和发展概况的城市能够通过收集知识和数据来培养实践社区，从而使联合国人居署能够为特定的城市群制定有针对性的规范性建议；同时也增加城市对可持续发展目标城市计划的总体参与度。

支持服务

一系列额外的体系与可持续发展目标城市倡议协同工作，以帮助加强可持续发展目标城市价值链：

（1）联合国人居署数字工具套件：参与城市可获得数字工具，以协助能力建设，包括治理评估、规划体系评估、快速自有来源收入分析、流动性评估、废物管理评估、供水设施评估。

（2）国家技术援助中心：联合国人居署的国家一级工作人员和其他相关联合国机构的工作人员与现有的国家机构、学术机构、智库、培训机构及地方政府和协会合作，根据当地情况调整工具，并为参与城市提供支持。

（3）“地方 2030”全球中心：“地方 2030”联盟呼吁建立“地方 2030”中心。“地方 2030”中心将是数据、规划、金融和机构发展等关键技术领域，以及气候应对、社会包容、保障性住房和循环经济等主题的全球卓越中心。这些中心将继续根据各种情况开发和调整工具，并向国家技术中心提供专门知识和技术支持。

（4）联合国人居署和资本发展基金共同实施的“城市投资服务”提供以下支持：①城市投资门户网站，向致力于可持续发展目标的全球投资者展示需要投资的项目；②城市投资咨询平台，支持项目财务准备，使其为投资做好准备；③城市投资工具，为项目的实施安排投资伙伴关系。

可持续发展目标本地化学习模块

在欧盟委员会的支持下，世界城市和地方政府联盟、联合国人居署、联合国开发计划署、巴塞罗那省议会开发创建了一套“培训师培训”（Training of Trainers，简称“ToT”）模块，以加速围绕可持续发展目标本地化进程的知识传播。作为一种宝贵的学习工具，这套模块力求为地方和区域政府及其关联组织和地方行动者提供关于可持续发展目标实施的实用指南——培训培训师，同时帮助巩固世界城市和地方政府联盟学习社区，并在世界城市和地方政府联盟区域性部门确定协调人，负责增加可持续发展目标本地化地方培训师数量。培训包括四个核心模块，即①可持续发展目标介绍；②国土规划和可持续发展目标；③监测和报告；④分散合作。

作为一个介绍性模块，可持续发展目标本地化强调地方和区域政府参与可持续发展目标的必要性，以有效实施目标，引入参与性方法和开放式学习，帮助促进者在利益相关者中举办研讨会、传播知识和提高对这些问题的认识。材料分为三个核心重点领域，包括提高认识和宣传、使发展计划与可持续发展目标保持一致的战略及监测和报告。每个领域都包含为参与者设计的专门练习。该模块重申地方和区域政府以及地方和区域政府协会在提高可持续发展目标意识过程中的关键作用，强调地方和区域政府在将可持续发展目标作为自身政策框架方面的重要性，阐述覆盖社会各个角落的强有力的宣传活动，利用文化和教育的潜力使可持续发展目标具有吸引力，并确保在实施过程的所有阶段都采用性别观点。报告还指出，地方和区域政府协会和网络需要利用其能力，动员其成员加强提高认识和全球宣传。最后，重点强调对本地化进展进行有力监测的重要性，其中介绍了关键步骤的技术细分及自愿性地方审查报告的作用。

模块二，即国土规划和可持续发展目标，侧重于公共政策与可持续发展目标的一致性，并就如何从规划到地方政策实施整合可持续发展目标提供指导。这一模块着眼于战略性、整体性和非部门计划，并维持广泛性。该培训主要针对地方和区域政府成员和协会（Local and Regional Government Members and Associations，简称“LRGAs”），但它同样适用于私营部门代表、民间团体和学术界[11]。这一模块旨在引发人们思考如何将可持续发展目标和《2030年可持续发展议程》的关键原则融入地方发展规划工作中，让参与者了解可持续发展目标和地方发展规划之间的关联。该模块提倡以问责制和多级治理为重点、基于伙伴关系、不让任何人掉队的发展方案。

这一模块中提出的观点遵循公共政策制定的循环过程（图 7.6a）。这一循环的规划过程包括四个阶段：①需求评估；②确定优先次序；③拟订方案；④分配资源。每个阶段都依赖于前一个阶段，需要不断修订和调整。实施过程则由三个阶段组成：①执行；②监测；③评估。

一些关键的跨部门要素贯穿于规划过程的四个阶段（图 7.6b）。首先，考虑到当地利益相关方和市政当局本身的需求、优先事项和潜力，在规划过

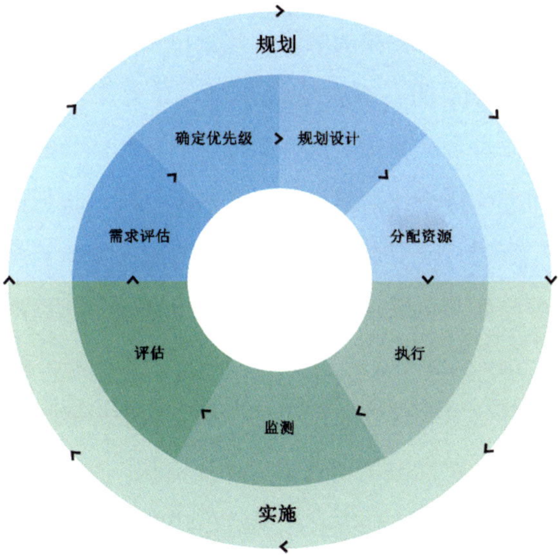

（a）公共政策周期

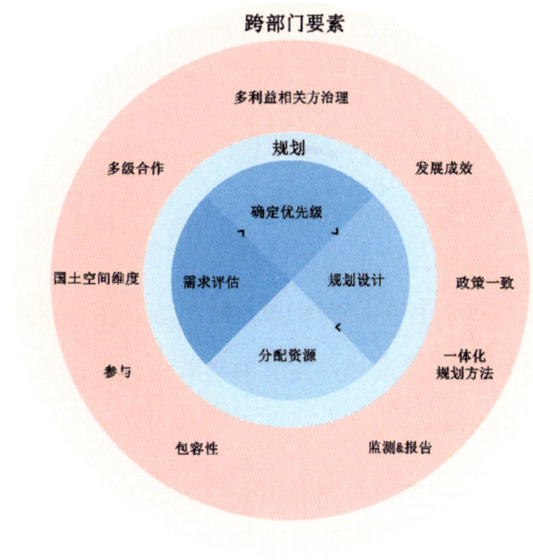

（b）规划进程中的关键跨部门要素

资料来源：https://learning.uclg.org/wp-content/uploads/2021/02/m2_en_web.pdf（访问日期：2022 年 6 月 28 日）

图 7.6　公共政策周期及规划进程中的关键跨部门要素

11　世界城市和地方政府联盟．学习模块 2：开展国土规划，实现可持续发展目标（2019 年）．[2022-06-28] https://learning.uclg.org/module-2/。

程中进行需求评估十分重要。利益相关方的广泛参与对于确保包容性及对了解代表性不足的公民和行动者至关重要。为充分代表并赋能城市和地区，还应在地方规划进程的核心环节促进地域方法的使用。为适应这些不同的需求和优先事项，必须将可持续发展目标本地化的一体化规划方法纳入主流，同时确保政策的一致性，以充分整合社会、环境、经济层面的政策和方案及其各自的治理体系。此外，还应促进多个利益相关方的参与，使地方行动者一起参与共同挑战解决方案的对话、决策和实施。同时，多级合作有助于根据各级政府的权限、能力和资源协调其工作；承认发展成效，即对地区自身发展目标的贡献。通过监测和报告，市政当局能够跟踪和评估可持续发展目标的实现程度；同时通过提供可比较、可获得的公共政策实施信息，在地方治理中强化透明度和问责制。

该模块从应用层面帮助客户增强有关可持续发展目标的一系列技能和理解，即：

- 加深对《2030 年可持续发展议程》重要性与地方和区域政府关键作用的理解。
- 为落实可持续发展目标建立行政内部、多层次和多利益相关方的治理机制。
- 在其组织中，保证规划和实施新的公共政策时考虑到可持续发展目标及其具体目标以及可持续发展目标原则。
- 制定和实施监测、评估和汇报对可持续发展目标所做贡献的机制。
- 通过向公民和国际社会展示成果，以及与其他成功的地方和区域政府分享本组织在实现《2030 年可持续发展议程》各方面的最佳实践，实现透明度和问责制原则。

模块 3“监测和报告”在前两个培训模块的基础上，通过工具、练习和实际案例提供指导，帮助地方和区域政府成员和协会跟踪和报告可持续发展目标本地化的进展。该指南对于地方和区域政府成员和协会政治和技术层面的能力建设是一个宝贵工具。一方面，该指南支持地方和区域政府协会参与自愿性国别审查报告的制定，以及汇报地方和区域政府参与可持续发展目标的情况。另一方面，它还在可持续发展目标汇报的过程中为地方和区域政府提供支持。这一模块包括地方和区域政府协会和地方政府通过自愿性国别审查报告和自愿性地方审查报告提交的理论和案例研究内容，这些内容为上文提到的学习会议提供了基础。

该模块强调了可持续发展目标报告作为强化透明度和问责制手段的重要性；对于市镇或地区以及公民和利益相关方而言，可持续发展目标报告有利于加强独立机构和各级政府之间的协调，促进政策凝聚力，使可持续发展目标的实施更加有效。该模块还指出，需要加大努力，让地方和区域政府参与国别自愿陈述倡议的制定，建立协调和后续行动的体制机制，为各级政府合作对话建立新的体制框架、改进合作对话空间。为增强地方和区域政府协会内部的所有权，该模块还安排了一项“报告路线图”练习，使受训人员明白，地方和区域政府协会的参与对于将地方观点纳入《2030 年可持续发展议程》至关重要。

在信息和数据获取方面，为了从地方和区域的角度为自愿性国别审查报告做出贡献，并确保这一观点符合实际，地方和区域政府协会须收集关于地方和区域政府良好实践及其对实现可持续发展目标的贡献的数据和信息（包括最佳实践和新政策）。地方和区域政府协会可使用不同的方法收集数据和信息。对地方政府和地方利益相关方进行调查，就地方一级可持续发展目标的实施现状提出具体问题，是最常见的方法。通过调查收集的信息将有助于识别致力于新议程的地方和区域政府。其中有五点值得关注：引入的主要可持续发展目标及其具体目标、首要任务、干预措施类型（提高认识、适应、项目等）、最佳实践和分配的预算。地方和区域政府参与汇报的过程，还应有助于确定地方和区域政府在各自地方发展计划中提出的优先事项如何在实施可持续发展目标的国家战略中得到认可。同时，它应帮助确定国家可持续发展目标战略和可持续发展目标需求之间的主要差距，从而制定宣传战略，获得更多支持。

模块 4 的重点是关于可持续发展目标本地化的分散合作。该模块作为教学指南和学习资料，为承认可持续发展目标基本原则的城市、地方和区域政府以及地方和区域政府协会提出新的合作政策和项目模式。该模块是针对地方和区域政府、地方和区域政府协会以及其他参与城市治理的行动者设计的，其重点在于地方或区域层面的战略性、整体性和非部门发展计划。该模块涵盖五个关键议题：分散合作对地方和区域政府全球政策议程的重要性；分散合作在现实中是如何进行的；分散合作是如何根据可持续发展目标进行设计的；如何为分散合作动员多个利益相关方的地域伙伴关系；如何就分散合作倡议进行沟通、报告、监测和评估（图 7.7）。

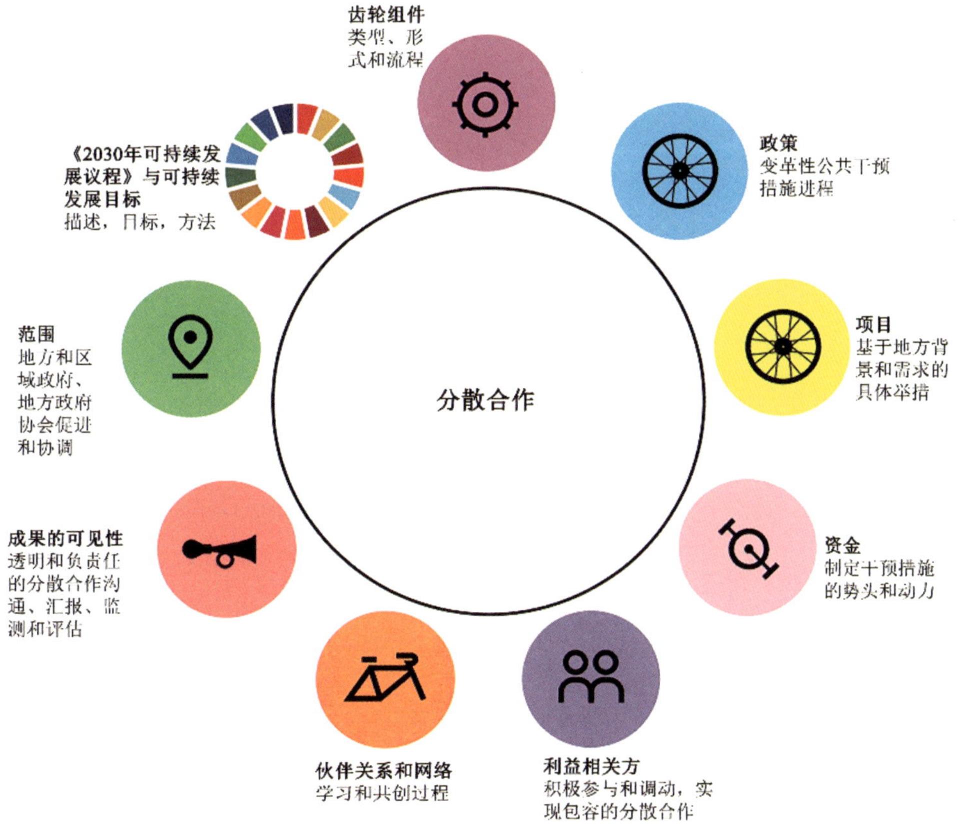

资料来源：世界城市和地方政府联盟，《学习模块 4：通过分散合作实现可持续发展目标本地化》（2021 年），https://learning.uclg.org/wp-content/uploads/2021/09/m4_en_web.pdf（访问日期：2022 年 6 月 24 日）。

图 7.7　为实现可持续发展目标而进行的变革性分散合作所需的关键组成部分

该模块不仅强调了从 2011 年提出釜山有效分散合作的伙伴关系（Busan Partnership for Effective DC）到 2015 年制定《2030 年可持续发展议程》的路线图，还强调了分散合作与可持续发展目标的共生关系和重要性。因此，该模块阐述了分散合作作为可持续发展目标本地化驱动力的基本作用，包括它在连接利益相关方和促进协同，增强地方对可持续发展目标的意识、对话和了解，以及促进多级治理和政策转移方面的作用。此外，该模块还向用户介绍了分散合作的不同模式，并提供了优化分散合作以促进可持续发展目标实现的方法。

考虑到分散合作的直接参与者，该模块还提出了合作项目最佳实施方式的指导方针，强调对明确、有效政策的需要，并着重说明了采用逻辑框架和 / 或参与性学习和行动促进变革的方法的成本和收益。最后，该模块还告知用户如何利用沟通、汇报、监测和评估（CRME）进程来推动发展进步，强调需要在这四个领域设计专门的战略和框架。

世界城市和地方政府联盟

世界城市和地方政府联盟（United Cities and Local Governments，简称“城地联盟”）是 2004 年 5 月由地方政府国际联盟、世界城市协会联合会与世界大都市协会合并而成的国际机构。城地联盟的成立是为了让地方政府共同发声，并通过地方政府与国际社会的合作推广自身的价值观、推动目标和利益的实现。作为一个由城市和地方、区域及都市政府及其协会组成的全球网络，城地联盟在放大地方和区域政府声音以及促进实现可持续发展目标的社区包容性发展方面发挥着不可或缺的作用。特别值得一提的是，城地联盟致力于加强成员网络，提高政治参与度，为实现可持续发展目标开发新的以行动为导向的工具，在一群行动者之间补充建立伙伴关系，并确保全体成员共享所有权。此外，城地联盟还通过针对性政策和宣传工作、学习以及对整个可持续发展目标实施、监测和报告过程的指导，支持地方和区域政府推进《2030 年可持续发展议程》。

城地联盟拥有多种工具用于支持城市实施可持续发展目标。首先，城地联盟的学习论坛是一个由从业人员、专家和政策制定者组成的社区。作为一个讨论和交流的电子空间，该学习论坛旨在通过加强地方能力和利用成员的经验、知识、创造力和承诺，支持推进城地联盟的政策优先事项。值得注意的是，该论坛包含之前强调的关于可持续发展目标本地化的培训师培训（ToT）模块，并可以促进同行学习活动的开展和良好的实践分析，这些都是服务城市和地区的宝贵工具。此外，城地联盟的地方民主与分权全球观察站（Global Observatory on Local Democracy and Decentralization，简称“GOLD”）承诺支持地方和区域政府监测和报告《2030 年可持续发展议程》的实施情况，以此为本地化进程提供支持，并希望根据城地联盟的首要战略，为实现可持续发展目标做出贡献，并赋予地方和区域政府追求的权力。

全球工作组是一个协调和协商机制，与世界地方和区域政府大会共同开展与全球政策进程有关的联合宣传工作。全球工作组成立于 2013 年，它将地方和区域政府的观点纳入可持续发展目标、气候变化议程和《新城市议程》，并召集世界各地当选的地方和区域领导人参加世界地方和区域政府大会。全球工作组在人居三会议之后有新的指令，就关键政策领域的建议进行合作，并推动地方一级后续落实主要的全球议程，努力为地方和区域政府创造安全的政府各领域之间的对话空间。同时，全球工作组还充当政策交流中心，使地方和区域政府网络可以就成员确定的优先领域进行合作。表 7.2 为全球工作组的成员网络和合作伙伴。

表 7.2 全球工作组的成员网络和合作伙伴 [12]

全球工作组成员网络	全球工作组合作伙伴
世界城市和地方政府联盟（UCLG）	联合国人类住区规划署（UN-Habitat）
地方政府永续发展理事会（ICLEI）	联合国儿童基金会（UNICEF）
韧性城市网络（Resilient Cities Network）	联合国开发计划署（UNDP）
市长移民委员会（MMC）	城市联盟（Cities Alliance）
国际法语国家市长协会（AIMF）	联合国教育、科学及文化组织（UNESCO）
阿拉伯城镇倡议（ATO）	分权与地方治理（DeLoG）
英联邦地方政府论坛（CLGF）	可持续发展解决方案网络（SDSN）
南方共同市场城市网络（MERCOCIUDADES）	欧洲联盟委员会（EC）
拉美城市联合会及地方政府协会（FLACMA）	世界城市运动（World Urban Campaign）
Regions4 地区可持续发展组织（Regions4）	法国外交事务部（Ministry of Foreign Affairs, France）
世界城市和地方政府联盟大都会分会（Metropolis）	仁人家园（Habitat for Humanity）
世界城市和地方政府联盟地区论坛（UCLG Regions）	2015 年后发展议程高级别小组（High Level Panel on the Post 2015 Development Agenda）
世界城市和地方政府联盟北美分会（UCLG NORAM）	怀柔委员会（Huairou Commission）
世界城市和地方政府联盟亚太分会（UCLG ASPAC）	国际劳工组织（ILO）
世界城市和地方政府联盟亚欧分会（UCLG EURASIA）	千年运动（Millennium Campaign）
世界城市和地方政府联盟中东暨西亚分会（UCLG MEWA）	Engie 集团（Engie）
世界城市和地方政府联盟非洲分会（UCLGA）	联合国秘书处之一（One UN Secretariat）
欧洲市政和地区委员会（CEMR-CCRE）	“贫民窟居民国际”（SDI）组织
法国城市结盟（CUF）	苏伊士集团（SUEZ Group）
世界地区联合组织（ORU-Fogar）	联合国资本发展基金（UNCDF）

12 世界城市和地方政府联盟地方和区域政府全球工作组. [2022-06-30] https://www.global-taskforce.org/。

（续表）

全球工作组成员网络	全球工作组合作伙伴
全球城市发展基金（FMDV）	气候变化（Climate Change）
地方和区域当局发展欧洲声音（PLATFORMA）	全球市长气候与能源盟约（Global Covenant of Mayors for Climate & Energy）
C40 城市气候领导联盟（C40-Climate Leadership Group）	
伊比利亚美洲首都城市联盟（UCCI）	
欧洲和拉丁美洲城市和地方政府联盟（AL-LAs）	
欧洲地区议会（AER）	
全球市长议会（GPM）	

联合国地方当局咨询委员会

联合国地方当局咨询委员会（United Nations Advisory Committee of Local Authorities，简称“UNACLA”）是联合国系统内的专门咨询机构，作为关键委员会，它致力于加强全球地方政府之间的对话。联合国地方当局咨询委员会重点关注《人居议程》的实施，收集并向联合国系统传达地方和区域政府的观点和想法，展示它们在实现可持续发展方面的关键作用。具体而言，联合国地方当局咨询委员会支持通过宣传和咨询工作向成员国和其他伙伴传播关键信息，从地方政府的角度向联合国人居署执行主任提供有关实施《人居议程》和可持续发展目标所有事项的建议。

联合国地方当局咨询委员会致力于促进地方和国家政府之间关于可持续发展目标的对话，并力求为各级政府推进工作创造有利环境。它还努力促进全球议程中发展的地方层面，推广可持续发展目标所倡导的可持续城市发展的新方法，同时拉近联合国系统与地方和区域政府的距离。

总结

本章重申了在向 2030 可持续发展目标迈进过程中地方和区域政府的重要性，并分解了可持续发展目标本地化进程的三个阶段。

首先，本章明确指出地方和区域政府与地方和区域政府协会及其网络需要通过提高认识和加强宣传，积极提升可持续发展目标的知晓度，并确保采用广泛参与的实施方法，增强社会所有成员对可持续发展目标的主人翁意识。

其次，为实现可持续发展目标，地方和区域政府必须确定可持续发展目标本地化优先事项，以解决与背景相关的城市或地区的发展差距，将这些优先事项纳入地方发展计划，使之与可持续发展目标相一致，以促进地方发展。

第三，本章证明了监测和报告在与政策制定和规划直接挂钩时的重要性，为城市和地区提供机会跟踪其在实施个别可持续发展目标方面的进展，并制定应对政策和战略。本章还强调了全球倡议和网络的作用和价值，它们可在本地化进程中为城市以及地方和区域政府提供支持。“地方 2030”联盟是创新的全球平台和网络，它为可持续发展目标的实现提供支持，而可持续发展目标城市倡议促使各方开展合作，根据可持续发展目标加速可持续城市化。此外，可持续发展目标本地化学习模块是重要的参考点，有助于在主要城市行动者之间建立有关进程的知识，而世界城市和地方政府联盟、全球工作组网络以及联合国地方当局咨询委员会仍然是支持和推动地方和区域政府落实《2030 年可持续发展议程》的关键力量。

正如本手册所述，可持续发展目标本地化是各城市及城市领导者在迈向 2030 目标过程中的重要一环。关键在于，尽管迄今为止已经取得了积极的进展，但为了实现全球可持续发展目标，仍有大量工作要做，城市必须进一步采取大胆、创新的行动，毫不妥协地推动实施真正有意义的变革。自 1992 年 6 月巴西里约热内卢联合国环境与发展大会召开以来，关于如何在地方层面落实《21 世纪议程》，地方和区域政府以及民间团体都积累了丰富的经验。113 个国家实施了 6 000 多个关于《21 世纪议程》的地方项目。它们用自己的方式展示了如何在其社区层面提高认识、积极倡导、切实贯彻执行《21 世纪议程》。然而，令人担忧的是，一些国家的法律和政治框架仍未充分认识到城市以及地方和区域政府在实现可持续发展目标方面的重要性。因此，以地方和区域政府的名义开展国家和国际宣传始终是有必要的。

在可持续发展目标本地化过程中，地方和区域政府需要积极采取应对策略，特别是其通过自下而上、广泛参与、体现包容的方式，利用可持续发展目标作为地方发展政策的综合框架，推动实现可持续发展目标的行动。因此，虽然可持续发展目标具有全球性，但其实现最终取决于城市和地区实现这些目标的能力。地方和区域政府不仅应被视为议程的执行者，也应被视为决策者和变革的催化剂，同时也是最适合将全球目标与地方社区联系起来的政府层级。值得注意的是，虽然可持续发展目标 11 是关于城市和人类住区的开创性目标，但据了解，65% 的可持续发展目标直接依赖于地方政府。因此，城市行动者和决策者必须了解 17 个可持续发展目标之间复杂的相互联系、协同和权衡关系，以整体的方式看待可持续发展目标框架，而不是在发展上采取传统孤立的方法。

最重要的是，通过本手册中详细阐述的案例研究，城市可以从中汲取希望和灵感，了解其通过城市快速发展，应对和解决当前挑战的能力。通过创新、合作和建立清晰的愿景，他们有能力实现可持续发展目标，创造和谐的人类住区，让人人享有充满机遇、欣欣向荣和更美好的生活。

免责声明

图书在版编目（CIP）数据

上海手册：21世纪城市可持续发展指南. 2022年度报告 / 联合国人居署，国际展览局，上海市人民政府主编；中华人民共和国住房和城乡建设部支持. -- 上海：上海科学技术出版社，2022.10
ISBN 978-7-5478-5941-4

Ⅰ. ①上… Ⅱ. ①联… ②国… ③上… ④中… Ⅲ. ①城市经济－经济可持续发展－研究报告－上海－2022 Ⅳ. ①F299.275.1

中国版本图书馆CIP数据核字(2022)第194701号

ISBN 978-7-5478-5941-4

责任编辑：楼玲玲　汪　茜

上海手册——21世纪城市可持续发展指南·2022年度报告
联合国人居署　国际展览局　上海市人民政府　主编
中华人民共和国住房和城乡建设部　支持

上海世纪出版（集团）有限公司
上　海　科　学　技　术　出　版　社　出版、发行
（上海市闵行区号景路159弄A座9F-10F）
邮政编码 201101　www.sstp.cn
苏州美柯乐制版印务有限责任公司印刷
开本 889×1194　1/16　印张 12.75
字数 320千字
2022年10月第1版　2022年10月第1次印刷
ISBN 978-7-5478-5941-4/F·37
定价：200.00元
